GLENCOE SPANISH 1

Bienvenidos

Conrad J. Schmitt

Protase E. Woodford

GLENCOE

McGraw-Hill

New York, New York   Columbus, Ohio   Mission Hills, California   Peoria, Illinois

About the cover

Church of the Holy Family (Iglesia de la Sagrada Familia) in Barcelona, Spain designed by the Catalonian architect Antonio Gaudí. This church is one of the most representative works of his unique style. It is also a popular tourist attraction and one of the most important landmarks in Spain's second largest city.

Printed in the United States of America.

Send all inquiries to:
GLENCOE/McGraw-Hill
15319 Chatsworth Street
P.O. Box 9609
Mission Hills, CA 91346-9609

ISBN 0-02-646044-0 (Student Edition)
ISBN 0-02-646045-9 (Teacher's Wraparound Edition)

3 4 5 6 7 8 9   AGH   99 98 97 96 95

Acknowledgments

We wish to express our deep appreciation to the numerous individuals throughout the United States who have advised us in the development of these teaching materials. Special thanks are extended to the people whose names appear here.

Kristine Aarhus
Northshore School District
Bothell, Washington

Kathy Babula
Charlotte Country Day School
Charlotte, North Carolina

Veronica Dewey
Brother Rice High School
Birmingham, Michigan

Anneliese H. Foerster
Oak Hill Academy
Mouth of Wilson, Virginia

Sharon Gordon-Link
Antelope Valley Unified High School
Lancaster, California

Leslie Lumpkin
Prince George's County Public Schools
Prince George's County, Maryland

Loretta Mizeski
Columbia School
Berkeley Heights, New Jersey

Robert Robison
Columbus Public Schools
Columbus, Ohio

Rhona Zaid
Los Angeles, California

CONTENIDO

BIENVENIDOS

CAPÍTULO 1

UN AMIGO O UNA AMIGA

CAPÍTULO 2

¿HERMANOS O AMIGOS?

CAPÍTULO 3

EN LA ESCUELA

CAPÍTULO 4

PASATIEMPOS DESPUÉS DE LAS CLASES

CAPÍTULO 5

ACTIVIDADES DEL HOGAR

CAPÍTULO 6

LA FAMILIA Y SU CASA

CAPÍTULO 7

LOS DEPORTES DE EQUIPO

CAPÍTULO 8

UN VIAJE EN AVIÓN

CAPÍTULO 9

DEPORTES Y ACTIVIDADES DE INVIERNO

CAPÍTULO 10

LA SALUD Y EL MÉDICO

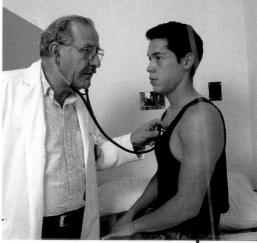

CAPÍTULO 11

ACTIVIDADES DE VERANO

CAPÍTULO 12

ACTIVIDADES CULTURALES

MUSEO DIOCESANO   Nº 03399

ENTRADA

CUENCA

CAPÍTULO 13

LA ROPA Y LA MODA

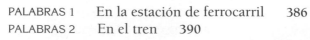

CAPÍTULO 14

UN VIAJE EN TREN

CAPÍTULO 15

EN EL RESTAURANTE

EL CAMPING

APÉNDICES

BIENVENIDOS

A

BUENOS DÍAS

—Hola, Manolo.
—Hola, Maricarmen.

—Buenos días, Juan.
—Buenos días, Emilio.

When greeting a friend in Spanish, you say *Hola* or *Buenos días*. *Hola* is a less formal way of saying hello.

Actividad

¡Hola! Choose a partner. Greet each other. Be sure to shake hands.

—Buenos días, señor.

—Buenas tardes, señora.

—Buenas noches, señorita.

1. When greeting an adult in Spanish, you say *Buenos días* in the morning, *Buenas tardes* in the afternoon, and *Buenas noches* in the evening, with the person's title. You do not use the person's name with the title.

2. The following are abbreviations for these titles.

    Sr. señor   **Sra.** señora   **Srta.** señorita

Actividades

A **Buenos días.** Greet your Spanish teacher.

B **Señor, señora, señorita.** Choose a partner. Greet the following people. Your partner will answer for the other person.

1. the principal of your school
2. your English teacher
3. a young saleswoman at a record shop
4. your neighbor, Mr. Smith
5. your parents' friend, Mrs. Jones

B

¿QUÉ TAL?

—Hola, Felipe.
—Hola, Susana. ¿Qué tal?
—Bien, ¿y tú?
—Muy bien, gracias.

1. When you want to find out from a friend how things are going, you ask:

    ¿Qué tal?

2. Responses to *¿Qué tal?* include:

    Bien, gracias.
    Muy bien. ¿Y tu?

Actividades

A ¡Hola! Greet a classmate with the following expressions. Then reverse roles.

1. ¡Hola!   2. ¿Qué tal?

B ¿Qué tal? You are walking down the street in Guadalajara, Mexico, when you run into one of your Mexican friends.

1. Greet each other.   2. Ask each other how things are going.

C
ADIÓS

—Adiós, Manolo.
—Adiós, Maricarmen.

—Chao, Gerardo.
—¡Chao! ¡Hasta luego!

1. The usual expression to use when saying "goodbye" is:

    ¡Adiós!

2. If you plan to see the person again soon, you can say:

    ¡Hasta pronto!   ¡Hasta luego!

3. An informal expression that you will hear frequently is:

    ¡Chao!

    Chao is an Italian expression, but it is used in Spanish and French.

4. If you plan to see someone the next day, you say:

¡Hasta mañana!

—¡Adiós! Hasta mañana.
—¡Adiós, señora! ¡Hasta mañana!

Conversación

—Hola, Paco.
—Hola, Teresa. ¿Qué tal?
—Bien, ¿y tú?
—Muy bien, gracias.

—Chao, Paco.
—Chao, Teresa. ¡Hasta luego!

Actividades

A **¡Hola!** Say the following to a classmate. Your classmate will answer.

1. Hola.   2. ¿Qué tal?   3. ¡Adiós!   4. ¡Chao!

B **¡Adiós!**

1. Say goodbye to your Spanish teacher. Indicate that you will see him or her tomorrow.
2. Say goodbye to a friend. Indicate that you will see him or her again soon.

D
¿QUIÉN ES?

Conversación

MUCHACHO 1: ¿Quién es?
MUCHACHO 2: ¿Quién? ¿La muchacha?
MUCHACHO 1: Sí, ella.
MUCHACHO 2: Pues es Casandra López.

(*She comes up to them.*)
MUCHACHO 2: Casandra, Felipe.
MUCHACHA: Hola, Felipe.
MUCHACHO 1: Hola, Casandra. Mucho gusto.

1. When you want to know who someone is, you ask:

   ¿Quién es?

2. When you want to identify a person, you use the name or *Es* with the person's name.

   (Es) Pablo Torres.

3. If you are pleased to meet the person you were introduced to, you can say:

   Mucho gusto.

Actividades

A **¿Quién es?** Ask a classmate who someone else in the class is.

B **Es…** Introduce someone you know to another person in the class.

C **¿Quién?** Prepare the following conversation with two classmates.

1. Greet your classmate.
2. Ask him or her who someone else is in the class.
3. Say hello to the new person.
4. Ask him or her how things are going.
5. Say goodbye to one another.

E
¿QUÉ ES?

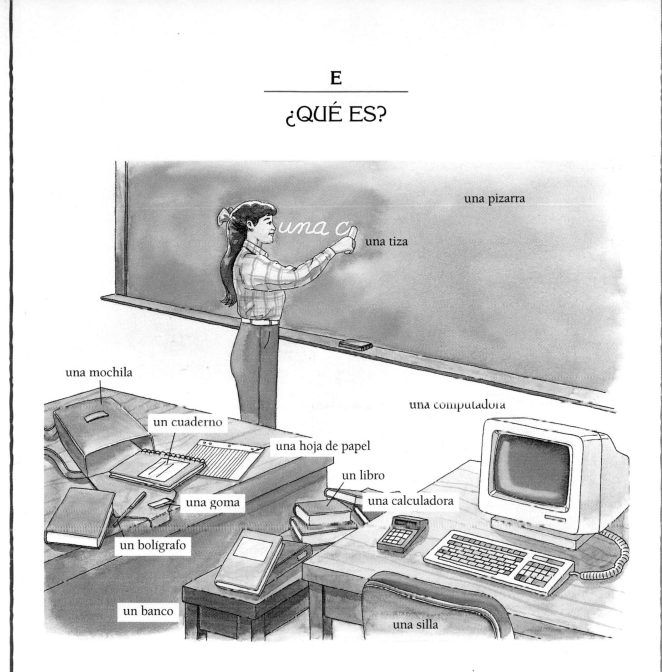

una pizarra

una tiza

una c

una mochila

un cuaderno

una hoja de papel

un libro

una goma

una calculadora

un bolígrafo

un banco

una computadora

una silla

1. When you want to know what something is, you ask:

   ¿Qué es?

2. When you want to identify the object, you use *es* + the name of the object.

   Es un bolígrafo. Es una calculadora.

Actividad

Es… Work with a classmate. Your classmate will hold up or point to five of the items above. He or she will ask you what each one is. You will respond.

F

¿CUÁNTO ES?

—¿Cuánto es el cuaderno, señora?
—Ochenta pesos.
—Gracias, señora.

1. When you want to find out how much something is, you ask:

   ¿Cuánto es?

2. Here are the numbers in Spanish from zero to two thousand.

0	cero				
1	uno	21	veinte y uno	31	treinta y uno
2	dos	22	veinte y dos	42	cuarenta y dos
3	tres	23	veinte y tres	53	cincuenta y tres
4	cuatro	24	veinte y cuatro	64	sesenta y cuatro
5	cinco	25	veinte y cinco	75	setenta y cinco
6	seis	26	veinte y seis	86	ochenta y seis
7	siete	27	veinte y siete	97	noventa y siete
8	ocho	28	veinte y ocho	143	ciento cuarenta y tres
9	nueve	29	veinte y nueve		
10	diez	30	treinta	200	doscientos
11	once			300	trescientos
12	doce	40	cuarenta	400	cuatrocientos
13	trece	50	cincuenta	500	quinientos
14	catorce	60	sesenta	600	seiscientos
15	quince	70	setenta	700	setecientos
16	dieciséis	80	ochenta	800	ochocientos
17	diecisiete	90	noventa	900	novecientos
18	dieciocho	100	cien, ciento	1 000	mil
19	diecinueve			2 000	dos mil
20	veinte				

3. Note that 100 is *cien* or *ciento*. You use *cien* before a noun and *ciento* with numbers from 101 to 199.

   cien pesos   **ciento cinco pesos**

Actividades

A **¿Cuánto es?** Tell how many *pesos* are in the picture.

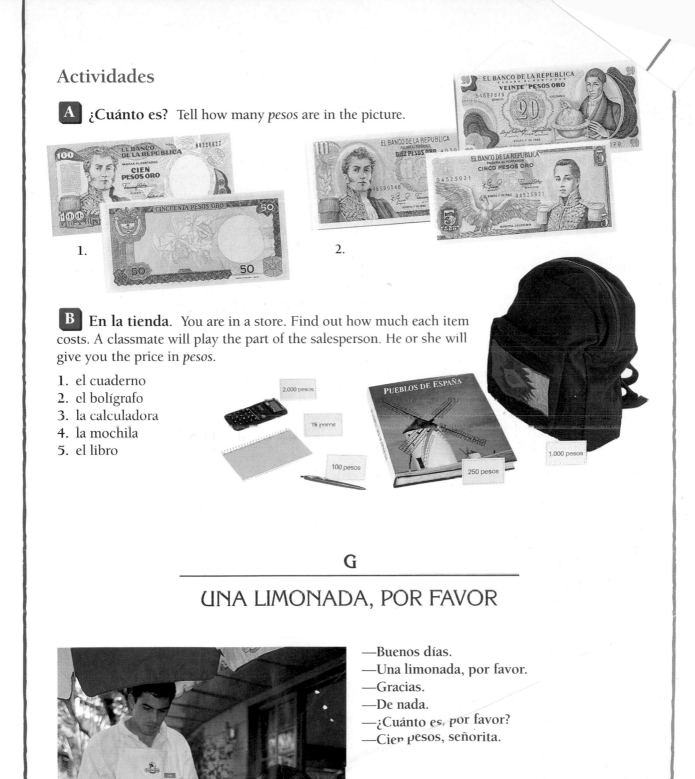

1.

2.

B **En la tienda.** You are in a store. Find out how much each item costs. A classmate will play the part of the salesperson. He or she will give you the price in *pesos*.

1. el cuaderno
2. el bolígrafo
3. la calculadora
4. la mochila
5. el libro

2.000 pesos

75 pesos

100 pesos

PUEBLOS DE ESPAÑA

250 pesos

1.000 pesos

G

UNA LIMONADA, POR FAVOR

—Buenos días.
—Una limonada, por favor.
—Gracias.
—De nada.
—¿Cuánto es, por favor?
—Cien pesos, señorita.

1. Expressions of politeness are always appreciated. Below are the Spanish expressions for "please," "thank you," and "you're welcome."

     Por favor.   **Gracias.**   **De nada.**

2. Another way to express "you're welcome" is:

     No hay de qué.

Actividades

una enchilada

una tostada

un taco

un burrito

A **Por favor.** You're in a Mexican restaurant. Order the following foods. Be polite and add *por favor* to your request.

B **Una hoja de papel, por favor.** Ask a friend in class for the following items. Be polite. Thank your friend. He or she will be polite and say you're welcome.

     —**Una hoja de papel, por favor.**
     —**Gracias.**
     —**De nada. (No hay de qué.)**

1. una hoja de papel	3. un cuaderno	5. un bolígrafo
2. una goma	4. una calculadora	6. un libro

H

¿CUÁL ES LA FECHA DE HOY?

—Sandra, ¿qué día es hoy?
—Hoy es miércoles.
—¿Y cuál es la fecha?
—El veinte y cinco.

1. The days of the week and the months of the year usually are not capitalized in Spanish.

> **Hoy es martes.**
> **Hoy es martes, veinte y cinco de septiembre.**

2. For the first day of the month *el primero* is used.

> **el primero de enero**
> **el dos de agosto**

Actividades

A **¿Qué día?** Answer the following questions.

1. ¿Qué día es hoy?
2. ¿Cuál es la fecha de hoy?

B **La fecha.** Give the date of the following.

1. your birthday
2. Independence day
3. Christmas

Vocabulario

SUSTANTIVOS

señor
señora
señorita
el muchacho
la muchacha
una limonada
la fecha
lunes
martes
miércoles
jueves
viernes
sábado
domingo
enero
febrero
marzo
abril
mayo
junio
julio
agosto
septiembre
octubre
noviembre
diciembre
un cuaderno
un bolígrafo
un libro
una mochila
una goma
una hoja de papel
un banco
una silla
una pizarra
una tiza
una computadora
una calculadora

ADJETIVOS

primero(a)

OTRAS PALABRAS Y EXPRESIONES

hola
buenos días
buenas tardes
buenas noches
¿qué tal?
bien
gracias
adiós
chao
hasta pronto
hasta luego
hasta la vista
hasta mañana
mucho gusto
por favor
de nada
no hay de qué
¿quién es?
¿qué es?
¿cuánto es?
¿cuál es la fecha de hoy?

The calendar shows the months: DICIEMBRE, NOVIEMBRE, OCTUBRE, SEPTIEMBRE, AGOSTO, JULIO, JUNIO, MAYO, ABRIL, MARZO, FEBRERO, ENERO with days LUNES, MARTES, MIÉRCOLES, JUEVES, VIERNES, SÁBADO, DOMINGO.

LUNES	MARTES	MIÉRCOLES	JUEVES	VIERNES	SÁBADO	DOMINGO
						1
2	3	4	5	6	7	8
9	10	11	12	13	14	15
16	17	18	19	20	21	22
23/30	24/31	25	26	27	28	29

1

UN AMIGO
UNA AMIGA

OBJETIVOS

In this chapter you will learn to do the following:

1. ask what someone is like
2. ask or tell where someone is from
3. describe yourself or someone else
4. tell some differences between Hispanic and American schools

PALABRAS 1

¿QUIÉN ES?

la escuela

el colegio

el muchacho
Manolo   el alumno

la muchacha   la amiga
Elena   la alumna

el amigo

Guadalajara ●

¿Quién es mexicano?
Pablo es mexicano.
Pablo es de Guadalajara.
Él es alumno en un colegio.
Es alumno en el Colegio Hidalgo.
Pablo es amigo de José Luis.

¿Cómo es el muchacho?

alto   bajo

rubio   moreno

divertido   aburrido

¿Cómo es la muchacha?

alta   baja

rubia   morena

divertida   aburrida

Elena es alta. No es baja.
Ella es muy divertida.
Ella es alumna en una
escuela secundaria.

José es amigo de Elena.
Él es alto también.
No es bajo.
José es rubio.

Nota: Some words do not have a precise
translation from one language to another.
Simpático is such a word. *Simpático*
conveys the meaning "nice," "pleasant,"
"warm," "understanding," "friendly,"
"congenial," all in one word. Its opposite
is *antipático*. Frequently, Spanish speakers
add the expressions *¿no?, ¿verdad?* or
¿no es verdad? at the end of statements to
change them into questions. If the person
answering agrees, he or she will say *sí*,
but if he or she disagrees, the answer will
be *no*. For total disagreement one may
add, *de ninguna manera*.

Teresa es bastante tímida, ¿no?
No, no. De ninguna manera.
Es bastante divertida.

Ejercicios

A Un muchacho mexicano. Contesten. (*Answer.*)

1. ¿Es Manolo mexicano o colombiano?
2. ¿Él es de Bogotá o de Guadalajara?
3. ¿Él es alumno en el Colegio Hidalgo?
4. ¿Es el Colegio Hidalgo un colegio mexicano?
5. ¿Es Manolo amigo de José Luis?

La catedral de Guadalajara, México

B Una muchacha americana. Contesten. (*Answer.*)

1. ¿Es Elena una muchacha americana?
2. ¿Es ella de Los Ángeles?
3. ¿Es ella alumna en una escuela secundaria americana?
4. ¿Es alumna en una escuela en Los Ángeles?
5. ¿Es amiga de Bárbara Andrews?

C **¿Quién, Manolo o Elena?** Contesten. (*Answer.*)

1. ¿Quién es de Guadalajara?
2. ¿Quién es de Los Ángeles?
3. ¿Quién es alumno en un colegio mexicano?
4. ¿Quién es alumna en una escuela secundaria americana?

D **¿Cómo es Manolo?** Contesten. (*Answer.*)

1. ¿Cómo es Manolo? ¿Es alto o bajo?
2. ¿Cómo es Manolo? ¿Es rubio o moreno?
3. ¿Cómo es Manolo? ¿Es divertido o aburrido?
4. ¿Cómo es Manolo? ¿Es simpático o antipático?

E **De ninguna manera.** Contesten según el modelo. (*Answer according to the model.*)

> **¿Es alta Elena?**
> *No, no. De ninguna manera.*
> *Ella es baja.*

1. ¿Es mexicana Elena?
2. ¿Es rubia Elena?
3. ¿Es ella aburrida?
4. ¿Es antipática?

Bogotá, Colombia

PALABRAS 2

¿DE DÓNDE SOY?

Teresa es una amiga fantástica.
Ella es una amiga muy buena.

Carlos es un amigo fantástico.
Él es un amigo muy bueno.

Es Roberto Collins.
Roberto es americano.
Él es de California.

Es Teresa.
Teresa es una amiga de Roberto.

¿Quién soy y de dónde soy?

¡Hola!
Yo soy Roberto Collins.
Soy de California.
Soy amigo de Teresa.
Ella es una amiga fantástica.
Es una amiga muy buena.

Nota: Many words that are similar or identical in Spanish and English are called cognates. Although they look alike and mean the same thing, they are pronounced differently. It is easy to guess the meaning of cognates. Here are some Spanish cognates.

fantástico	fantástica
tímido	tímida
atractivo	atractiva
sincero	sincera
serio	seria
honesto	honesta

Ejercicios

A Roberto Collins. Contesten. (*Answer.*)

1. ¿Quién es americano, Roberto Collins o Manolo Salas?
2. ¿De dónde es Roberto Collins? ¿Es de California o es de Guadalajara, México?
3. ¿De qué nacionalidad es Roberto? ¿Es americano o mexicano?
4. ¿Dónde es alumno Roberto? ¿En un colegio mexicano o en una escuela secundaria americana?

B ¿Cómo es la muchacha? Describan a la muchacha. (*Describe the girl.*)

1. ___.   4. ___.
2. ___.   5. ___.
3. ___.

C Isabel Torres. Completen. (*Complete.*)

1. Isabel Torres es de México. Ella es ___. No es ___.
2. Isabel es alumna en un ___ mexicano. No es alumna en una ___ secundaria americana.
3. Isabel es ___. No es rubia.
4. ¿Es Isabel seria y aburrida? De ninguna manera. Ella es muy ___.
5. Ella es una amiga ___.

La misión de San Diego, San Diego, California

Comunicación

Palabras 1 y 2

A **¿Cómo es…?** Using words you have learned, describe a classmate without saying his or her name. Have your partner guess who the person is. Reverse roles.

B **¿Es aburrido?** Ask your partner what the following people are like, using the words in parentheses. If your partner agrees, he or she will add another word to describe the person. If not, he or she will use a word that describes the person in the opposite way.

> Juan (aburrido)
> Estudiante 1: ¿Es Juan aburrido?
> Estudiante 2: Sí. Es aburrido y antipático.
>   (No, de ninguna manera. Es divertido.)

1. Elena (alta)
2. José Luis (moreno)
3. Roberto (tímido)
4. Teresa (simpática)
5. Isabel (seria)
6. Arturo (honesto)
7. Bárbara (rubia)
8. Pedro (sincero)

C **¿Quién es el amigo de…?** Find out from your partner all you can about his or her friend: who the person is, where he or she is from, what he or she is like, where he or she is a student. Then reverse roles.

D **Una persona famosa.** You and your partner each make a list of very famous people (no more than ten), including entertainers, sports figures, politicians, scientists, etc. Try to include people from different countries. Show your lists to each other. Then, tell as much as you can about a person on your list and see if your partner can guess whom you are describing. Take turns, and see how many of your guesses are correct.

> Gloria Estefan
> Estudiante 1: Es morena, simpática y de Cuba.
> Estudiante 2: ¿Es María Conchita Alonso? ¿Es Gloria Estefan?
> Estudiante 1: No. / Sí. Muy bien.

Los artículos definidos e indefinidos
Formas singulares

Talking about One Person or Thing

LOS ARTÍCULOS DEFINIDOS

1. The name of a person, place, or thing is called a noun. In Spanish every noun has a gender, either masculine or feminine. Almost all nouns that end in *o* are masculine and almost all nouns that end in *a* are feminine.

2. You use the definite article *the* in English when referring to a definite or specific person or thing: *the girl, the boy.* Study the following examples with the definite article.

MASCULINO	FEMENINO
el muchacho	la muchacha
el alumno	la alumna
el colegio	la escuela

3. You use the definite article *el* before a masculine noun. You use the definite article *la* before a feminine noun.

Ejercicios

A **El muchacho mexicano y la muchacha americana.** Completen. (*Complete with* el *or* la.)

1. ___ muchacho no es americano. ___ muchacho es mexicano. ___ muchacha es americana.
2. ___ muchacho mexicano es Raúl y ___ muchacha americana es Sandra.
3. ___ muchacha es morena y ___ muchacho es rubio.
4. ___ muchacha es alumna en ___ Escuela Thomas Jefferson en Houston.
5. Y ___ muchacho es alumno en ___ Colegio Hidalgo en Guadalajara.

En un colegio en Barcelona, España

LOS ARTÍCULOS INDEFINIDOS

1. The Spanish words *un* and *una* are indefinite articles. They correspond to *a* (*an*) in English.

2. You use an indefinite article when speaking about a non-specific person or thing: *a boy, a school*. Study the following examples with the indefinite article.

MASCULINO	FEMENINO
un muchacho	**una muchacha**
un alumno	**una alumna**
un colegio	**una escuela**

3. You use the indefinite article *un* before all masculine nouns. You use the indefinite article *una* before all feminine nouns.

B **Un muchacho y una muchacha.** Completen. (*Complete with* un *or* una.)

1. Roberto es ___ muchacho americano y Lupita es ___ muchacha colombiana.
2. Roberto es ___ alumno muy serio.
3. Él es alumno en ___ escuela secundaria en Nueva York.
4. Lupita es ___ alumna muy seria también.
5. Ella es alumna en ___ colegio colombiano en Cali.

La concordancia de los adjetivos   *Describing a Person or Thing*
Formas singulares

1. A word that describes a noun is an adjective. The italicized words in the following sentences are adjectives.

> El muchacho es *rubio*.   La muchacha es *rubia*.
> El alumno es *serio*.   La alumna es *seria*.

2. In Spanish, an adjective must agree in gender (masculine or feminine) with the noun it describes or modifies. If the noun is masculine, then the adjective must be in the masculine form. If the noun is feminine, the adjective must be in the feminine form. Many adjectives end in *o* in the masculine and *a* in the feminine.

> un muchacho tímido   una muchacha tímida

Ejercicios

A **Elena y Roberto.** Contesten. (*Answer.*)

1. ¿Es Elena americana o colombiana?
2. Y Roberto, ¿es él americano o colombiano?
3. ¿Es moreno o rubio el muchacho?
4. Y la muchacha, ¿es rubia o morena?
5. ¿Es Elena una alumna seria?
6. ¿Es ella alumna en un colegio colombiano?
7. Y Roberto, ¿es él un alumno serio también?
8. ¿Es él alumno en una escuela secundaria americana?

B **¿Quién es?** Here are some adjectives that describe people. Select a class member and an adjective that describes that person. Then make up a sentence about him or her.

1. moreno   6. divertido
2. alto   7. bajo
3. rubio   8. simpático
4. serio   9. fantástico
5. americano   10. sincero

COLEGIO DEPARTAMENTAL DE BACHILLERATO FEMENINO DE CARTAGENA
NIT. 90.480.311
TELEFONOS:
Rectoría
Vice-Rectoría 20 780
Secretaría 20 589
Habilitación 20 768
Portería 20 035
Escallón Villa Edif. Liceo de Bolívar 20 769

Colegio Departamental de Bachillerato
Juan José Nieto Socorro Cl 25 71-24 . . . . 33 688
Colegio el Carmelo
Cabrero Cr2 41-111 Calle Real   47 090

COLEGIO EL PINAR DE CARTAGENA
BILINGÜE - INGLES
Bg de Carrera 4 No. 51-53
TELEFONO: 51 567
Colegio el Señor de los Milagros
San Diego Cl 37 7-66
Calle de la Tablada   48 356

COLEGIO EUCARISTICO DE MANGA
KINDER, PRIMARIA, BACHILLERATO
Aprobado por el Ministerio de Educación
SERVICIO DE BUS
Manga: Calle 27 No. 21-24
TELEFONO: 63 167

COLEGIO EUCARISTICO DEL CARMEN
Torices Cl 43 16-13   62 505
COLEGIO FERNANDEZ BUSTAMANTE
PRIMARIA - BACHILLERATO
Centro Carrera 3 No. 32-25
Calle Santa Teresa
TELS. 44 506 - 41 132
Colegio Gimnasio Bolivar
Femenino Turbaco Torrecilla 30 038

COLEGIO GIMNASIO CARTAGENA DE INDIAS
Castillo Grande Calle 5A No. 10-59
TELEFONO: 51 191
SECCION MASCULINA: 30 104 - 30 232
SECCION FEMENINA: 30 379 - 30 365
PRE-ESCOLAR: 51 191

El presente del verbo *ser*
Formas singulares

Identifying People and Things

1. The verb "to be" in Spanish is *ser*. Note that the form of the verb changes with each person. Study the following.

SER	
yo	soy
tú	eres
él	es
ella	es

2. You use *yo* to talk about yourself. You use *tú* to address a friend. You use *él* to talk about a boy. You use *ella* to talk about a girl.

3. Since each form of the verb changes in Spanish, the subject pronouns *yo*, *tú*, *él*, and *ella* can be omitted. They are not always needed to clarify who performs the action.

> **Soy Juan.**
> **Eres colombiano.**
> **Es un alumno serio.**
> **Es María.**

4. To make a sentence negative in Spanish, put the word *no* before the verb.

> **Yo soy americano.**   **No soy cubano.**
> **Ella es simpática.**   **No es antipática.**

Ejercicios

A **¿Quién es?** Lean o escuchen. (*Read or listen.*)

> ¡Hola!
> Yo soy Susana Márquez.
> Soy colombiana.
> Yo soy de Bogotá.
> Soy alumna en el Colegio Bolívar.

B **Susana Márquez.** Hablen de Susana. (*Talk in your own words about Susana.*)

C **¿Quién eres?** Practiquen la conversación. (*Practice the conversation.*)

MARTA: ¡Hola!
CARLOS: ¡Hola! ¿Quién eres?
MARTA: ¿Quién? ¿Yo?
CARLOS: Sí, tú.
MARTA: Pues, soy Marta. Marta González.
            ¿Y tú? ¿Quién eres?
CARLOS: Yo soy Carlos. Carlos Príncipe.
MARTA: ¿Eres americano, Carlos?
CARLOS: No, no soy americano.
MARTA: Pues, ¿de dónde eres?
CARLOS: Soy de México.
MARTA: ¡Increíble! Yo soy de México
            también.

D **Marta y Carlos.** Hablen de Marta y Carlos. (*Tell what you know about Marta and Carlos.*)

1. Marta…
2. Carlos…

E **Una entrevista.** Preguntas personales. (*Answer with* yo.)

1. ¿Eres americano(a) o cubano(a)?
2. ¿Eres alto(a) o bajo(a)?
3. ¿Eres moreno(a) o rubio(a)?
4. ¿Eres alumno(a)?
5. ¿Eres alumno(a) en una escuela secundaria?

F **Hola, Felipe.** Pregúntenle a Felipe Orama si es… (*Ask Felipe Orama if he is…*)

1. puertorriqueño
2. rubio
3. alumno
4. de Ponce

G **¿Eres chilena?** Pregúntenle a Catalina García si es… (*Ask Catalina García if she is…*)

1. de Chile
2. de Santiago
3. alumna
4. alumna en una escuela secundaria
5. amiga de Felipe Orama

H **Yo.** Digan. (*Give the following information about yourself.*)

1. name
2. nationality
3. profession
4. place you come from
5. physical description

La Casa de España en el viejo San Juan, Puerto Rico

Escenas de la vida   *¡Hola!*

DAVID: Hola. Eres Maricarmen Torres, ¿no?
MARICARMEN: Sí, soy yo. Y tú eres David Davis, ¿verdad?
DAVID: Sí, soy David.

MARICARMEN: Tú eres amigo de Inés Figueroa, ¿no?
DAVID: Sí, sí. Ella es una amiga fantástica, muy buena.

MARICARMEN: Es verdad. Es una persona muy sincera. ¿De dónde eres, David?
DAVID: Pues, soy de Chicago.
MARICARMEN: Ah, eres americano.

■ **¿Sí o no?** Contesten. (*Answer* sí *or* no.)

1. Maricarmen Torres es de Chicago.
2. David es amigo de Maricarmen Torres.
3. David es amigo de Inés Figueroa.
4. Inés Figueroa es una persona antipática.
5. David es colombiano.

CIRCUITO DEPORTIVO CHAPULTEPEC

← CAMPO MARTE

POLIGONO DE TIRO VICENTE SUAREZ

BUENOS AIRES
Al Centro
(por Cerrito)

Pronunciación   *Las vocales* a, o y u

When you speak Spanish, it is very important to pronounce the vowels carefully. The vowel sounds in Spanish are very short, clear, and concise. The vowels in English have several different pronunciations, but in Spanish they have only one sound. Imitate carefully the pronunciation of the vowels **a**, **o**, and **u**. Note that the pronunciation of **a** is similar to the **a** in *father*, **o** is similar to the **o** in *most*, and **u** is similar to the **u** in *flu*.

a	o	u
Ana	o	uno
Aldo	no	mucha
amiga	Paco	mucho
alumno	amigo	muchacho

Repeat the following sentences.

Ana es alumna.
Aldo es alumno.
Ana es amiga de Aldo.

alumna

Comunicación

A **¿De dónde es?** Ask your partner who each person below is. He or she will tell you the person's name and school. Ask where the person is from. Your partner will tell you the city. You then have to figure out and say what country the person is from.

1. Juan Pablo / Colegio Cervantes / México D.F.
2. Sandra / Instituto Ponce de León / San Juan
3. Isidro / Colegio Libertad / La Habana
4. Carlos / Colegio Colón / Madrid
5. Gloria / Academia Internacional / San Salvador

B **¿Cómo es tu amigo(a)?** Work with a classmate. You will each prepare a list of three friends. Then prepare a conversation about each of your friends. Use the model as a guide.

Estudiante 1: **María es una amiga.**
Estudiante 2: **¿Y cómo es María? ¿Es muy seria?**
Estudiante 1: **¿Quién? ¿María? No, de ninguna manera. Es muy divertida.**

¿UNA ESCUELA SECUNDARIA O UN COLEGIO?

Elena Ochoa es una muchacha colombiana. Ella es de Bogotá, la capital. Elena es alta y morena. Ella es muy simpática. Elena es una alumna muy buena y seria. Ella es alumna en el Colegio Simón Bolívar en Bogotá. Un colegio en Latinoamérica es una escuela secundaria en los Estados Unidos.

Estudio de palabras

Palabras. Busquen cinco palabras afines en la lectura. (*Find five cognates in the reading selection.*)

Comprensión

Simón Bolívar

A **¿Quién es?** Contesten. (*Answer.*)

1. ¿Quién es colombiana?
2. ¿De dónde en Colombia es ella?
3. ¿Qué es Bogotá?
4. ¿Cómo es Elena?
5. ¿Qué tipo de alumna es ella?
6. ¿Es alumna en qué escuela?
7. ¿Qué es un colegio en Latinoamérica?

B **Información.** Busquen la información en la lectura. (*Find the information in the reading.*)

1. a Latin American country
2. the name of your country
3. the capital of Colombia
4. the name of a Latin American hero
5. the term for the group of Spanish-speaking countries in Central and South America

C **Es colombiana.** Escojan la respuesta correcta. (*Choose the correct answer.*)

1. Elena Ochoa es ___.
   a. una muchacha
   b. un muchacho
   c. americana

2. Ella es ___.
   a. de México
   b. americana
   c. de la capital de Colombia

3. La capital de Colombia es ___.
   a. Cali
   b. Bolívar
   c. Bogotá

4. Elena es ___.
   a. un muchacho
   b. americana
   c. alumna

5. Ella es alumna en ___.
   a. una escuela secundaria americana
   b. un colegio colombiano
   c. una escuela americana en Bogotá

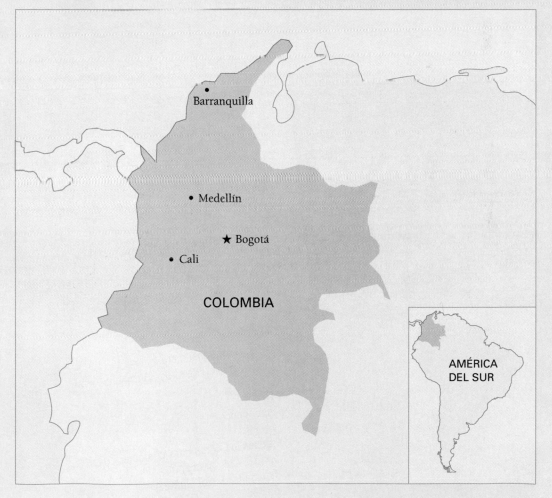

Barranquilla

Medellín

★ Bogotá

Cali

COLOMBIA

AMÉRICA
DEL SUR

DESCUBRIMIENTO CULTURAL

EN LOS ESTADOS UNIDOS	EN ESPAÑA Y LATINOAMÉRICA
la escuela primaria	la escuela primaria
la escuela intermedia	el liceo
la escuela superior	el colegio, el instituto, la academia
la escuela vocacional	el instituto técnico o vocacional
el colegio o la universidad	la universidad

La educación es obligatoria en los Estados Unidos. ¿Es obligatoria también en España y en Latinoamérica? Sí, es obligatoria. ¿Hasta qué grado? Depende, ¿en qué país? ¿En Chile, en Venezuela, o en Puerto Rico? Es diferente en cada país.

Un colegio en Puerto Rico

LICENCIATURAS
Administración de Empresas
Sistemas Computacionales y Administrativos
Relaciones Internacionales
Comunicación Humana
Psicología Industrial
Psicología de la Conducta Social (Clínica)

BACHILLERATOS
Educación
Psicología General
Estudios de Política Internacional
Administración de Empresas

MAESTRÍAS
Economía
Estudios Latinoamericanos
Economía Política Internacional
Educación
Tutelaje y Terapia Familiar
Administración de Empresas
Psicopedagogía

DIPLOMADOS
Administración Financiera
Administración de Recursos Humanos

IDIOMAS
Inglés, Español, Francés

Aquí tienes los datos para cualquier cosa:
Taxco 432, Col. Juárez, o
Av. Hidalgo 823, Col. Juárez,
C.P. 55320, México, D. F.
Tel. 81 (3) 328 79 42

El Paseo del Río, San Antonio, Texas

Y AQUÍ EN LOS ESTADOS UNIDOS

Enrique Cárdenas es de Texas. Es texano. Es de la ciudad de San Antonio. San Antonio es una ciudad muy histórica. Enrique Cárdenas, como mucha gente en San Antonio, es de ascendencia mexicana. San Antonio es una ciudad bilingüe.

Es María Teresa Grávalos **1**. Ella es mexicana. Es de la Ciudad de México, la capital. Ella es de Lomas de Chapultepec. Lomas de Chapultepec es una colonia muy bonita de la Ciudad de México. En México una colonia es una zona o región de una ciudad. Lomas de Chapultepec es una colonia residencial.

Es Felipe Irizarry **2**. Felipe es de Puerto Rico. Es puertorriqueño. Puerto Rico es una isla en el mar Caribe. Es una isla tropical. Felipe es de Santa María. Santa María es un suburbio de San Juan, la capital.

¡Hola! Yo soy Adela Santiago **3**. Sí, Santiago. Pero no soy de Santiago de Chile. No soy chilena. Soy peruana. Soy de San Isidro. San Isidro es un sector residencial de Lima, la capital. Yo soy alumna en una academia en Lima. Es una escuela privada. No es una escuela pública.

¡Hola! Yo soy Enrique, Enrique Cárdenas **4**. Yo soy de los Estados Unidos. Soy texano. Soy de San Antonio. Yo soy de ascendencia mexicana. Soy méxico-americano. Soy alumno en una escuela secundaria de San Antonio.

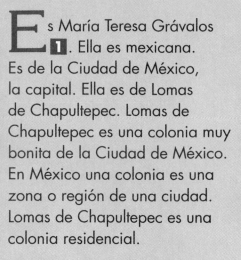

1

2

3

4

Comunicación oral

A **Características personales.** Make a list of characteristics you look for in a friend. Get together with up to four classmates and compile your lists. What three characteristics did most people want in a friend? The group secretary will report to the class.

B **En un café de Madrid.** You are seated at an outdoor café on the Gran Vía in Madrid, practicing the art of "people watching," when another tourist (your partner) sits next to you and starts a conversation. You introduce yourselves and say where each of you is from. You tell each other in what school you are a student and if it is fun or boring.

Comunicación escrita

A **Una carta.** You receive the following letter from a new pen pal. Following the example of your pen pal's letter, write him a reply.

B **¿Quién es?** On a piece of paper, write down five things about yourself. Your teacher will collect the descriptions and choose students to read the sentences to the class. Try to guess who is being described.

> Yo soy morena y alta. No
>   soy rubia.
> Yo soy divertida y sincera.
> ¿Quién soy yo?
> Eres ___.

¡Hola!

Soy Jorge Pérez Navarro. Soy de Madrid, la capital de España. Soy español. También soy alumno en el Colegio Sorolla. Es una escuela secundaria.

¿Cómo eres tú? Yo soy alto y rubio. También soy muy divertido. No soy muy serio. Y no soy tímido. ¡De ninguna manera!

Hasta pronto,

Jorge

Reintegración

■ Un poco de cortesía. Completen. (*Complete.*)

1. Una Coca-cola, ___.
2. Mucho ___, Elena.
3. ___, Roberto.
4. ¿ ___ tal?, María.
5. Muy bien, ___. ¿Y tú?

Vocabulario

SUSTANTIVOS
el muchacho
la muchacha
el amigo
la amiga
el alumno
la alumna
el colegio
la escuela

ADJETIVOS
alto(a)
bajo(a)
rubio(a)
moreno(a)
divertido(a)
aburrido(a)
simpático(a)
antipático(a)
fantástico(a)
atractivo(a)
sincero(a)
serio(a)
honesto(a)
tímido(a)
bueno(a)
malo(a)
secundario(a)
mexicano(a)
colombiano(a)
americano(a)

VERBOS
ser

OTRAS PALABRAS Y
EXPRESIONES
también
bastante
¿verdad?
¿no es verdad?
de ninguna manera
quién
como
de dónde
de qué nacionalidad

2

¿HERMANOS O AMIGOS?

OBJETIVOS

In this chapter you will learn to do the following:

1. describe people and things
2. talk about more than one person or thing
3. tell what subjects you take in school and express some opinions about them
4. tell time
5. tell at what time an event takes place
6. learn some things about Puerto Rico

VOCABULARIO

PALABRAS 1

¿CÓMO SON?

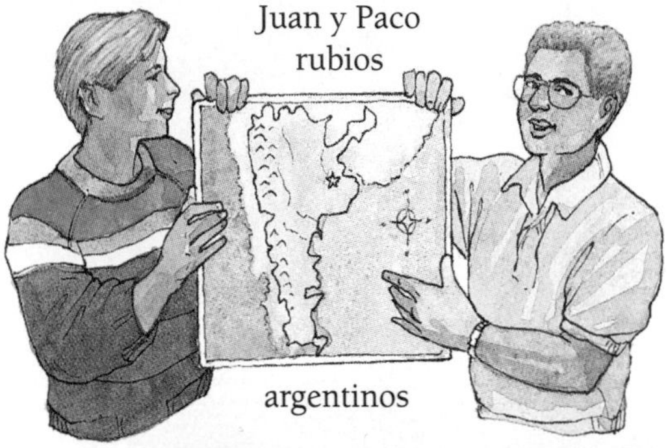

Juan y Paco
rubios
argentinos

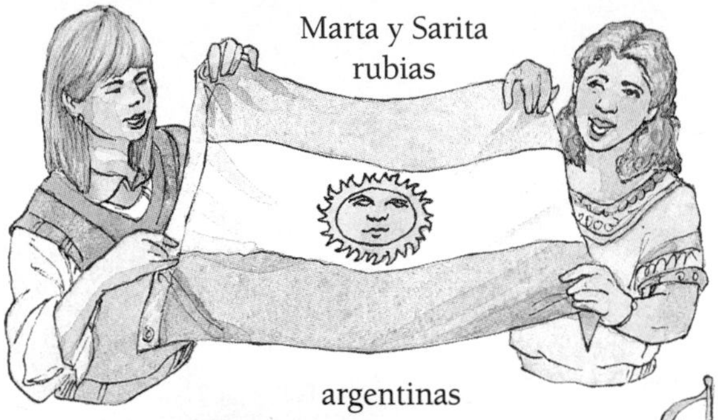

Marta y Sarita
rubias
argentinas

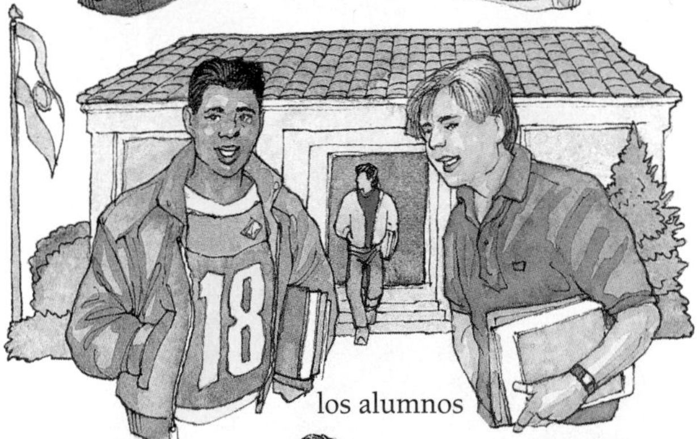

los alumnos

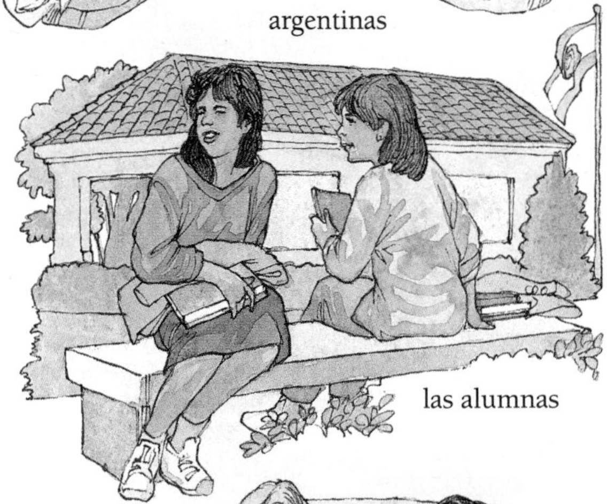

las alumnas

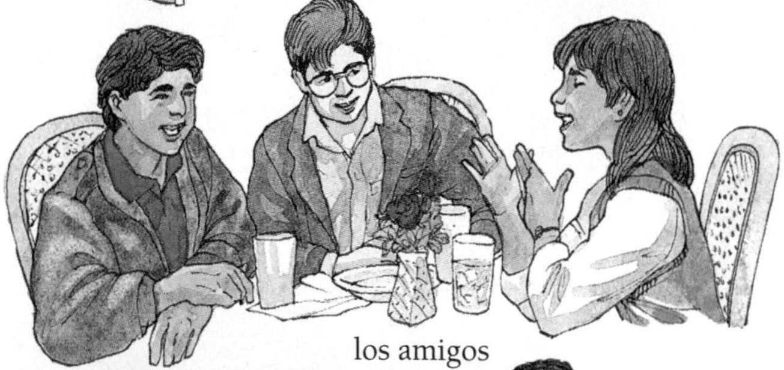

los amigos

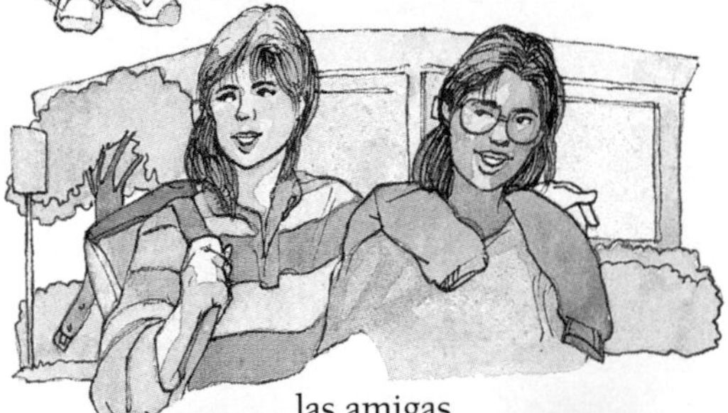

las amigas

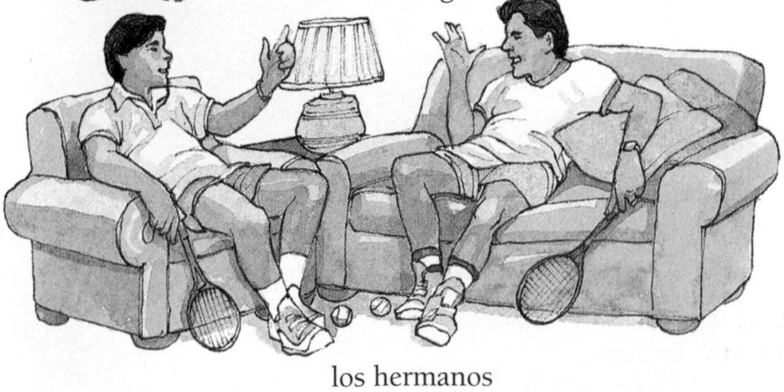

los hermanos

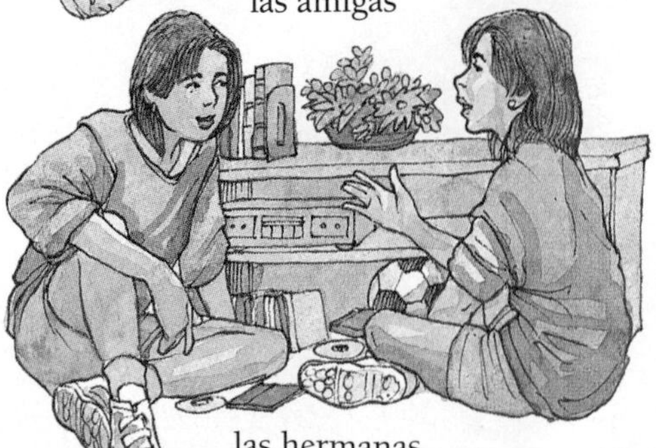

las hermanas

Marta y Sarita son argentinas.
Juan y Paco también son argentinos.
Los cuatros amigos son de Buenos Aires.
Ellos son alumnos en un colegio.

la clase

una clase
pequeña

el profesor

una clase
grande

Nota: Once again, you will see how many Spanish words you already know because they are cognates. You should have no trouble guessing at the meaning of these words.

inteligente   amable
interesante   popular
la clase   el curso

Some cognates are not obvious. *Fácil,* for example, means easy. Its English cognate is "facile", a word related to "facilitate". The opposite of *fácil* is *difícil.*

la profesora

La avenida 9 de julio, Buenos Aires, Argentina

Ejercicios

A **Unos amigos argentinos.** Contesten. (*Answer.*)

1. ¿Son hermanos o amigos Juan y Paco?
2. ¿Son hermanas o amigas Marta y Sarita?
3. ¿Son de Argentina o de Puerto Rico los cuatro amigos?
4. ¿Son argentinos o puertorriqueños?
5. ¿Son de Buenos Aires o de San Juan?
6. ¿Son ellos alumnos en un colegio o en una escuela secundaria?

B **La clase de español.** Preguntas personales. (*Give your own answers.*)

1. ¿Quién es el profesor o la profesora de español?
2. ¿De qué nacionalidad es él o ella?
3. ¿Es grande o pequeña la clase de español?
4. ¿Cómo es el curso de español? ¿Es interesante o aburrido?
5. El español, ¿es fácil o difícil?
6. ¿Son muy inteligentes los alumnos de español?
7. ¿Son ellos serios?
8. ¿Es la clase de español una clase fantástica?

C **Lo contrario.** Busquen la palabra contraria. (*Match the opposite.*)

1. fácil	a. pequeño
2. moreno	b. el profesor
3. aburrido	c. difícil
4. grande	d. antipático
5. la hermana	e. bajo
6. el alumno	f. rubio
7. amable	g. el hermano
8. alto	h. interesante

D **¿No? Entonces, ¿cómo son?** Contesten según el modelo. (*Answer according to the model.*)

—Son muy amables, ¿no?
—No. De ninguna manera.
—Entonces, ¿cómo son?
—Pues, son antipáticos.

1. Son muy pequeños, ¿no?
2. Son muy aburridos, ¿no?
3. Son fáciles, ¿no?
4. Son divertidos, ¿no?
5. Son hermanos, ¿no?

PALABRAS 2

LOS CURSOS ESCOLARES

¡Hola!
Nosotros somos americanos.
Uds. son americanos también, ¿no?
Somos alumnos. Somos alumnos de español.
Somos alumnos buenos en español.

Otros cursos, otras materias o disciplinas
Las ciencias

la química

$E = MC^2$

la física

la biología

Las matemáticas

$2+2=4$

la aritmética

$2X + 3 = 9$

el álgebra

la geometría

$\sin \emptyset = \dfrac{\pi}{2}$

la trigonometría

Las lenguas

el inglés

el francés

el español

el italiano

Salve!

el latín

Las ciencias sociales

la historia

la geografía

la sociología

Otras asignaturas

la educación cívica

la educación física
los deportes

la música

el arte

la economía doméstica

Ejercicios

A Alumnos americanos. Contesten. (*Answer.*)

1. ¿Son americanos los alumnos?
2. ¿Son alumnos en una escuela secundaria?
3. ¿Son alumnos de español?
4. ¿Son alumnos buenos o malos en español?
5. ¿Es fácil o difícil el curso de español?
6. ¿Es grande o pequeña la clase de español?

B ¿Ciencias, lenguas o matemáticas? Contesten con *sí* o *no*. (*Answer* yes *or* no.)

1. La biología es una ciencia.
2. La geometría y la trigonometría son partes de las matemáticas.
3. La química es una lengua.
4. El francés y el español son ciencias.
5. El arte y la música son cursos obligatorios.

C Cursos fáciles y cursos difíciles. Preguntas personales. (*Give your own answers.*)

1. ¿Es grande o pequeña la clase de español?
2. ¿Es el español un curso difícil o fácil?
3. ¿Qué es el español, una lengua o una ciencia?
4. ¿Qué cursos son fáciles?
5. ¿Y qué cursos son difíciles?
6. ¿Cómo es la historia, interesante o aburrida?

D ¿Qué curso o asignatura es? Identifiquen. (*Identify the course.*)

1. el problema, la ecuación, la solución, la multiplicación, la división
2. la literatura, la composición, la gramática
3. un microbio, un animal, una planta, el microscopio, el laboratorio
4. el círculo, el arco, el rectángulo, el triángulo
5. el piano, el violín, la guitarra, el concierto, la ópera
6. las montañas, los océanos, las capitales, los productos
7. la pintura, la estatua, la escultura
8. el gobierno, la nación, la comunidad, el municipio, el Congreso, el Senado, el partido político
9. el fútbol, el básquetbol, el béisbol, el vólibol, la gimnasia

Comunicación

Palabras 1 y 2

A **Las asignaturas.** Using the list of suggestions below, ask your partner if the subjects are as described. Your partner may agree, or disagree and describe them differently. Reverse roles.

> **sociología / interesante**
> Estudiante 1: ¿Es interesante la sociología?
> Estudiante 2: Sí, es interesante. (No, no es interesante. No. De ninguna manera. Es aburrida.)

1. la gimnasia / divertida
2. la historia / difícil
3. la música / interesante
4. la educación física / opcional
5. la biología / fácil
6. la geometría / aburrida

B **Los profesores.** You and your partner make separate lists in Spanish of your daily classes. Add to your list of classes the names of your teachers. Swap lists. Then, taking turns, ask what your respective classes and teachers are like and give your opinions.

> Estudiante 1: ¿Cómo es la clase de historia?
> Estudiante 2: Es muy interesante.
> Estudiante 1: ¿Cómo es el/la profesor(a)?
> Estudiante 2: Es amable y divertido(a).

C **¡Qué clase tan difícil!** Divide into groups of three or four. In each group rate the courses you take as *fácil, difícil, regular*. After the ratings are tallied, report your results to the class.

D **En España.** You are spending the summer with a Spanish family in Córdoba. Your Spanish "brother" asks about your Spanish teacher. Describe your Spanish teacher to him.

ESPAÑA

• Córdoba

La Gran Mezquita de Córdoba, España

ESTRUCTURA

Los sustantivos, artículos y adjetivos
Formas plurales

Describing More than One
Person or Thing

1. Plural means more than one. In Spanish, the plural of most nouns is formed by adding *s* to the noun.

SINGULAR	PLURAL
el muchacho	los muchachos
el colegio	los colegios
la amiga	las amigas
la escuela	las escuelas

2. The plural forms of the definite articles *el, la* are *los, las*. The plural forms of the indefinite articles *un, una* are *unos, unas*.

SINGULAR	PLURAL
el hermano	los hermanos
la alumna	las alumnas
un amigo	unos amigos
una alumna	unas alumnas

3. To form the plural of adjectives that end in *o, a,* or *e*, you add *s* to the singular form.

> El alumno es serio.
> Los alumnos son serios.
>
> La alumna es seria.
> Las alumnas son serias.
>
> La lengua es interesante.
> Las lenguas son interesantes.

4. To form the plural of adjectives that end in a consonant, you add *es*.

> El curso es fácil.
> Los cursos son fáciles.
>
> La lengua es fácil.
> Las lenguas son fáciles.

Ejercicios

A **Los dos muchachos.** Contesten. (*Answer.*)

1. ¿Son nuevos amigos los dos muchachos?
2. ¿Son ellos alumnos serios?
3. ¿Son inteligentes?
4. ¿Son alumnos buenos o malos en español?
5. ¿Son muchachos populares?

B **¿Cómo son?** Describan a las personas. (*Describe the people.*)

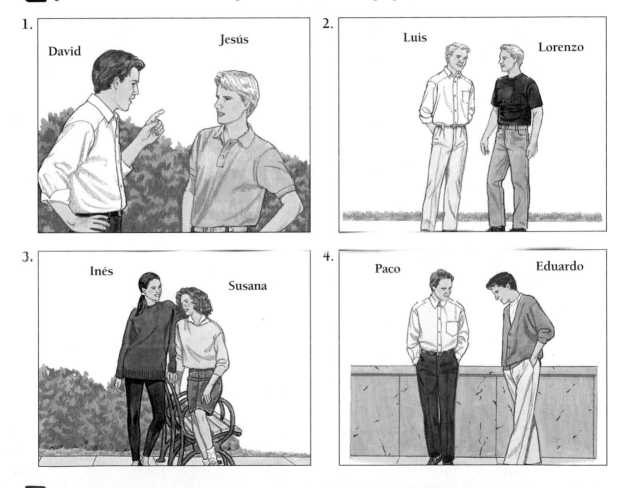

1. David   Jesús
2. Luis   Lorenzo
3. Inés   Susana
4. Paco   Eduardo

C **La clase de la señora Ortiz.** Completen. (*Complete.*)

1. La señora Ortiz es una profesora muy ___. (bueno)
2. Las clases de la señora Ortiz son ___ y ___. (interesante, divertido)
3. Los alumnos son muy ___ con la señora Ortiz. (amable)
4. La señora Ortiz es muy ___ y muy ___. (simpático, inteligente)
5. Las clases de la señora Ortiz no son ___. Son ___. (pequeño, grande)

El presente del verbo *ser*
Formas plurales

Talking about More than One Person or Thing

---

1. You have already learned the singular forms of the irregular verb *ser* "to be." Review them.

SER	
yo	soy
tú	eres
él	es
ella	es

2. Now study the plural forms of the verb *ser*.

SER	
nosotros(as)	somos
ellos	son
ellas	son
Uds.	son

3. When you speak about yourself and other people "we" you use *nosotros(as)*.

4. You use *ellas* when referring to two or more females.

5. You use *ellos* when referring to two or more males, or when referring to a group of males and females.

6. When speaking to more than one person, you use *ustedes,* usually abbreviated as *Uds.*

Ejercicios

A **Son amigos.** Contesten según se indica. (*Answer according to the cues.*)

1. ¿Son hermanos o amigos Jorge y José? (amigos)
2. ¿Son alumnos? (sí)
3. ¿Dónde son alumnos ellos? (en el Colegio Alfonso el Sabio)
4. ¿Son amigos de Laura y Teresa? (sí)
5. ¿Cómo son ellas? (divertidas)
6. ¿Son alumnas en la misma escuela? (no)
7. ¿Dónde son ellas alumnas? (en la Academia de Santa María del Pilar)

B **¿Qué son Uds.?** Practiquen la conversación. (*Practice the conversation.*)

LAS MUCHACHAS: ¿Son Uds. americanos?
LOS MUCHACHOS: Sí, somos americanos.
LAS MUCHACHAS: ¿Son Uds. alumnos?
LOS MUCHACHOS: Sí, somos alumnos. Y somos alumnos serios.
LAS MUCHACHAS: ¿En qué escuela son Uds. alumnos?
LOS MUCHACHOS: Somos alumnos en la Escuela George Washington.

Completen según la conversación. (*Complete according to the conversation.*)

1. Los muchachos ___ americanos.
2. Ellos ___ alumnos.
3. ___ alumnos muy serios.
4. ___ alumnos buenos.
5. ___ alumnos en la Escuela George Washington.
6. ¿___ americanas las muchachas?
7. ¿En qué escuela ___ alumnas las muchachas?
8. ¿Las muchachas ___ alumnas serias también?

C **Él, ella y yo.** Contesten. (*With a classmate, answer the following questions.*)

1. ¿Son Uds. hermanos o amigos?
2. ¿Son Uds. alumnos serios?
3. ¿En qué escuela son Uds. alumnos?
4. ¿Son Uds. alumnos en la misma clase de español o en clases diferentes?
5. ¿Son alumnos buenos en español?
6. ¿De qué nacionalidad son Uds.?

D **¿Y Uds.?** Formen preguntas. (*Ask your classmates questions as in the model.*)

americanos o cubanos
—*María y José, ¿son Uds. americanos o cubanos?*
—*Somos cubanos.*

1. americanos o mexicanos
2. bajos o altos
3. hermanos o amigos
4. morenos o rubios
5. divertidos o aburridos

El amigo de Carlos. Completen con *ser.* (*Complete with* ser.)

Yo ___ un amigo de Carlos. Carlos ___ muy simpático. Y él ___ muy
$\quad$ 1 $\qquad\qquad\qquad$ 2 $\qquad\qquad\qquad$ 3

divertido. Carlos y yo ___ dominicanos. Nosotros ___ de la República
$\qquad\qquad\qquad$ 4 $\qquad\qquad\qquad$ 5

Dominicana.

$\quad$ La República Dominicana ___ parte de una isla en el mar Caribe.
$\qquad\qquad\qquad\qquad\qquad$ 6

Nosotros ___ alumnos en un liceo en Santo Domingo, la capital. ___ alumnos
$\qquad$ 7 $\qquad\qquad\qquad\qquad\qquad\qquad\qquad$ 8

de inglés. La profesora de inglés ___ la señora Robbins. Ella ___ americana.
$\qquad\qquad\qquad\qquad$ 9 $\qquad\qquad\qquad\qquad$ 10

La clase de inglés ___ bastante interesante. Nosotros ___ muy buenos en
$\qquad\qquad$ 11 $\qquad\qquad\qquad\qquad$ 12

inglés pero la verdad es que (nosotros) ___ muy inteligentes, ¿no? ¿Y Uds.?
$\qquad\qquad\qquad\qquad\qquad$ 13

Uds. ___ americanos, ¿no? ¿Uds. ___ de dónde? ¿ ___ Uds. alumnos en una
$\quad$ 14 $\qquad\qquad\qquad$ 15 $\qquad\qquad$ 16

escuela secundaria? ¿ ___ Uds. alumnos de español?
$\qquad$ 17

La hora $\qquad\qquad$ *Telling Time*

---

1. Observe the following examples of how to tell time.

$\qquad$ **¿Qué hora es?**

Es la una.

Son las dos.

Son las diez.

Son las doce.
Es el mediodía.
Es la medianoche.

**Es la una
y cinco.**

**Son las dos
y diez.**

**Son las cuatro y
veinte y cinco.**

**Son las cinco
menos cinco.**

**Son las seis
menos diez.**

**Son las diez
menos veinte.**

2. To indicate A.M. and P.M. in Spanish, you use the following expressions.

> **Son las ocho de la mañana.**
> **Son las tres de la tarde.**
> **Son las once de la noche.**

3. Note how to ask and tell what time something (such as a party) takes place.

> **¿A qué hora es la fiesta?**
> **La fiesta es a las nueve.**

4. Note how to give the duration of an event (to indicate from when until when).

> **La clase de español es *de* las diez *a* las once menos cuarto.**

Ejercicios

A **El horario escolar.** Look at the following schedule and give the time of each class.

B **La hora.** Give the time on each clock.

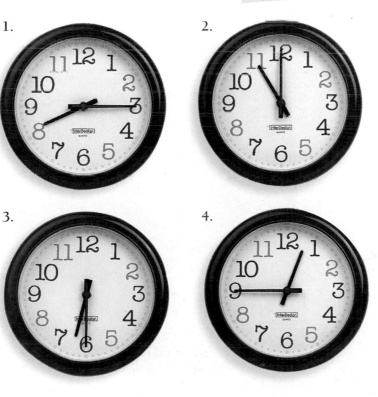

HORARIO ESCOLAR

Nombre: Luisa Morales Pérez   Año: 19—

Horas	Lunes	Martes	Miércoles	Jueves	Vierne
7 - 8	Español				
8 - 9	Inglés				
9 - 10	Educación Física				
10 - 11	Música				
11 - 12	////	////	////	////	//
12 - 1	Biología				
1 - 2	Química				
2 - 3	Trigonometría				

1.

2.

3.

4.

Escenas de la vida   *¿De qué nacionalidad son Uds.?*

SAMUEL: ¿Uds. son americanos?
MARK: Sí, somos americanos. Y Uds. son mexicanos, ¿no?

DANIEL: Sí, somos de Coyoacán.
SARA: ¿Coyoacán?

DANIEL: Sí, es un suburbio de la Ciudad de México. Y Uds., ¿de dónde son?
SARA: Somos de Arlington, un suburbio de Washington.

¿De dónde son?   Contesten. (*Answer.*)

1. ¿De dónde son los mexicanos?
2. ¿Y de dónde son los americanos?
3. ¿Son Coyoacán y Arlington suburbios o ciudades grandes?
4. ¿Cuál es la capital de México?
5. ¿Cuál es la capital de los Estados Unidos?
6. ¿Cuál es un suburbio de la Ciudad de México?
7. ¿Cuál es un suburbio de Wáshington?

Coyoacán
MEXICO

Pronunciación   *Las vocales* e, *e* i

The sounds of the Spanish vowels **e** and **i** are short, clear, and concise. The pronunciation of **e** is similar to the **a** in *mate* and the pronunciation of **i** is similar to the **ee** in *bee* or *see*. Imitate the pronunciation carefully.

e	i
Elena	Isabel
peso	Inés

Repeat the following sentences.

Elena es amiga de Felipe.
Inés es tímida.
Sí, Isabel es italiana.

tímido

Comunicación

A **En Antigua.** Work in groups of four. Two of you are visiting Central America. In the lovely little city of Antigua, Guatemala, you strike up a friendship with two other students. Get the following information from them.

1. their nationality
2. where they are from
3. if they are high school or junior high school students
4. what the students are like in their school
5. what their teachers are like
6. if their classes are easy or difficult

B **¿A qué hora es la clase?** Write down your school schedule showing when each of your classes begins. Swap schedules with your partner. Then take turns asking each other when each of your classes is. Decide who has the best schedule.

       matemáticas 8:00
    Estudiante 1: ¿A qué hora es
      la clase de matemáticas?
    Estudiante 2: Es a las ocho.

SOMOS DE PUERTO RICO

¿Quiénes somos? Pues, somos Ángel y Suso. Nosotros no somos hermanos pero somos muy buenos amigos. Somos puertorriqueños. Somos de San Juan, la capital de Puerto Rico. Puerto Rico es una isla tropical en el mar Caribe. Puerto Rico es una parte de los Estados Unidos. Es un estado libre asociado[1]. Así que nosotros somos ciudadanos[2] americanos como[3] Uds.

Las escuelas en Puerto Rico son como las escuelas en los Estados Unidos. Somos alumnos en una escuela secundaria, la Escuela Asenjo. La Escuela

Asenjo es una escuela pública. Nosotros somos alumnos de inglés. Y somos alumnos de español. Pero para nosotros el español no es una lengua extranjera[4]. Para nosotros el inglés es una segunda[5] lengua.

[1] estado libre asociado *commonwealth*
[2] ciudadanos *citizens*
[3] como *like*
[4] extranjera *foreign*
[5] segunda *second*

Estudio de palabras

A **Palabras afines.** Busquen cinco palabras afines. (*Find five cognates in the reading.*)

B **¿Cuál es la palabra?** Den la palabra correcta. (*Give the word being defined.*)

1. de Puerto Rico
2. de los trópicos
3. la ciudad principal de una nación o de un país
4. una institución educativa
5. de otro país o nación
6. lo contrario de privado

El área del Condado, San Juan, Puerto Rico

Comprensión

A **Ángel y Suso.** Contesten según la lectura. (*Answer according to the reading.*)

1. ¿Quiénes son Ángel y Suso?
2. ¿De dónde son ellos?
3. ¿Cuál es la capital de Puerto Rico?
4. ¿Es Puerto Rico una península?
5. ¿Qué es Puerto Rico?
6. ¿Puerto Rico es parte de qué país o nación?
7. ¿Qué son los puertorriqueños?
8. ¿Cómo son las escuelas en Puerto Rico?
9. ¿Dónde son alumnos Ángel y Suso?
10. Para ellos, ¿cuál es una lengua extranjera?

B **La geografía.** ¿Sí o no? (*Yes or no?*)

1. Puerto Rico es una península.
2. Puerto Rico es una parte de España.
3. Puerto Rico es un país independiente.
4. La lengua de los puertorriqueños es el español.
5. Los puertorriqueños son ciudadanos de España.

Una calle en el viejo San Juan, Puerto Rico

DESCUBRIMIENTO CULTURAL

*L*a hora no es la misma en todas partes. La hora en una ciudad es diferente de la hora en otra ciudad. Es el mediodía en Nueva York. Es la una de la tarde en San Juan y son las seis de la tarde en Madrid. La diferencia entre la hora de Nueva York y la hora de Madrid es de seis horas. Es el huso horario.

En Latinoamérica muchas escuelas son privadas. La mayoría de los muchachos de las familias de la clase media y de la clase alta son alumnos en escuelas privadas. Muchas escuelas privadas en los países latinoamericanos son religiosas —católicas o protestantes. Hay escuelas coeducacionales o mixtas, para muchachos y muchachas; pero muchas escuelas son solamente para muchachos o solamente para muchachas.

La situación es diferente en Puerto Rico. Hay escuelas privadas en Puerto Rico pero hay también muchas escuelas públicas. Las escuelas públicas en Puerto Rico son como las escuelas públicas de los Estados Unidos.

Y AQUÍ EN LOS ESTADOS UNIDOS

Hay más de un millón de alumnos de español en las escuelas públicas y privadas. El español es la lengua extranjera más popular en el país en las escuelas y en las universidades.

Es una escuela intermedia en Puerto Rico **1**. Es una escuela pública.

Es una escuela privada en la Argentina **2**. Todas las alumnas de la escuela son muchachas. Los uniformes son obligatorios.

Es **3** el Instituto Tecnológico de Monterrey. Los cursos son profesionales.

Es la Universidad de Puerto Rico **4**.

INSTITUTO TECNOLÓGICO Y DE ESTUDIOS SUPERIORES DE MONTERREY

4

Comunicación oral

A **Es tarde.** Ask your partner if the following classes are at the times listed. Unfortunately, your times are always thirty minutes late! Your partner will give you the correct class time by adding on thirty minutes.

> física/8:45
> Estudiante 1: ¿Es la clase de física a las nueve menos cuarto?
> Estudiante 2: No. Es a las nueve y cuarto.

1. arte/2:00
2. historia/1:10
3. francés/9:30
4. música/10:45
5. geometría/12:20
6. inglés/8:00
7. biología/11:10
8. español/9:55

B **Son chilenos.** You and your partner see a new classmate at the shopping mall with a boy or a girl. Make up a conversation about them using the model below as a guide.

> dos muchachos/Cuba
> Estudiante 1: ¿Son hermanos los dos muchachos?
> Estudiante 2: No. Son amigos. Y no son americanos.
> Estudiante 1: ¿No? ¿De dónde son?
> Estudiante 2: De Cuba.

1. dos muchachos/Colombia
2. un muchacho y una muchacha/Puerto Rico
3. dos muchachos/México
4. dos muchachas/Chile

Comunicación escrita

A **Una carta de un amigo.** In a letter, your friend asks you about your classes and teachers this year. Write the answers to your friend's questions.

1. ¿A qué hora es la clase de inglés?
   ¿Quién es el/la profesor(a)?
   ¿Cómo es?
2. ¿Cuántos alumnos hay en la clase de español?
   ¿Cómo es el/la profesor(a)? ¿Es serio(a) o divertido(a)?
   ¿A qué hora es la clase?
3. ¿Es obligatoria la clase de ciencia?
   ¿Cómo es la clase?
   ¿Quién es el/la profesor(a)?

B **Otra carta.** Using the information from Actividad A, write a paragraph about your classes, teachers, and schedule that you could include in your letter of response to your friend.

Reintegración

El amigo. Cambien a la forma singular. (*Change to the singular.*)

1. Los amigos son americanos.
2. Ellos son de Nueva York.
3. Y las muchachas son de Santo Domingo.
4. Ellas son dominicanas.
5. Nosotros somos de Montevideo.
6. Somos alumnos en el Colegio Latinoamericano en Cartagena.

Vocabulario

SUSTANTIVOS

el hermano
la hermana
la clase
el profesor
la profesora
el curso
la materia
la disciplina
las ciencias
la biología
la química
la física
las matemáticas
la aritmética
el álgebra
la geometría
la trigonometría
las lenguas
el inglés
el español
el francés
el italiano
el latín
las ciencias sociales
la historia
la geografía
la sociología
la educación cívica
la educación física
el deporte
el arte
la música
la economía doméstica

ADJETIVOS

pequeño(a)
grande
inteligente
interesante
fácil
difícil
amable
popular
otro(a)
argentino(a)
puertorriqueño(a)

OTRAS PALABRAS
Y EXPRESIONES

¿Qué hora es?
¿A qué hora?
el mediodía
la medianoche

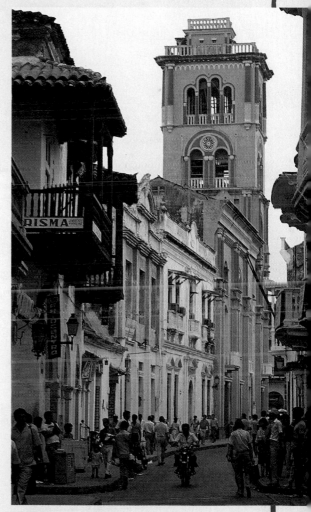
Cartagena, Colombia

CAPÍTULO

3

EN LA ESCUELA

OBJETIVOS

In this chapter you will learn to do the following:

1. talk about going to school
2. talk about some school activities
3. ask for information
4. speak to people formally and informally
5. learn some differences between schools in the United States and Spanish-speaking countries

PALABRAS I

LA ESCUELA

llegar a la escuela

la profesora   el profesor

llegar en el bus escolar
llegar en autobús

en carro
en coche

una mochila

llevar los libros
en una mochila

a pie

entrar en la sala de clase

la sala de clase
el salón de clase

hablar con el profesor

¿A qué hora o cuándo llega Juan a la escuela?
Juan llega a la escuela a las ocho.
¿A las ocho en punto?
No, él llega a eso de las ocho.
¿Cómo llega Juan a la escuela?
Él llega en el bus escolar.

Ejercicios

A **¡A la escuela!** Contesten. (*Answer.*)

1. ¿Llega Juan a la escuela a las ocho?
2. ¿Llega a pie o en el bus escolar?
3. ¿Lleva los libros en una mochila?
4. ¿Entra Juan en la sala de clase?
5. ¿Habla con el profesor?
6. ¿Habla español o inglés con el profesor?

B **¡A la clase de español!** Contesten según se indica. (*Answer according to the cues.*)

1. ¿Cómo llega Teresa a la escuela? (a pie)
2. ¿Cuándo llega? (a eso de las ocho)
3. ¿En qué lleva los libros? (en una mochila)
4. ¿Lleva uniforme a la escuela? (no)
5. ¿En dónde entra Teresa? (en la sala de clase)
6. ¿Qué clase? (la clase de español)
7. ¿Cómo es la clase de español? (interesante)
8. ¿A qué hora es la clase? (a las ocho y media)
9. ¿Quién es la profesora de español? (la señora García)
10. ¿Cómo es ella? (simpática)
11. ¿Cuántas lenguas habla? (dos)
12. ¿Qué habla Teresa con la señora García? (español)

PALABRAS 2

EN LA SALA DE CLASE

el libro

el cuaderno
el bloc
la libreta

el examen

el pizarrón   la pizarra

una nota buena   una nota mala
una nota alta   una nota baja

El alumno estudia la lección.

Mira el libro.

Mira la pizarra.

La alumna toma apuntes en el cuaderno.

Ella toma un examen.

Saca una nota buena.

La profesora enseña. Ella enseña bien.

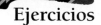

Ejercicios

A Paco estudia mucho. Contesten. (*Answer.*)

1. ¿Estudia mucho Paco?
2. ¿Toma cinco cursos?
3. ¿Estudia español?
4. ¿Toma apuntes Paco en la clase de español?
5. ¿Toma un examen?
6. ¿Es difícil o fácil el examen?
7. ¿Saca Paco una nota buena o mala en el examen?

B Palabras interrogativas. Escojan la respuesta correcta. (*Choose the correct response.*)

1. ¿Cómo llega Roberto a la escuela?
   a. a pie   **b.** a las ocho

2. ¿Cuándo llega a la escuela?
   a. en el bus escolar   **b.** a eso de las ocho

3. ¿Cómo es la clase de español?
   a. interesante   **b.** a las ocho y media

4. ¿Quién enseña?
   a. español   **b.** el profesor

5. ¿Qué enseña?
   a. español   **b.** el profesor

6. ¿Cuántos cursos toma Roberto?
   a. a las ocho   **b.** cinco

Una escuela privada en Buenos Aires, Argentina

C ¿Qué? ¿Quién? ¿Cuándo? ¿Dónde? ¿Cuánto? ¿Cómo? Formen preguntas. (*Make up questions.*)

<u>Rosita</u> estudia francés en la Escuela Horace Mann.
<u>*¿Quién*</u> estudia francés en la Escuela Horace Mann?

1. <u>Rosita</u> estudia español en la Escuela Horace Mann.
2. Rosita estudia <u>español</u> en la Escuela Horace Mann.
3. Rosita estudia español <u>en la Escuela Horace Mann</u>.
4. Rosita llega a la escuela <u>a eso de las ocho</u>.
5. Ella toma <u>cinco</u> cursos.
6. La clase de español es <u>muy interesante</u>.

D Es lo mismo. Busquen la palabra que significa lo mismo. (*Find the word that means the same.*)

1. en coche
2. el cuaderno
3. la nota buena
4. la pizarra
5. la nota
6. a eso de

a. la nota alta
b. la calificación
c. en carro
d. aproximadamente
e. la libreta, el bloc
f. el pizarrón

Comunicación

Palabras 1 y 2

A **¿Quién enseña…?** Prepare a school schedule by asking a classmate the number of courses he or she takes, the time of each course, and the teacher.

B **Mi horario.** Based on the schedule done above, ask a classmate if he or she gets good or bad grades, which courses are easy, and which ones are hard. After you interview your classmate have him or her ask you about your schedule.

C **La clase de inglés.** You are thinking about transferring into some of your friend's classes, but first you want to get your facts straight. Find out from your partner who the English teacher is and if the teacher teaches well. Your partner will tell you who the teacher is and how the class really is. Follow the model. Then continue the conversation using other subjects, like math, science, or history.

> Estudiante 1: ¿Quién es tu profesor(a) de inglés?
> Estudiante 2: Es el señor Burton.
> Estudiante 1: ¿Enseña bien?
> Estudiante 2: Sí. La clase es fantástica. (No, de ninguna manera.
>   La clase es bastante aburrida.)

ESTRUCTURA

El presente de los verbos en *-ar*
Formas singulares

Describing People's Activities

1. A verb is a word that expresses an action or a state of being. Words such as *llevar, llegar, entrar,* and *hablar* are verbs. In Spanish all verbs belong to a family or conjugation. Verbs that end in *-ar* are called first conjugation verbs because the infinitive form *hablar* "to speak" ends in *-ar.* The infinitive is the basic form of the verb that you find in the dictionary. These are called regular verbs because they follow the same pattern and have the same endings.

llegar	entrar	estudiar
tomar	hablar	mirar

2. To form the present tense, you drop the *-ar* of the infinitive to form the stem

hablar	habl-
entrar	entr-

3. To this stem you add the appropriate endings for each person. Study the following chart.

INFINITIVE	HABLAR	ENTRAR	ENDINGS
STEM	habl-	entr-	
yo	hablo	entro	-o
tú	hablas	entras	-as
él	habla	entra	-a
ella	habla	entra	-a

4. Since the verb ending shows who is performing the action, the subject pronoun is often omitted.

> (Yo) Hablo inglés.
> (Tú) Estudias español.

5. To make a sentence negative, you put *no* in front of the verb.

> No hablo francés. Hablo español.

Ejercicios

A **¿Estudias español?** Practiquen la conversación. (*Practice the conversation.*)

ANDRÉS: Oye, Enrique. Tú hablas español, ¿no?
ENRIQUE: Sí, amigo, hablo español.
ANDRÉS: Pero tú no eres español, ¿verdad?
ENRIQUE: No, hombre. Pero estudio español en la escuela.
ANDRÉS: Hablas muy bien.
ENRIQUE: Pues, gracias. Tomo un curso de español con la señora Ortiz.

Contesten según la conversación. (*Answer according to the conversation.*)

1. ¿Habla español Enrique?
2. ¿Cómo habla español?
3. ¿Es español?
4. ¿Estudia español?
5. ¿Dónde estudia español?
6. ¿Con quién toma un curso de español?
7. ¿Quién es la profesora de español?
8. ¿Qué opinas? ¿Enseña bien la señora Ortiz o no?

B **Entrevista.** Preguntas personales. (*Give your own answers.*)

1. ¿A qué hora llegas a la escuela?
2. ¿Qué estudias en la escuela?
3. ¿Tomas un curso de español?
4. ¿Hablas con la profesora cuando entras en la sala de clase?
5. ¿Hablas español o inglés en la clase de español?
6. ¿Hablas bien?
7. ¿Estudias mucho?
8. ¿Qué nota sacas en español?

C **¿Sí o no?** Sigan el modelo. (*Follow the model.*)

> **biología**
> **Sí, yo tomo un curso de biología. Estudio biología con (el profesor).**
>   **Saco una nota ___ en biología.**
> **(No, no tomo un curso de biología. No estudio biología.)**

1. geometría
2. historia
3. inglés
4. ciencias
5. español

D **¡Hola, Rosita! ¿Hablas inglés?** Rosita Martínez is from Buenos Aires.
Find out the following about her. Use *tú* in your questions.

1. if she speaks English
2. if she takes a course in English
3. if she studies a lot
4. if she gets a good grade in English
5. in what school she studies English

E **Yo estudio español.** Completen. *(Complete.)*

¡Hola! Yo ___ (ser) Roberto. Yo ___ (ser) alumno(a) en la Escuela ___

en ___ . En la escuela yo ___ (tomar) un curso de español. Yo ___ (estudiar)

español con la señora Ortiz. Ella ___ (ser) muy simpática y ___ (enseñar) muy

bien. Yo ___ (hablar) mucho con la señora Ortiz. Yo ___ (ser) un(a)

alumno(a) bastante serio(a) y ___ (sacar) una nota buena en español.

  Tú también ___ (ser) alumno(a), ¿no? ¿En qué escuela (estudiar) ___ ?

¿(Tomar) ___ (tú) un curso de español como yo? ¿Qué nota ___ (sacar) en

español?

Tú y usted

1. In Spanish there are two ways to say "you." You use *tú* when talking to a friend, a person your own age, or to a family member. *Tú* is called the informal or familiar form of address.

2. You use *usted* when talking to an older person, a person you do not know well or anyone to whom you wish to show respect. The *usted* form is polite or formal. *Usted* is usually abbreviated to *Ud. Ud.* takes the same verb ending as *él* or *ella*.

3. The *Ud.* form of the irregular verb *ser* that you learned in Chapter 2 is *es*.

Ejercicios

A **Señor, señora o señorita.** Pregúntenle al profesor o la profesora. (*Ask your Spanish teacher.*)

1. if he or she speaks French
2. if he or she teaches history
3. at what time he or she gets to school

B **¿Tú o Ud.?** Formen preguntas. (*Look at each picture. Ask each person his or her nationality, and if he or she speaks English and studies French. Use* tú *or* Ud. *as appropriate.*)

1.

2.

3.

4.

Escenas de la vida   *¡Qué bien hablas!*

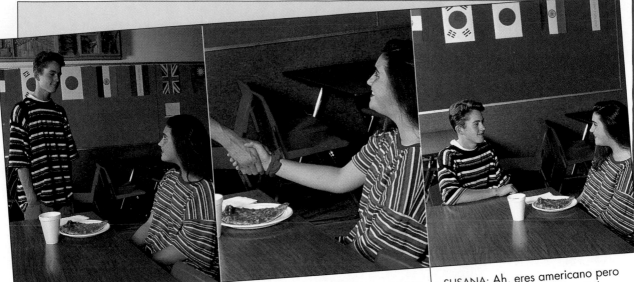

ROBERTO: ¡Hola!
SUSANA: ¡Hola! ¿Quién eres?
ROBERTO: Yo soy Roberto, Roberto Davidson.
SUSANA: Y yo soy Susana del Río.

ROBERTO: Mucho gusto, Susana.
SUSANA: ¿De dónde eres, Roberto?
ROBERTO: Soy de Miami.

SUSANA: Ah, eres americano pero hablas muy bien el español.
ROBERTO: Pues, no hablo muy bien. Sólo hablo un poco. Estudio español en la escuela.
SUSANA: No, no. La verdad es que hablas muy bien, Roberto.
ROBERTO: Gracias, Susana. Eres muy amable.

A   **¡Qué bien hablas!**   Contesten. (*Answer.*)

1. ¿Con quién habla Roberto?
2. ¿De qué nacionalidad es él?
3. ¿Habla Roberto español?
4. ¿Cómo habla Roberto español?
5. ¿Y qué opinas? ¿Es americana Susana?
6. ¿Habla ella español?

B   **Usted habla español.**   The language Roberto and Susana used in their conversation was rather familiar. Repeat the conversation in a more formal style using *Ud.* rather than *tú.*

Pronunciación   *Las consonantes l, f, p, m, n*

The pronunciation of the consonants **l**, **f**, **p**, **m**, and **n** is quite similar in both Spanish and English. However, the **p** is not followed by a puff of breath as it often is in English. When you make the **p** sound in Spanish you round your lips.

la	le	li	lo	lu

La sala de Lolita es elegante.

ma	me	mi	mo	mu

El amigo de Manolo toma un momento.

na	ne	ni	no	nu

Ana no es una alumna nueva.

fa	fe	fi	fo	fu

Felipe es profesor de física.

pa	pe	pi	po	pu

Pepe pasa por la puerta.

Repeat the following sentences.

Elena es la amiga de Lupita.
La sala es elegante.
El profesor de física es famoso.
El papá de Pepe no fuma una pipa.

La mesa es un monumento.

Comunicación

A **¿Qué clase toma?** Using just two words as your cue, make up a story about each person. Use this model as your guide.

Roberto/historia

Roberto toma un curso de historia. En la clase de historia Roberto habla inglés con el profesor. No habla español. Roberto es un alumno serio y estudia mucho. Él saca una nota buena en historia.

1. María/matemáticas
2. Yo/español
3. Tú/biología
4. Yo/inglés

B **El día escolar.** Exchange class schedules with a classmate. Ask each other questions about your courses and the school day. Find out when each of you arrives at school; the times for different courses; the teachers who teach the courses; and whether the courses are difficult or easy, interesting, or boring.

DOS ESCUELAS DE LAS AMÉRICAS

Daniel es un muchacho americano. Él estudia en una escuela secundaria en Chicago. Es una escuela pública. En la escuela Daniel toma un curso de español. La profesora de español es la señora Ortiz. Ella enseña muy bien y Daniel habla mucho en la clase de español. Él siempre[1] practica el español con otro alumno de la escuela, José Luis Delgado. José Luis es de Puerto Rico. José Luis y Daniel son buenos amigos. Daniel saca notas buenas en español. Pero la verdad es que él es un alumno serio. Estudia mucho. Toma cinco cursos: inglés, español, historia, biología y álgebra.

Maricarmen es una muchacha ecuatoriana. Ella estudia en un colegio en Quito, la capital. El colegio de Maricarmen no es una escuela pública. Es una escuela privada. Es solamente para muchachas y las muchachas siempre llevan uniforme a la escuela. Maricarmen, como Daniel, es una alumna seria y estudia mucho. Pero ella no toma cinco cursos. ¿Cuántos cursos toma? Toma nueve. ¿Cómo es posible tomar nueve cursos en un año[2] o en un semestre?

Una escuela secundaria en los Estados Unidos

Pues, en la escuela de Maricarmen, no todos los cursos son diarios[3]. Por eso[4] Maricarmen toma nueve cursos en un semestre.

[1] siempre *always*
[2] año *year*
[3] diarios *daily*
[4] por eso *therefore*

Estudio de palabras

A **Palabras afines.** Busquen diez palabras afines. (*Find ten cognates in the reading.*)

B **¿Cuál es la palabra?** Busquen la palabra. (*Find the word being defined.*)

1. la asignatura, la materia, la disciplina
2. la persona que enseña
3. no privado, lo contrario de privado
4. un alumno que estudia mucho
5. del Ecuador
6. medio año escolar, división del año escolar

Comprensión

A **¿Quién? ¿El americano o la ecuatoriana?** Identifiquen a la persona. (*Identify the person.*)

1. Estudia en una escuela pública.
2. Estudia en una escuela privada.
3. No estudia en una escuela mixta.
4. Estudia en una escuela que es exclusivamente para muchachas.
5. Es de Quito.
6. Es de Chicago.
7. Las clases son diarias.
8. Estudia en la capital.
9. Lleva uniforme a la escuela.
10. Toma nueve cursos en un semestre.
11. Toma cinco cursos en un semestre.

B **La idea principal.** Escojan la idea principal de la lectura. (*Select the main idea of the story.*)

a. Daniel es un muchacho.
b. El alumno latinoamericano toma más cursos en un semestre que el alumno norteamericano.
c. La muchacha ecuatoriana estudia también.

La Plaza Mayor, Quito, Ecuador

DESCUBRIMIENTO CULTURAL

Valparaíso, Chile

*E*l alumno norteamericano saca notas y el alumno latinoamericano saca notas. En los Estados Unidos, la nota es a veces un número, 90, y a veces es una letra, B. Pues, es igual en el mundo hispano.

En el Colegio de Carlos en Valparaíso, Chile, Carlos saca "siete" en el curso de inglés. ¿Qué opinas? ¿Es una nota buena o mala? Pues, en la escuela de Carlos es una nota muy buena. "Dos" es una nota mala. Y en la escuela de Maripaz, una alumna argentina en Buenos Aires, diez es la nota más alta y cuatro es una nota mala, muy baja. Varía de país en país.

A veces, y sobre todo en España, la nota no es un número. No es una letra. Es una palabra—un comentario.

Sobresaliente
Bueno, Notable
Aprobado, Regular
Suspenso, Desaprobado, Cate,
   Insuficiente

¿Qué opinas? ¿Sobresaliente es A o F? ¿Suspenso es A o F?

Y AQUÍ EN LOS ESTADOS UNIDOS

En las grandes ciudades de los Estados Unidos algunas escuelas llevan el nombre de importantes figuras hispanas. Hostos Community College es una institución de Nueva York. Eugenio María de Hostos es una figura muy importante en la historia de la educación en Puerto Rico. En Chicago hay escuelas que llevan nombres de Benito Juárez, José Martí, Luis Muñoz Marín, Roberto Clemente, Lázaro Cárdenas, José de Diego, Francisco Madero, José Clemente Orozco, el Padre Miguel Hidalgo y Costilla, y Pablo Casals. ¿Quiénes son estas grandes figuras?

Roberto Clemente (Puerto Rico)

Benito Juárez (México)

Pablo Casals (España)

José Martí (Cuba)

1

Es una escuela en San José, Costa Rica **1**. Es una clase de historia. ¿En qué lengua enseña la profesora? ¿Es una clase grande o pequeña?

Es la clase del señor Irizarry en Caguas, Puerto Rico **2**. Él enseña inglés como segundo idioma en una escuela secundaria de Caguas. ¿Cuál es la lengua materna de los alumnos del señor Irizarry?

Es la Universidad Nacional Autónoma de México **3**. Es una universidad muy importante en México. Es muy grande.

Es el patio de un colegio **4**. Los alumnos hablan.

CULMINACIÓN

Comunicación oral

A **Las notas.** In Spanish tell your partner about your last report card. Then reverse roles.

B **Llego a tiempo.** Ask your partner at what time he or she arrives at the following places. After your partner has answered all the questions, reverse roles.

> **a la escuela**
> Estudiante 1: **¿A qué hora llegas a la escuela?**
> Estudiante 2: **Llego a las ocho menos cuarto.**

1. a la escuela
2. a la clase de educación física
3. a la cafetería
4. a la clase de matemáticas

C **Una entrevista.** Work with a classmate. Find out the following information. Then compare his or her responses with your own.

1. qué cursos toma
2. qué clase(s) considera aburrida(s)
3. qué clase(s) considera interesante(s)
4. en qué clase estudia mucho
5. en qué clase estudia poco
6. en qué clase(s) saca buenas notas
7. en qué clase saca notas malas

Comunicación escrita

A **Los amigos.** You and your partner each think of a friend (preferably one who studies at a different school). Then write notes to each other inquiring about this friend. Answer each others' notes. They should include the following questions.

1. Who is the friend?
2. What is he or she like?
3. Where is he or she from?
4. Where does he or she study?
5. What foreign language does he or she study?
6. What kind of grades does he or she receive?

B **De Costa Rica.** You have just received a note from a pen pal in San José, Costa Rica. He or she wants to know about your school life. Write him or her a note telling all you can about life at school.

Reintegración

A **¿Cómo es que hablas español?** Completen. (*Complete.*)

1. Yo ___ americano(a) pero ___ español. (ser, hablar)
2. Si tú ___ americano(a), ¿cómo es que ___ español? (ser, hablar)
3. Pues, yo ___ un curso con un profesor que ___ muy bueno. (tomar, ser)
4. ¿Con quién ___ (tú)? (estudiar)
5. Yo ___ con el señor Romero. (estudiar)
6. ¿De qué nacionalidad ___ él? ¿ ___ bien? (ser, enseñar)

B **¿Usted habla español?** Cambien *tú* a *Ud.* en el Ejercicio A. (*Change* tú *to* Ud. *in Exercise A.*)

C **Los alumnos de la clase de español.** Completen con *ser*. (*Complete with* ser.)

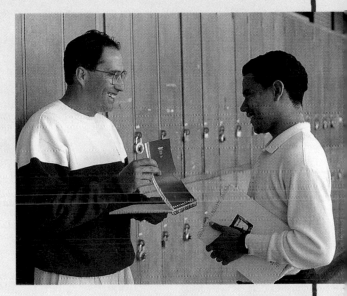

1. Los alumnos de la clase de español ___ muy inteligentes.
2. Todos nosotros ___ alumnos buenos.
3. Yo ___ alumno(a) en la clase de la señora Salas.
4. Ella ___ una profesora muy buena.
5. Y ella ___ simpática.
6. ¿Tú ___ alumno(a) en qué escuela?
7. Tú también ___ alumno(a) de español, ¿no?
8. ¿Uds. ___ alumnos buenos?

Vocabulario

SUSTANTIVOS

la sala de clase
el salón de clase
el profesor
la profesora
la lección
el examen
los apuntes
el libro
el cuaderno
el bloc
la libreta
la mochila
la pizarra
el pizarrón
la nota
la calificación

el coche
el carro
el autobús
el bus

ADJETIVOS

escolar

VERBOS

llegar
entrar
hablar
estudiar
mirar
tomar
sacar
llevar
enseñar

OTRAS PALABRAS Y EXPRESIONES

cuando
cuánto
en punto
a eso de
a pie

4

PASATIEMPOS DESPUÉS DE LAS CLASES

OBJETIVOS

In this chapter you will learn to do the following:

1. describe some of your after-school activities
2. greet people and ask how they feel
3. tell how you feel
4. tell where you or others are
5. tell where you or others go
6. compare some of your after-school activities with those of students in the Hispanic countries

PALABRAS 1

DESPUÉS DE LAS CLASES

la cinta

el teléfono

el disco

la televisión

la cocina

la casa

la sala

Después de las clases…

Los amigos van a casa.

Están en la sala. Escuchan discos.
Miran la televisión.

Preparan una merienda.

Toman un refresco.

Hablan por teléfono.

Estudian en la biblioteca.

el centro comercial

la tienda

Van al centro comercial.

Trabajan en una tienda.

Ejercicios

A **Todos van a la casa de Emilio.** Contesten. (*Answer.*)

1. Después de las clases, ¿van los amigos a la casa de Emilio?
2. ¿Van a la casa de Emilio a pie o toman el autobús?
3. En la casa, ¿miran la televisión?
4. ¿Miran la televisión en la sala?
5. ¿Escuchan discos?
6. ¿Escuchan discos de jazz, de rock, de música popular o de música clásica?
7. ¿Qué clase de cintas escuchan?
8. ¿Toman un refresco?
9. ¿Hablan por teléfono?

B **Todos no van a casa.** Completen. (*Complete.*)

1. ___ las clases, Elena y José no van a casa.
2. ¿Adónde van? Pues, van al ___ comercial.
3. En el ___ comercial, hay una ___ de discos.
4. Elena y José ___ en la tienda.
5. Luis y Sandra son alumnos muy serios. Después de las clases, ellos no van a casa. No van al centro comercial. Van a ___.
6. Ellos ___ en la biblioteca.

C **¿Dónde…?** ¿Cuál es la palabra? (*What's the word?*)

1. donde miran los amigos la televisión
2. donde preparan una merienda
3. donde estudian después de las clases
4. donde hay muchas tiendas

Acérquese a Moda Shopping.

Espacios serenos, confortables, seguros,
de cómodo acceso, en los que "ir de compras"
es un paseo relajante.

100 TIENDAS, 3 RESTAURANTES, SALA DE EXPOSICIONES.

MODA SHOPPING
CENTRO COMERCIAL.

El corazón de la Gran Manzana.

Avda. General Perón, 40. Edificio Mapfre Vida. 900 plazas de aparcamiento, primer nivel de AZCA.

PALABRAS 2

UNA FIESTA

María da una fiesta.
Ella invita a los amigos.

Los amigos van a la fiesta.
Ellos llegan a la casa de María.

Durante la fiesta todos…

bailan

cantan

Están en la sala,

José toca el piano…

la guitarra   el violín   la trompeta

Ejercicios

A **La fiesta de María.** Contesten. (*Answer.*)

1. ¿Da María una fiesta?
2. ¿Ella invita a los amigos a la fiesta?
3. ¿Da la fiesta en casa, en un restaurante o en un café?
4. ¿Llegan los amigos a la casa de María?
5. Durante la fiesta, ¿cantan y bailan todos?
6. ¿Toca José el piano? ¿La trompeta? ¿El violín?
7. ¿Prepara María refrescos para la fiesta?
8. ¿Toman los amigos los refrescos?

B **¿Adónde y dónde?** Contesten. (*Answer.*)

1. ¿Dónde da María la fiesta?
2. ¿Adónde van los amigos?
3. ¿Adónde llegan?
4. ¿Dónde bailan los amigos durante la fiesta?
5. ¿Dónde prepara María los refrescos?

C **¡A casa de Emilio!** Contesten. (*Answer.*)

1. ¿Adónde van los amigos?
2. ¿Cuándo van a casa de Emilio?
3. ¿Qué escuchan?
4. ¿Qué miran?
5. ¿Dónde preparan una merienda?

D **Después de las clases.** Escojan la respuesta correcta.
(*Choose the correct answer.*)

1. Después de las clases los alumnos __.
   a. entran en la escuela   **b.** van a casa

2. En casa, ellos __.
   a. hablan con el profesor   **b.** miran la televisión

3. Miran la televisión __.
   a. en la tienda   **b.** en la sala

4. Escuchan __.
   a. la televisión   **b.** discos

5. Luego preparan una merienda __.
   a. en la sala   **b.** en la cocina

6. María y Teresa no van a casa. Ellas __.
   a. trabajan en una tienda de discos   **b.** toman el autobús a la escuela

Comunicación

Palabras 1 y 2

A **En clase o después de las clases.** Tell five daily activities of some of your friends. Your partner will decide whether your friends do these things in class or after school.

> Estudiante 1: Ellos miran la televisión.
> Estudiante 2: Miran la televisión después de las clases.

B **¿Dónde…?** Tell your partner what you do in each of the following places. Then your partner will report this information to the class.

> Estudiante 1: En la cocina preparo una merienda.
> Estudiante 2: Él/ella prepara una merienda en la cocina.

1. En la cocina…
2. En la sala…
3. En la escuela…
4. En la fiesta…
5. En el autobús…

C **Eres diferente.** Ask your partner the following questions. Your partner will always say *no*, and then answer something different. Reverse roles.

> Estudiante 1: ¿Escuchas discos?
> Estudiante 2: No. Escucho cintas.

1. ¿Vas a la escuela en autobús?
2. ¿Hablas mucho en clase?
3. ¿Escuchas discos de rock?
4. ¿Trabajas en casa?
5. ¿Hablas español en clase?

D **En casa o en la escuela.** With a classmate make a list of as many activities as you can. Then decide if each one takes place *en casa, en la escuela,* or *durante una fiesta.*

Miguel Bosé, *cantante y actor español*

Chayanne, *cantante puertorriqueño*

El presente de los verbos en –ar   *Describing People's Activities*
Formas plurales

1. You have learned the singular forms of regular *-ar* verbs. Study the plural forms.

INFINITIVE	HABLAR	CANTAR	TRABAJAR	ENDINGS
STEM	habl-	cant-	trabaj-	
nosotros(as) ellos, ellas, Uds.	hablamos hablan	cantamos cantan	trabajamos trabajan	-amos -an

2. In most parts of the Spanish-speaking world, except for some regions of Spain, there is no difference between formal and informal address in the plural. Whenever you are speaking to more than one person you use the *ustedes* form of the verb.

> **Ustedes hablan mucho en clase.**

3. *Vosotros(as)* is the plural form of *tú*. It is used in much of Spain. Since *vosotros(as)* is not used in Latin America, you only have to recognize this verb form.

> **¿Cantáis y bailáis en la fiesta de Susana?**

4. Review all the forms of the present tense of regular *-ar* verbs.

INFINITIVE	HABLAR	CANTAR	TRABAJAR	ENDINGS
STEM	habl-	cant-	trabaj-	
yo	hablo	canto	trabajo	-o
tú	hablas	cantas	trabajas	-as
él, ella, Ud.	habla	canta	trabaja	-a
nosotros(as)	hablamos	cantamos	trabajamos	-amos
vosotros(as)	*habláis*	*cantáis*	*trabajáis*	-áis
ellos, ellos, Uds.	hablan	cantan	trabajan	-an

Ejercicios

A **En la escuela.** Formen oraciones. (*Form sentences.*)

Los alumnos…
tomar el bus escolar
Los alumnos toman el bus escolar.

1. llegar a la escuela a eso de las ocho
2. entrar en la sala de clase
3. tomar cuatro o cinco cursos
4. hablar con el profesor
5. estudiar mucho
6. sacar notas buenas

B **Una entrevista.** Preguntas personales. (*Give your own answers.*)

1. Tú y tus amigos, ¿estudian Uds. español?
2. ¿Con quién estudian Uds. español?
3. ¿Sacan Uds. buenas o malas notas?
4. ¿Hablan Uds. mucho en la clase de español?
5. ¿Hablan Uds. español o inglés?
6. ¿Y qué lengua hablan Uds. en casa?
7. Después de las clases, ¿preparan Uds. una merienda?
8. ¿Toman Uds. un refresco?
9. ¿Miran Uds. la televisión?

C **¿Y Uds.?** Formen preguntas con *Uds.* (*Make up questions with* Uds.)

1.

2.

4.

3.

D **Un muchacho en un colegio de Madrid.** Completen. (*Complete.*)

Emilio ___ (ser) un muchacho español. Él ___ (estudiar) en un colegio de
    1   2
Madrid, la capital de España. Emilio ___ (ser) un muchacho muy inteligente.
                                        3
Él ___ (trabajar) mucho en la escuela. Él ___ (estudiar) inglés. Los alumnos
   4   5
___ (hablar) mucho en la clase de inglés. La profesora de inglés ___ (ser)
 6   7
muy interesante y ella ___ (enseñar) muy bien.
                        8

Yo ___ (estudiar) español en una escuela secundaria de los Estados Unidos.
     9
Yo también ___ (trabajar) mucho en la escuela y ___ (sacar) muy buenas
            10   11
notas. En la clase de español nosotros ___ (hablar) mucho con la profesora de
                                         12
español. Siempre ___ (hablar) con ella en español. Ella ___ (ser) de Cuba.
                  13   14
Después de las clases los amigos ___ (tomar) un refresco. A veces
                                  15
nosotros ___ (mirar) la televisión o ___ (escuchar) discos o cintas.
          16   17

El presente de los verbos ir, dar y estar

Describing People's Activities

1. The verbs *ir* "to go," *dar* "to give," and *estar* "to be," are irregular. An
   irregular verb does not conform to the regular pattern. Note the similarity in
   the irregular *yo* form of these verbs.

   yo   **voy**   **doy**   **estoy**

2. The other forms of these verbs are the same as those you have learned for
   regular *-ar* verbs.

INFINITIVE	IR	DAR	ESTAR
yo	voy	doy	estoy
tú	vas	das	estás
él, ella, Ud.	va	da	está
nosotros(as)	vamos	damos	estamos
vosotros(as)	*vais*	*dais*	*estáis*
ellos, ellas, Uds.	van	dan	están

3. The verb *estar* is used to express how you feel and where you are.

How you feel.

¿Cómo estás?	Muy bien, gracias. ¿Y tú?	
	No estoy bien.	I'm not well.
	Estoy enfermo(a).	I'm ill.

Location.

Nosotros estamos en la escuela.
Armando y Rosario están en casa.
Pero no están en la sala. Están en la cocina.

Ejercicios

A **Voy a la escuela.** Contesten. *(Answer.)*

1. ¿Vas a la escuela?
2. ¿A qué hora vas a la escuela?
3. ¿Estás en la escuela ahora?
4. ¿En qué escuela estás?
5. ¿En qué clase estás?
6. Después de las clases, ¿vas a casa?
7. En casa, ¿vas a la cocina? ¿Preparas una merienda?
8. ¿Das un sándwich a José?
9. A veces, ¿das una fiesta?
10. ¿Das una fiesta para los amigos?
11. ¿Das la fiesta en casa?

B **Perdón, ¿adónde vas?** Sigan el modelo.
(Follow the model.)

> **Voy a la escuela.**
> *Perdón, ¿adónde vas?*

1. Voy a la clase de español.
2. Voy a la clase de biología.
3. Voy a la cafetería.
4. Voy al laboratorio.
5. Voy al gimnasio.

C **¿Dónde están Uds.?** Preparen una mini-conversación. *(Prepare a mini-conversation.)*

> **Miramos la televisión. (en la sala)**
> *—¿Dónde están Uds.? ¿En la sala?*
> *—Sí, estamos en la sala.*

1. Escuchamos discos. (en la sala)
2. Preparamos un refresco. (en la cocina)
3. Tomamos un examen. (en la escuela)
4. Trabajamos. (en la tienda)
5. Tomamos un refresco. (en el café)
6. Estudiamos biología. (en el laboratorio)

D **La escuela.** Contesten. (*Answer.*)

1. ¿A qué hora van Uds. a la escuela?
2. ¿Cómo van?
3. ¿Están Uds. en la escuela ahora?
4. ¿En qué clase están?

5. ¿Está el/la profesor(a)?
6. ¿Da él o ella muchos exámenes?
7. ¿Da él o ella exámenes difíciles?
8. ¿Qué profesores dan muchos exámenes?

Las contracciones *al* y *del*   *Expressing Location and Possession*

1. The preposition *a* means "to" or "toward." *A* contracts with the article *el* to form one word, *al*. The preposition *a* does not change when used with the other articles *la, las,* and *los*.

> **a + el = al**

> **En la escuela voy al laboratorio.**
> **Después de las clases voy al café.**
> **Y después voy a la biblioteca.**

2. The preposition *a* is also used before a direct object that refers to a specific person or persons. It is called the personal *a* and has no equivalent in English.

> **Miro la televisión.**   **Miro al profesor.**
> **Escucho el disco.**   **Escucho a los amigos.**

3. The preposition *de* can mean "of," "from," or "about." Like *a*, the preposition *de* contracts with the article *el* to form one word, *del*. The preposition *de* does not change when used with the articles *la, las,* and *los*.

> **de + el = del**

> **Él habla del profesor de español.**
> **El profesor es del estado de Nueva York.**
> **Es de la ciudad de Nueva York.**
> **Él es de los Estados Unidos.**

4. You also use the preposition *de* to indicate possession.

> **Es el libro del profesor.**
> **Son las mochilas de Lourdes y de Sofía.**

Ejercicios

A **¿A quién…?** Contesten. (*Answer.*)

1. ¿Invitas a Juan y a María a la fiesta?
2. ¿Invitas a otros amigos a la fiesta?
3. ¿Miras a los amigos?
4. ¿Escuchas a los amigos?

B **¿Adónde vas?** Preparen una conversación. (*Make up a mini-conversation based on the illustrations.*)

¿Adónde vas?
¿Quién? ¿Yo?
Sí, tú.
Voy al café.

1.
2.
3.
4.
5.
6.

C **¿De qué habla Roberto?** Contesten. (*Answer.*)

1. ¿Es Roberto del estado de Nueva York?
2. ¿Es de la ciudad de Nueva York?
3. ¿Habla Roberto del curso de biología?
4. ¿Habla del profesor de biología?
5. Después de las clases, ¿habla Roberto con los amigos?
6. ¿Hablan de la escuela?
7. ¿Hablan de los cursos que toman?
8. ¿Hablan de los profesores?

Escenas de la vida   *Al trabajo o a la fiesta*

ALFREDO: ¿Cómo estás?
TOMÁS: Bien, ¿y tú?
ALFREDO: Muy bien. Oye, ¿adónde vas el viernes?
TOMÁS: ¿El viernes? Voy al trabajo como siempre.

ALFREDO: ¿Al trabajo? ¿Dónde trabajas?
TOMÁS: Pues, Clarita y yo trabajamos en una tienda de discos.

ALFREDO: Clarita también, ¿eh? Entonces, ¿Uds. no van a la fiesta de María?
TOMÁS: Sí, vamos. Pero después del trabajo.

¿Adónde vas? Contesten. (*Answer.*)

1. ¿Con quién habla Alfredo?
2. ¿Cómo están los dos muchachos?
3. ¿Adónde va Tomás el viernes?
4. ¿Quién trabaja con él en la tienda de discos?
5. ¿Quién da una fiesta el viernes?
6. ¿Adónde va Alfredo?
7. ¿Van a la fiesta Tomás y Clarita?
8. ¿Cuándo van?

OCTUBRE

LUNES	MARTES	MIÉRCOLES	JUEVES	VIERNES	SÁBADO	DOMINGO
				1	2	3
4	5	6	7	8	9	10
11	12 Fiesta Nacional de España	13	14	15	16	17
18	19	20	21	22	23	24
25	26	27	28	29	30	31

Pronunciación *La consonante t*

The **t** in Spanish is pronounced with the tip of the tongue pressed against the upper teeth. Like the Spanish **p**, it is not followed by a puff of air. The Spanish **t** is extremely clear.

ta	te	ti	to	tu
taco	Teresa	tienda	toma	tú
fruta	televisión	tiempo	tomate	estudia
está	teléfono	latín	Juanito	estupendo

Repeat the following sentences.

Tito toca la trompeta durante la fiesta.
Tú estudias latín.
Teresa invita a Tito a la fiesta.

Teresa toca la trompeta.

Comunicación

A **Después de las clases.** Interview classmates about what they do after school. Then make a list of the most popular activities and report them to the class. Some verbs you may want to use in the interviews are:

ir	tomar
llegar	preparar
mirar	tocar
escuchar	cantar
estudiar	hablar
trabajar	dar

B **¡Qué pachanga!** Are your classmates *pachangueros*, real party types? Ask some of your classmates what they do when they go to a party.

1. ¿Bailan? ¿Qué bailan? el merengue, la rumba, la salsa, la samba, el mambo
2. ¿Escuchan discos? ¿Qué tipo de discos escuchan? jazz, rock, rap, música popular, música romántica, música clásica
3. ¿Hablan? ¿De qué hablan? de la política, de la escuela, de los profesores, de los muchachos (las muchachas), de los deportes, del fútbol, de la música
4. ¿Tocan un instrumento musical? ¿Qué tocan? el piano, el violín, la guitarra, la trompeta, la flauta

C **Vamos a estudiar.** With a classmate play the roles of two acquaintances and tell each other where you study, practice Spanish, work, and do other things. Decide on a place to meet later to study together.

EL TRABAJO A TIEMPO PARCIAL, ¿DÓNDE?

En los Estados Unidos muchos alumnos de las escuelas secundarias trabajan después de las clases. Trabajan a tiempo parcial[1] en una tienda, en un restaurante o en una gasolinera. Ganan dinero[2], y con el dinero que ganan compran cositas[3] personales—discos, blue jeans, un T shirt o ¡un carro!

En muchos países de Latinoamérica muy pocos alumnos trabajan a tiempo parcial. Las clases en los colegios no terminan hasta las cuatro y media de la tarde. Y los sábados las clases no terminan hasta el mediodía. Los alumnos de las escuelas latinoamericanas trabajan mucho, pero trabajan en la escuela. No trabajan en una tienda o en una gasolinera.

La mayor parte de los jóvenes[4] que trabajan en los países de Latinoamérica no son alumnos. Y no trabajan a tiempo parcial. Trabajan a tiempo completo. Son muchachos que terminan con la educación después de la escuela primaria. Hoy en día, muchos jóvenes continúan los estudios en clases nocturnas.

[1] a tiempo parcial *part time*
[2] ganan dinero *earn money*
[3] compran cositas *buy things*
[4] los jóvenes *young people*

Estudio de palabras

■ **Los trabajos.** Busquen ocho palabras afines en la lectura.
(*Find at least eight cognates in the reading.*)

Comprensión

A **¿Qué hacen los alumnos?** Completen. (*Complete.*)

1. Muchos alumnos de las escuelas secundarias en los Estados Unidos…
2. Ellos trabajan en…
3. Trabajan a…
4. Con el dinero que ganan…
5. Las clases en muchos colegios latinoamericanos no terminan…
6. Los alumnos de las escuelas latinoamericanas…
7. Los jóvenes que trabajan en los países latinoamericanos…

B **¿Dónde?** Indiquen dónde: en los Estados Unidos o en Latinoamérica.
(*Indicate where: in the United States or in Latin America.*)

1. Muchos alumnos trabajan a tiempo parcial.
2. Los alumnos ganan dinero y compran cosas personales con el dinero que ganan.
3. Las clases terminan a las cuatro y media de la tarde.
4. Los alumnos no van a la escuela los sábados.
5. Muchos jóvenes trabajan a tiempo completo cuando terminan con la escuela primaria.

DESCUBRIMIENTO CULTURAL

¿Los jóvenes en España y en Latino-américa hablan por teléfono con los amigos? Sí, claro. Hablan por teléfono. Pero no como aquí en los Estados Unidos. Los jóvenes en España y en Latinoamérica no pasan horas al teléfono. ¿Qué opinan Uds.? ¿Nosotros pasamos horas al teléfono o no?

La televisión, ¿es popular en España y en Latinoamérica? Sí, la televisión es un pasatiempo popular como aquí en los Estados Unidos. Y los programas de los Estados Unidos

son muy populares. También son populares las telenovelas. ¿Qué son las telenovelas? Las telenovelas tratan de historias románticas.

Y el televisor, ¿dónde está? Está en la sala. Los miembros de la familia miran la televisión juntos.

POR LA CADENA TELEMUNDO

El Fantasma de un pasado empeñado en opacar la felicidad del presente.

CON
GRECIA COLMENARES • JORGE MARTINEZ

 7 PM Este

TELEMUNDO
Unete a Telemundo. Tu mundo.

Y AQUÍ EN LOS ESTADOS UNIDOS

En muchas partes de los Estados Unidos es posible mirar la televisión en español. Muchos programas son de Univisión. Univisión es una compañía mexicana de televisión. *Sábado Gigante* es uno de los programas más populares. Univisión presenta programas en español en Nueva York, Chicago, Miami, San Antonio, Los Ángeles—en todas partes del país.

TVynovelas

¡EN PRIMER LUGAR!

NOCHE de GIGANTES

ENTRETENIMIENTO

ENTREVISTAS

DIVERSION

GRANDES ARTISTAS

ESPECTACULOS

AHORA LOS MIERCOLES TAMBIEN SON GIGANTES

10 PM ESTE / 9 PM CENTRO

UNIVISION
La Visión de América

Es un grupo de alumnos de un colegio de Madrid **1**. Están en un café en la Plaza Mayor. En el café los amigos toman un refresco. Mientras toman el refresco, hablan de otros amigos, de los cursos que toman, de los profesores, etc. Cuando tú estás con un grupo de amigos, ¿de qué hablan Uds.? ¿Uds van a cafés o no? ¿Adónde van Uds. después de las clases?

Es un teléfono público en Argentina **2**. Antonio habla por teléfono con un amigo. ¿Qué opina Ud.? ¿Es una conversación agradable o no? ¿Es una conversación seria o divertida?

Es Gabriel Suárez **3**. Es de Miami. Él prepara una merienda después de las clases. ¿Qué prepara? Después de la merienda, ¿va a trabajar en una tienda o va a estudiar en la biblioteca?

Telefónica de Argentina

111

Comunicación oral

A **Un alumno de intercambio.** You are spending a school vacation living with the Sánchez family in San José, Costa Rica. Eduardo Sánchez is your "brother." He wants to know the following things about you.

1. if you work part time
2. if you listen to music and if so, what kind
3. a few things you and your friends do when you're not in school
4. what you and your friends talk about
5. what American teenagers talk about on the phone with their friends

B **Tú y yo.** Work with a classmate. Ask your classmate about each topic below. He or she will respond. Indicate if you do the same thing or not.
Use the model as a guide.

> música
> Estudiante 1: ¿Qué tipo de música escuchas?
> Estudiante 2: Yo escucho discos de jazz.
> Estudiante 1: ¿Ah, sí? Yo también. Tú y
> yo escuchamos jazz.
> (¿Ah, sí? Yo, no. Yo escucho música popular.)

1. música
2. el teléfono
3. fiestas
4. escuela
5. instrumentos musicales

Comunicación escrita

A **Un amigo muy bueno.** You are writing in your diary about a very good friend. Include the following.

1. who the person is
2. where he or she is from
3. a description of your friend
4. his or her favorite class
5. if he or she is a good student
6. why you like this person

B **Una fiesta divertida.** Write a paragraph about a fun party. Tell what you do, who you talk to, and what kind of music you listen to.

Reintegración

A **Dos amigos.** Here is a photo of two friends. They are from Miami. They are of Cuban background. Describe these two friends and say as much about them as you can.

B **Una entrevista.** Preguntas personales. (*Give your own answers.*)

1. ¿Hablas mucho por teléfono?
2. ¿Con quién hablas por teléfono?
3. ¿De qué hablan Uds.?
4. ¿Escuchas discos?
5. ¿Qué tipo de música escuchas?

Vocabulario

SUSTANTIVOS

la casa
la cocina
la sala
la televisión
el teléfono
la merienda
el refresco
la fiesta
la música
el piano
la guitarra
el violín
la trompeta
la cinta
el disco
la biblioteca
la tienda
el centro comercial

VERBOS

preparar
trabajar
invitar
bailar
cantar
tocar
mirar
ir

dar
estar

ADJETIVOS

clásico(a)
popular

OTRAS PALABRAS Y EXPRESIONES

adónde
a casa
después de
durante
por teléfono
todos
de jazz
de rock

Here is an actual "report card" for a student in Latin America.

REPÚBLICA DE CHILE
MINISTERIO DE EDUCACIÓN PÚBLICA
DIRECCIÓN DE EDUCACIÓN
SECRETARÍA REGIONAL MINISTERIAL
DE EDUCACIÓN

INFORME EDUCACIONAL
EDUCACIÓN GENERAL BÁSICA

Decreto Evaluación
_146/88-_

(Régimen _TRIMESTRAL_)

NOMBRE _NURIA RODRÍGUEZ_

CURSO _____ AÑO ESCOLAR _

ESTABLECIMIENTO _____

COMUNA _NUÑOA_ PROVINCIA _SA_

PROFESOR JEFE
O DE CURSO _MIRTA SALINAS_

ASISTENCIA	Nº DE DÍAS TRABAJADOS	Nº DE DÍAS DE INASISTENCIAS
1º		
2º		
ANUAL		

B. ÁREAS DE DESARROLLO

		CONCEPTO	
ÁREA PSICO-BIOLÓGICA	– Cuida de su higiene y presentación personal	S	S
	– Se recrea de acuerdo a su etapa de desarrollo	S	S
	– Desarrolla el trabajo escolar en forma sistemática y continua	S	S
	– Trata de resolver los problemas que se le presentan	S	S
ÁREA SOCIAL	– Participa en actividades de grupo		
	– Actúa con responsabilidad en las actividades en que se compromete	S	S
	– Mantiene buenas relaciones con sus compañeros	S	S
	– Manifiesta una actitud deferente y respetuosa con los miembros de	S	S
	su comunidad	S	S
ÁREA AFECTIVA	– Demuestra preocupación por los problemas de los demás		
	– Manifiesta sentimientos de agrado frente a las diferentes actividades que le ofrece la Unidad Educativa	S	S
	– Trata de superar sus limitaciones	S	S
	– Reconoce sus errores y trata de corregirlos	S	S
	– Reconoce los aspectos positivos de su personalidad	S	S
	– Manifiesta disposición para acatar las normas establecidas en la Unidad Educativa	S	S
ÁREA VOCACIONAL O PROFESIONAL	– INTERESES. Se interesa por el área		
	– APTITUDES y/o HABILIDADES. Manifiesta Aptitudes y/o Habilidades para		
	– Existe congruencia entre los intereses y habilidades manifestados SÍ ☐ NO ☐		
	– Aspiraciones de prosecución de estudios relacionados con su futuro profesional y/o laboral		
	OTRAS OBSERVACIONES:		

ESCALA DE EVALUACIÓN ÁREAS DE DESARROLLO

SIEMPRE : Permanencia y continuidad en la evidencia del rasgo. El alumno se destaca.
GENERALMENTE : En forma frecuente manifiesta el rasgo.
OCASIONALMENTE : Sólo a veces manifiesta el rasgo.
NUNCA : No se manifiesta el rasgo. El alumno requiere de un apoyo directo del Profesor Jefe y del Orientador.

OBSERVACIONES: _____

PROFESOR(A) JEFE   UNIDAD DE ORIENTACIÓN

A Las calificaciones. Contesten. (*Answer the questions.*)

1. From what country is the report?
2. What is the student's name?
3. In what grade or year is the student?
4. What is the teacher's name?
5. How many subjects does the student take?
6. What is the highest grade obtainable?
7. What is the lowest possible passing grade?
8. In what subject did the student get the highest final average?
9. What was her "worst" subject?

B ¿Qué quiere decir…? Adivinen. (*Guess.*)

1. What might "establecimiento" mean in this context?
2. How do you say "general average" or "overall average"?
3. How do you say "academic achievement"?
4. What grade does everyone avoid?
5. What course is "optional"?

C Observaciones. Under *observaciones* it says:

> *Queda promovida a 5° año de Educación General Básica.*
> *Obtiene el primer lugar en rendimiento escolar entre 47 alumnos.*

Please explain what you think that means.

D Los cursos. Contesten. (*Answer.*)

Why do you think the "optional" course is "optional"?

A. RENDIMIENTO ESCOLAR: (Plan de Estudios) R.B.D. _ _ _ _ _ _ _

ASIGNATURAS	PRIMER																							Promedio	CALIF. FINAL
CASTELLANO	70	70	70	70	70	68	70	69	6.9	64	70	70	70	70			6.8	70	60	67	70	70	70	70 6.4	6.7	6.8
HISTORIA Y GEOGRAFÍA	65	70	70						6.8	66	70	70					6.8	64	70	61					6.6	6.7
I. EXT.	70	60	70						6.6	70	67	70					6.9	70	70						7.0	6.8
I. EXT.																										
MATEMÁTICA	65	60	70	70	65	70	70		6.6	70	66	70	68	70	65		6.6	70	66	70	63	70	65		6.7	6.6
CIENCIAS NATURALES	65	70	70						6.8	70	63	70					6.7	70	70	70	70				70	6.8
ARTES	70	50	70	70	70	70	70		6.7	70	70	70	70				7.0	70	70	70	70				70	6.9
EDUC. TEC. MAN. Y HUERTOS ESC.	70	70	70	70	70				70	65	70	70	65	70			6.8	70	65	70	70				6.8	6.8
ED. MUSICAL	70	70	70	55					6.6	70	65	70					6.8	70	70	70	70				70	6.8
ED. FÍSICA	45	50	70	70					5.8	60	70	55	70				6.3	70	65	70	70				6.8	6.3
RELIGIÓN (Optativo)	70	70	70						MB	70	70	63					MB	70	65	70					MB	MB
PROMEDIO GENERAL									6.6								6.7								6.8	6.7

% DE ASISTENCIA				FIRMAS	DIRECTOR	PROFESOR DE CURSO O JEFE	APODERADO	FECHA
ESCALA DE EVALUACIÓN. DECRETO				1 TRIMESTRE		M.S	M. Rodríguez	08-05-93
MUY BUENO	6.0 a 7.0	SUFICIENTE	4.0 a 4.9	2		M.S	M. Rodríguez	19-06-93
BUENO	5.0 a 5.9	INSUFICIENTE	1.0 a 3.9			M.S	M. Rodríguez	10.09-93

OBSERVACIONES *Queda promovida a 5° año de Educación General Básica.*
Obtiene el 1° lugar en rendimiento escolar entre 47 alumnos.

CAPÍTULOS 1–4

Lectura   *La familia Avilés*

Yo soy Josefina Avilés. Somos seis en la familia: papá, mamá, tres hermanos, y yo. Somos de la Argentina, de Buenos Aires, la capital. Papá y mamá son profesores. Él enseña matemáticas en un colegio, y ella enseña inglés en la universidad. Los tres hermanos y yo somos estudiantes. Yo estoy en el colegio. Estudio mucho y soy una alumna buena. Saco muy buenas notas en inglés y en matemáticas. Soy alta y rubia, pero mis hermanos son bajos y morenos, como mamá.

La familia de Josefina. Contesten. (*Answer.*)

1. ¿Quién es la muchacha?
2. ¿Cuántas personas hay en la familia?
3. ¿Quiénes son profesores?
4. ¿Quién enseña matemáticas?
5. ¿Qué enseña la madre?
6. ¿Dónde enseña el padre?
7. ¿Qué son los hermanos?
8. ¿Josefina está en la universidad?
9. ¿Quién es buena alumna?
10. ¿En qué asignaturas saca buenas notas?
11. ¿Cómo es ella?
12. ¿Quiénes son bajos y morenos?

Estructura

El presente de los verbos en *-ar* y los verbos *ser, ir, dar* y *estar*

1. Review the following forms of regular *-ar* verbs.

INFINITIVE	HABLAR	CANTAR
yo	hablo	canto
tú	hablas	cantas
él, ella, Ud.	habla	canta
nosotros(as)	hablamos	cantamos
vosotros(as)	*habláis*	*cantáis*
ellos, ellas, Uds.	hablan	cantan

2. The irregular verbs *ir, dar*, and *estar* follow a common pattern. Review the forms of these verbs.

INFINITIVE	IR	DAR	ESTAR
yo	voy	doy	estoy
tú	vas	das	estás
él, ella, Ud.	va	da	está
nosotros(as)	vamos	damos	estamos
vosotros(as)	*vais*	*dais*	*estáis*
ellos, ellas, Uds.	van	dan	están

3. Review the forms of the irregular verb *ser.*

ser	yo soy, tú eres, él/ella/Ud. es, nosotros(as) somos, *vosotros(as) sois*, ellos/ellas/Uds. son

A **Después de las clases.** Completen. (*Complete.*)

Esta tarde, a las cinco y media, después de las clases, yo ___
1
(ir) a casa de Sara. Sara ___ (ser) una amiga. Yo ___
2   3
(ser) un amigo de Sara. Ella ___ (dar) una fiesta hoy.
4
Allí nosotros ___ (bailar) y ___ (cantar). Marcos
5   6
Rosales ___ (tocar) la guitarra. Jorge Campos y
7
Teresa Ruiz ___ (preparar) una merienda. Y tú, ¿ ___
8   9
(ir) a la fiesta también?

Los sustantivos y los artículos

1. Spanish nouns are classified as masculine or feminine. Most nouns ending in *o* are masculine, and most ending in *a* are feminine. To make any noun plural that ends in a vowel, simply add an *s*. To form the plural of nouns that end in a consonant, add *es*.

alumno	alumnos	clase	clases
alumna	alumnas	profesor	profesores

2. Review the following forms of the indefinite and definite articles.

el alumno	los alumnos	un alumno	unos alumnos
la alumna	las alumnas	una alumna	unas alumnas

B **En la escuela.** Cambien *un(a)* en *dos*. (*Change* un(a) *to* dos *and make any other necessary changes.*)

1. La Sra. Ramírez enseña una clase de matemáticas.
2. Ella enseña a diez muchachos y a una muchacha.
3. Solamente un profesor de español enseña en la escuela.
4. Yo tomo un curso de ciencias y un curso de matemáticas.
5. Yo estudio una lengua y una ciencia.

C **José Luis.** Completen. (*Complete with the appropiate form of the definite or indefinite article.*)

Son ___ tres de la tarde. Estamos en
     1
___ colegio. Estamos en ___ clase
 2   3
de español. ___ Sra. Cortés es ___
              4   5
profesora. Todos ___ alumnos estudian
                  6
mucho, pero José Luis, no. Él no es ___
                                     7
alumno muy serio. José Luis saca notas muy

malas en muchas asignaturas. Pero en ___
                                      8
cosa José Luis es muy bueno. En ___ deportes.
                                 9

Los adjetivos

Adjectives agree with the nouns they modify. Adjectives ending in *o* have four forms. Adjectives ending in *e* or in a consonant have only two forms.

el alumno bueno	los alumnos buenos
la alumna buena	las alumnas buenas
el alumno inteligente	los alumnos inteligentes
la alumna inteligente	las alumnas inteligentes
el alumno popular	los alumnos populares
la alumna popular	las alumnas populares

D **En la clase de español.** Contesten. (*Answer.*)

1. ¿Quiénes son inteligentes?
2. ¿Quién es popular?
3. ¿Qué es aburrido?
4. ¿Quiénes son altas?
5. ¿Quién es rubio?
6. ¿Quiénes son simpáticos?
7. ¿Qué es difícil?
8. ¿Quién es morena?
9. ¿Qué son fáciles?
10. ¿Qué es interesante?

Comunicación

A **Mi familia.** Describe each member of your family to a classmate. Reverse roles.

B **Mi horario.** An exchange student (your partner) wants to know about your school and your schedule. Explain both in as much detail as you can.

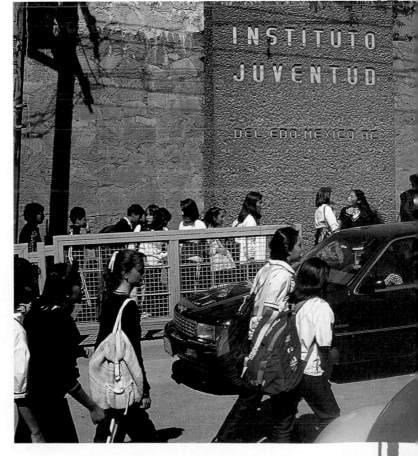

Un instituto en México

LAS CIENCIAS NATURALES

Antes de leer

1. The natural sciences are grouped under major categories—physics, chemistry, biology—and each of those into subcategories. List as many of the specialties and subspecialties as you can.
2. You will now learn the names of the most common ones in Spanish, as well as some science terminology with which you are already familiar in English.

Lectura

En las escuelas enseñan las ciencias naturales. Los cursos típicos son la biología, la física y la química. La biología es el estudio de la vida[1]. En biología, las dos importantes categorías son la zoología y la botánica. En zoología estudian los animales. Estudian los animales microscópicos como las amebas y los paramecios. Estudian los animales primates como los chimpancés y los orangutanes. Y estudian los animales enormes como los elefantes, y los hipopótamos. En botánica estudian las plantas microscópicas como las algas y las bacterias, y los enormes árboles[2] secuoyas de California. Los especialistas estudian las plantas y la vegetación de las zonas del desierto, de las junglas o selvas[3] tropicales y de las regiones polares.

La física es el estudio de la materia y la energía. La química es el estudio de las características de elementos o substancias simples. Las dos categorías importantes son la química orgánica, que trata sólo de los compuestos[4] de carbono, y la inorgánica que trata de los compuestos de todos los otros elementos. Todos los científicos, los biólogos, los químicos y los físicos trabajan en laboratorios. Uno de los instrumentos más importantes que usan es el microscopio.

29 Cu 63,5 Cobre	30 Zn 65,4 Cinc	31 Ga 69,7 Galio	32 Ge 72,6 Germanio	33 As 74,9 Arsénico	34 Se 79,0 Selenio	35 Br 79,9 Bromo	36 Kr 83 Criptó
47 Ag 107,9 Plata	48 Cd 112,4 Cadmio	49 In 114,8 Indio	50 Sn 118,7 Estaño	51 Sb 121,8 Antimonio	52 Te 127,6 Telurio	53 I 126,9 Yodo	54 Xe 13 Xenó
79 Au 197,2 Oro	80 Hg 200,6 Mercurio	81 Tl 204,4 Talio	82 Pb 207,2 Plomo	83 Bi 209,0 Bismuto	84 Po 210 Polonio	85 At 210 Astato	86 Rn 2 Radó

[1] la vida *life*
[2] árboles *trees*
[3] selvas *rainforests*
[4] los compuestos *compounds*

Tabla periódica de los elementos (fragmento)

un hipopótamo

El desierto, Baja California, México

Los secuoyas

Un tucán

La selva en la frontera entre la Argentina y el Brasil

Después de leer

A **Las ciencias.** Escojan la respuesta correcta.

1. La biología es el estudio de la ___.
   a. vida b. ameba c. categoría

2. El microscopio es un ___ importante para los científicos.
   a. laboratorio b. instrumento
   c. estudio

3. El ___ es un ejemplo de un animal enorme.
   a. insecto b. alga c. hipopótamo

4. La persona que estudia las algas es ___.
   a. biólogo b. químico c. físico

5. El nitrógeno, el potasio y el sodio son substancias ___.
   a. biológicas b. físicas
   c. químicas

B **En la lectura.** ¿Dónde dice lo siguiente?

1. the name of a microscopic plant
2. the names of microscopic animals
3. three of the geographic areas where botanists study plant-life

C **Seguimiento.** Preparen una lista de animales que comen (*eat*) algas.

LAS CIENCIAS SOCIALES

Antes de leer

The social sciences or social studies are those that deal with history and related areas–human behavior, social customs and interactions, etc. List in English, as many of the social sciences as you can think of, then see if you can recognize their names in Spanish below.

la antropología	la historia
la psicología	la ciencia política
la geografía	la sociología
la demografía	la economía

Lectura

Las ciencias sociales estudian al hombre, su historia, sus instituciones y su comportamiento[1]. En la historia estudiamos el pasado. Algunos historiadores son especialistas en épocas específicas como las antiguas Grecia y Roma; la época medieval; el siglo XIII; el siglo XIX, o la época contemporánea—hoy. Otros historiadores son especialistas en áreas geográficas específicas, por ejemplo: los Estados Unidos, Europa, Centroamérica, China, el Medio Oriente, etc.

La sociología es el estudio de la sociedad humana, del comportamiento de individuos en sus relaciones con otros, y sus instituciones y grupos. Los sociólogos estudian la familia. Estudian las instituciones: el matrimonio, la educación, la religión, el divorcio y mucho

El Partenón de la Acrópolis, Atenas, Grecia

Ruinas mayas, Copán, Honduras

más. La antropología es el estudio del hombre. Los antropólogos estudian al hombre físico, sus costumbres, su trabajo, su idioma, sus ceremonias. La ciencia política estudia las instituciones políticas y cómo funcionan. La psicología es el estudio de la conducta y de los procesos mentales. La geografía es la ciencia que describe y analiza la superficie[2] de la tierra. Dos especialidades de la geografía son la geografía física y la geografía económica.

[1] el comportamiento *behavior*
[2] la superficie *surface*

Una boda en España

El Alcázar de Segovia, España

Después de leer

A **Las ciencias sociales.** Contesten.

1. ¿Quiénes estudian el pasado?
2. ¿Cuál es una época histórica que estudian los historiadores?
3. ¿Cuál es una de las áreas que los historiadores estudian?
4. ¿Qué estudian los sociólogos?
5. ¿Cuáles son dos instituciones que los sociólogos estudian?
6. ¿Cuáles son dos especialidades de la geografía?

B **¿Quién estudia qué…?** ¿Dónde dice lo siguiente?

1. which science studies the surface of the earth
2. what sociologists study

C **Seguimiento.** Comparen la sociología con la geografía.

La Gran Muralla, China

LAS BELLAS ARTES

Antes de leer

The arts cover the plastic arts such as painting, sculpture and architecture; the performing arts such as theater, music and dance, and letters, or literature. The Spanish-speaking countries have provided artists in all these fields. Make a list of Spanish-speaking artists in any of the disciplines above.

Lectura

Familia de Carlos IV *de Francisco de Goya*

Algunos artistas pintan o dibujan[1]. Los artistas que pintan son pintores, como Velázquez y Goya. Las personas miran los cuadros[2] de los pintores famosos en los importantes museos del mundo como el Prado de Madrid y el Louvre de París. Muchos pintores dibujan primero y después pintan a una persona, una escena, un objeto o figura. La pintura y la escultura son artes plásticas. Diego Velázquez es un importante pintor clásico. Francisco de Goya es un gran pintor del siglo XIX. Los dos son pintores españoles.

El Dos de Mayo *de Francisco de Goya*

Plácido Domingo, tenor español

Alicia de Larrocha, pianista española

Las figuras hispanas en la música son muchas. Hay pianistas y cantantes[3]. El gran tenor Plácido Domingo canta en Roma, Londres, París y Nueva York. La famosa pianista, Alicia de Larrocha, toca en Europa, Asia y las Américas.

[1] dibujan   *sketch*
[2] el cuadro   *the painting, picture*
[3] el cantante   *singer*

PABLO PICASSO
EL GRECO
DIEGO VELÁZQUEZ
DIEGO RIVERA
FRIDA KAHLO
MANUEL DE FALLA
ISAAC ALBÉNIZ
ERNESTO LECUONA
CLAUDIO ARRAU

ALICIA DE LARROCHA
XAVIER CUGAT
JOSÉ ITURBI
FERNANDO SOR
RUFINO TAMAYO
DAVID ALFARO SIQUEIROS
PABLO CASALS
ANDRÉS SEGOVIA
FRANCISCO DE GOYA

Después de leer

A **Las artes.** Escojan la respuesta correcta.

1. Velázquez y Goya son ___.
   a. cantantes   b. músicos
   c. pintores

2. Alicia de Larrocha es una ___ famosa.
   a. pianista   b. compositora
   c. cantante

3. Un gran cantante de ópera es ___.
   a. Francisco Goya
   b. Diego Velázquez
   c. Plácido Domingo

4. El Prado de Madrid es ___.
   a. una ópera   b. un pintor
   c. un museo

5. Un famoso pintor clásico es ___.
   a. Goya   b. Velázquez
   c. Domingo

B **Pianistas y pintores.** ¿Dónde dice lo siguiente?

1. the name of a famous pianist
2. where a famous opera star performs
3. the name of a famous French art museum
4. the name of a great classical painter
5. what many painters do before beginning to paint
6. the name of a great nineteenth-century artist

C **Seguimiento.** Choose an artist from the list on the left. Prepare a brief report about the artist to present to the class. Get help from the art or music department if necessary. If you choose a painter, get some reproductions of his or her work to show to the class.

5

ACTIVIDADES
DEL HOGAR

OBJETIVOS

In this chapter you will learn to do the following:

1. describe your home
2. tell where you live
3. talk about things you do at home
4. express "there is" and "there are"
5. compare some American and Hispanic eating habits
6. talk about housing in the Hispanic world

PALABRAS 1

¿DÓNDE VIVE?

el campo

los suburbios

las afueras

la ciudad · el pueblo

el edificio

a la izquierda · a la derecha

la avenida · la calle

la ciudad

el quinto piso

el cuarto piso

el tercer piso

el segundo piso

el primer piso

la planta baja

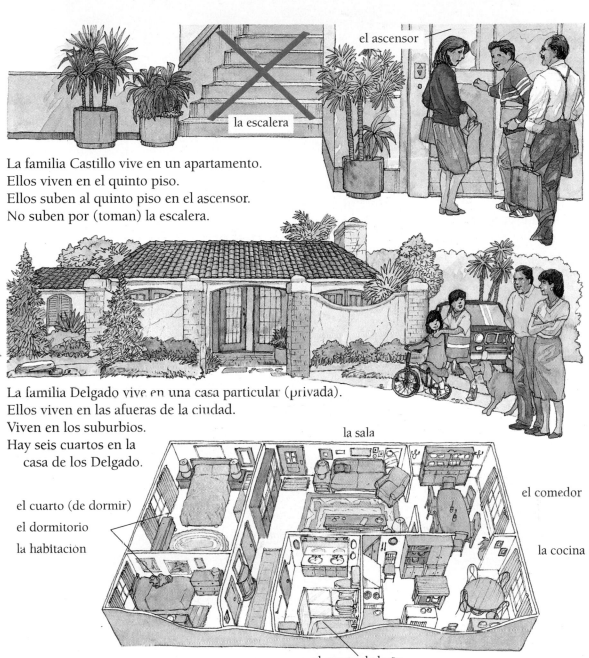

el ascensor

la escalera

La familia Castillo vive en un apartamento.
Ellos viven en el quinto piso.
Ellos suben al quinto piso en el ascensor.
No suben por (toman) la escalera.

La familia Delgado vive en una casa particular (privada).
Ellos viven en las afueras de la ciudad.
Viven en los suburbios.
Hay seis cuartos en la
    casa de los Delgado.

la sala

el cuarto (de dormir)

el dormitorio

la habitación

el comedor

la cocina

el cuarto de baño

Note the ordinal numbers (first, second, etc.).

primer(o)	**sexto**
segundo	**séptimo**
tercer(o)	**octavo**
cuarto	**noveno**
quinto	**décimo**

Primero and *tercero* shorten to *primer* and *tercer* before a singular masculine noun.

el tercer piso	**la tercera calle a la derecha**
el primer piso	**la primera calle a la izquierda**

Ejercicios

A **La familia Castillo.** Contesten. (*Answer.*)

1. ¿Vive la familia Castillo en una casa particular o en un apartamento?
2. ¿Está en un edificio alto el apartamento?
3. ¿Está en el tercer piso o en el quinto piso?
4. ¿Suben ellos al quinto piso en el ascensor o toman la escalera?
5. Cuando llegan al quinto piso, ¿van a la derecha o a la izquierda?
6. ¿Está el edificio en la Avenida Moreto?
7. ¿Viven los Castillo en la ciudad o en las afueras de la ciudad?

B **La familia Delgado.** Contesten según se indica. (*Answer according to the cues.*)

1. ¿Quiénes viven en una casa particular? (los Delgado)
2. ¿En qué viven ellos? (en una casa particular)
3. ¿Dónde está la casa? (en un suburbio, en las afueras)
4. ¿Cuántos cuartos hay en la casa? (siete)

Apartamentos en Viña del Mar, Chile

C **Una casa particular.** Contesten según el dibujo. (*Answer according to the illustration.*)

1. ¿Cuántos cuartos hay en la planta baja?
2. ¿Cuántos cuartos hay en el primer piso?
3. ¿Qué cuartos están en la planta baja?
4. ¿Qué cuartos están en el primer piso?

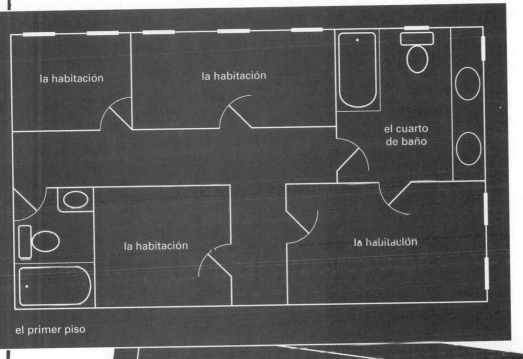

la habitación

la habitación

el cuarto
de baño

la habitación

la habitación

el primer piso

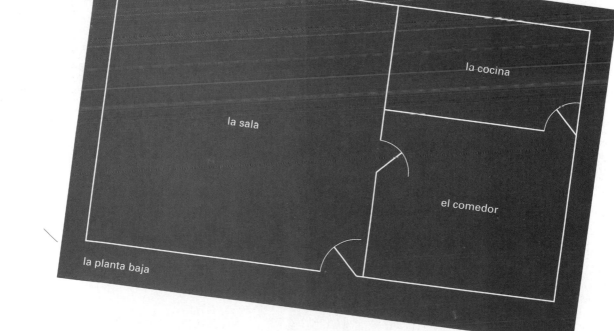

la cocina

la sala

el comedor

la planta baja

VOCABULARIO

PALABRAS 2

ACTIVIDADES EN CASA

las comidas

el desayuno

el almuerzo

la cena

Joselito come.
¿Qué come?

Teresita bebe.
¿Qué bebe?

una gaseosa

las papas

la ensalada

la sopa

un café

la carne

un vaso
de leche

el sándwich
el bocadillo

una limonada

el helado

el postre

Papá (papi) lee.
¿Qué lee?

un libro
una novela

una
revista

HOGAR

Eva Luna

LA PRENSA LIBRE

un periódico

una tarjeta postal

el lápiz

siempre

una carta

el bolígrafo

Mamá escribe.
¿Qué escribe?
¿Con qué escribe?

una invitación

una telenovela
una película

La familia ve la televisión.
¿Qué ven?

siempre no, a veces

una emisión deportiva

las noticias

Nota: Not all Spanish and English cognates have exactly the same meaning. The verb *asistir*, for example, can mean "to assist", but more frequently it means "to attend". *Asistir* can be a false cognate.

> **Los alumnos asisten a la escuela.**

When learning a language you should attempt to take educated guesses at the meaning of words through the context of the sentence. Try to guess at the meaning of the words in italics.

> En la escuela la profesora *enseña.*
> Los alumnos no enseñan. Los alumnos *aprenden.*
> La profesora enseña y los alumnos *aprenden.*
> Los alumnos *comprenden.* ¿Qué *comprenden?*
> *Comprenden* las instrucciones de la profesora.
> El señor no compra helados. El *vende* helados.
> El *vende* los helados a los clientes que compran los helados.

Ejercicios

A **Siempre o a veces.** Contesten con *siempre* o *a veces*. (*Answer with siempre or a veces.*)

1. ¿Cuándo tomas el desayuno en casa?
2. ¿Cuándo tomas el almuerzo en la escuela?
3. ¿Cuándo cenas en un restaurante?
4. ¿Cuándo estudias en la biblioteca?
5. ¿Cuándo subes en el ascensor?

B **Comer y beber.** Contesten. (*Answer.*)

1. ¿A qué hora toma la familia el desayuno?
2. ¿A qué hora toma la familia el almuerzo?
3. ¿A qué hora cena la familia?
4. ¿Come Diego frutas y cereal para el desayuno?
5. ¿Toma un vaso de leche con el almuerzo?
6. ¿Bebe mucha leche Diego?
7. ¿Come una ensalada con la cena?
8. De postre, ¿come helado?
9. ¿Come helado de vainilla o de chocolate?

C **Teresita.** Contesten según la foto. (*Answer according to the photo.*)

1. ¿Qué lee Teresita?
2. ¿Qué escribe Teresita?
3. ¿Con qué escribe ella?
4. ¿Qué ve Teresita en la televisión?

D **Palabras relacionadas.** Busquen una palabra relacionada. (*Find a related word.*)

1. comer
2. beber
3. aprender
4. comprender
5. vender
6. leer
7. escribir
8. asistir
9. vivir
10. subir

a. la comprensión
b. la asistencia
c. la escritura
d. la bebida
e. la comida
f. la subida
g. la lectura
h. la venta
i. el aprendizaje
j. la vivienda

Comunicación

Palabras 1 y 2

A **En la escuela.** Work with a classmate. Prepare a list of activities. Compare your activities with those of your classmate. Then decide in which of the categories below to place each activity.

> **en la escuela con los amigos**
> **después de las clases**
> **con la familia en casa**

B **La familia.** Work with two classmates. Each of you will do the following.

1. make up the name of a family
2. tell where they live
3. tell at what time they get back home each day
4. tell who prepares dinner
5. tell at what time they eat
6. tell some things they eat
7. tell what they do after dinner

C **Un juego.** Write the words that follow on small slips of paper. Put them in a stack. You and a classmate will take turns picking from the stack. Write a sentence with the word you picked. Help each other if you can't do it right away.

> **el periódico**
> **Juan lee el periódico.**

1. una novela
2. una carta
3. un bolígrafo
4. un vaso de leche
5. una ensalada
6. el desayuno
7. la televisión
8. la película

ESTRUCTURA

El presente de los verbos en *-er* e *-ir*

Describing People's Activities

1. You have already learned that many Spanish verbs end in *-ar*. These verbs are referred to as first conjugation verbs. Most regular Spanish verbs belong to the *-ar* group. The other two groups of regular verbs in Spanish end in *-er* and *-ir*. Verbs whose infinitives end in *-er* are second conjugation verbs. Verbs whose infinitive ends in *-ir* are third conjugation verbs. Study the following forms. Note that the endings of *-er* and *-ir* verbs are the same except for the *nosotros* and *vosotros* forms.

-ER VERBS				
INFINITIVE	COMER	LEER	APRENDER	ENDINGS
STEM	com-	le-	aprend-	
yo	como	leo	aprendo	-o
tú	comes	lees	aprendes	-es
él, ella, Ud.	come	lee	aprende	-e
nosotros(as)	comemos	leemos	aprendemos	-emos
vosotros(as)	*coméis*	*leéis*	*aprendéis*	*-éis*
ellos, ellas, Uds.	comen	leen	aprenden	-en

-IR VERBS				
INFINITIVE	VIVIR	SUBIR	ESCRIBIR	ENDINGS
STEM	viv-	sub-	escrib-	
yo	vivo	subo	escribo	-o
tú	vives	subes	escribes	es
él, ella, Ud.	vive	sube	escribe	-e
nosotros(as)	vivimos	subimos	escribimos	-imos
vosotros(as)	*vivís*	*subís*	*escribís*	*-ís*
ellos, ellas, Uds.	viven	suben	escriben	-en

La UNICA Manera de Vivir

2. The verb *ver* "to see" follows the same pattern as other *-er* verbs except the *yo* form.

VER	
yo	veo
tú	ves
él, ella, Ud.	ve
nosotros(as)	vemos
vosotros(as)	*véis*
ellos, ellas, Uds.	ven

Ejercicios

A **¿A quién escribes?** Practiquen la conversación. (*Practice the conversation.*)

RENÉ: Oye, Carmen. ¿Qué escribes?
CARMEN: Escribo una carta.
RENÉ: ¿A quién escribes?
CARMEN: Pues, a un amigo, Jesús Orjales.
RENÉ: ¿Jesús Orjales? ¿Dónde vive él?
CARMEN: Vive en Madrid. Él y yo somos buenos amigos.

Contesten según la conversación. (*Answer based on the conversation.*)

1. ¿Dónde vive Jesús Orjales?
2. ¿Vive Carmen en Madrid también?
3. ¿Escribe Carmen una tarjeta postal a Jesús?
4. ¿Qué escribe?
5. ¿Escribe Carmen la carta o recibe ella la carta?

B **¿Qué aprenden los alumnos en la escuela?** Formen oraciones. (*Make up sentences.*)

En la escuela los alumnos…

1. aprender mucho
2. aprender el español
3. leer muchas novelas en la clase de inglés
4. escribir muchas composiciones
5. recibir notas o calificaciones buenas

C **Entrevista.** Preguntas personales. (*Give your own answers.*)

1. ¿Dónde vives?
2. ¿Vives en un apartamento o en una casa particular?
3. ¿Vives en una ciudad, en un pueblo pequeño, en un suburbio o en el campo?
4. ¿En qué calle vives?
5. En casa, ¿comes con la familia?
6. ¿Comes en el comedor o en la cocina?
7. Después de la cena, ¿lees el periódico?
8. ¿Qué periódico lees?
9. A veces, ¿lees un libro?
10. A veces, ¿escribes una carta a un(a) amigo(a)?

D **Preferencias.** Formen oraciones según el modelo. (*Make up sentences according to the model.*)

> **¿Yo? Yo leo muchas novelas. (¿Yo? Yo leo pocas novelas.)**

1. novelas
2. poesías
3. comedias
4. novelas de ciencia ficción
5. novelas históricas
6. novelas policíacas
7. biografías
8. autobiografías

E **Más preferencias.** Formen oraciones según el modelo. (*Make up sentences according to the model.*)

> **¿Yo? Siempre como frutas.**
> **¿Yo? Como frutas a veces.**

1. frutas
2. tomates
3. sándwiches (bocadillos)
4. papas
5. hamburguesas
6. ensalada
7. postre
8. helado

F **¿Y para beber?** Preparen una conversación según el modelo. (*Make up a conversation according to the model.*)

> **—¿Bebes té?**
> **—Sí, bebo té. (No, no bebo té.)**

1. té
2. café
3. leche
4. Coca cola
5. Pepsi
6. Fanta
7. gaseosa
8. limonada

G Oye, ¿qué...? Formen preguntas según el modelo. (*Make up questions according to the model.*)

Oye, Catalina. ¿Qué lees?

1.

2.

3.

4.

H ¡Y Uds. también! Sigan el modelo. (*Follow the model.*)

Vivimos en los Estados Unidos.
Y Uds. también viven en los Estados Unidos, ¿no?

1. Vivimos en los Estados Unidos.
2. Vivimos en una ciudad grande.
3. Recibimos el periódico todos los días.
4. Leemos el periódico todos los días.
5. Aprendemos mucho cuando leemos el periódico.

I Vivimos en los Estados Unidos. Contesten. (*Answer.*)

1. ¿Dónde viven Uds.?
2. ¿Viven Uds. en una casa particular?
3. ¿Viven Uds. en un apartamento?
4. ¿Escriben Uds. mucho en la clase de español?
5. Y en la clase de inglés, ¿escriben Uds. mucho?
6. ¿Comprenden Uds. cuando la profesora habla en español?
7. ¿Reciben Uds. buenas notas en español?
8. ¿Aprenden Uds. mucho en la escuela?
9. ¿Leen Uds. muchos libros?
10. ¿Comen Uds. en la cafetería de la escuela?

J ¿Qué ve? Completen con *ver*. (*Complete with* ver.)

1. Muchas veces yo ___ una película en la televisión.
2. Yo ___ la película con la familia.
3. Las películas que nosotros ___ son interesantes.
4. Yo ___ las noticias en la televisión.
5. ¿___ tú las noticias también?
6. ¿Qué películas ___ Uds.?

Sustantivos en -*dad*, -*tad*, -*ión*   *The Gender of Nouns*

1. Most nouns that end in -*dad* and -*tad* are feminine. Almost all of these nouns are cognates. The -*dad* or -*tad* endings in Spanish correspond to the ending -*ty* in English.

la universidad	la capacidad
la oportunidad	la realidad
la popularidad	la responsabilidad

2. Most nouns that end in -*ión* are also feminine. The -*ión* ending in Spanish corresponds to the -*ion* ending in English.

la región	la opinión
la nación	la división

3. Note that all nouns that end in -*dad*, -*tad*, and -*ión* form their plural by adding an -*es*.

la ciudad	las ciudades
la universidad	las universidades
la solución	las soluciones
la administración	las administraciones

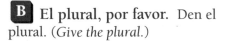

Ejercicios

A **Una universidad muy buena.** Completen. (*Complete with an appropriate word.*)

Asistir a una ___ como Princeton o Harvard es una buena ___. La ___ de los profesores y de la ___ es enseñar a los estudiantes.

B **El plural, por favor.** Den el plural. (*Give the plural.*)

1. la ciudad
2. la nación
3. la oportunidad
4. la calificación

La entrada de la Universidad de Salamanca, España

La expresión impersonal *hay* *Telling What There is Around You*

The expression *hay* means "there is" or "there are."

> Hay muchos edificios altos en una ciudad grande.
> Hay un cuarto de baño en la planta baja de la casa.

Ejercicio

 **¿Cuántos hay?** Contesten. (*Answer.*)

1. ¿Cuántos cuartos hay en una casa grande?
2. ¿Cuántos cuartos hay en una casa pequeña?
3. ¿Cuántos pisos hay en un edificio alto?
4. ¿Cuántos alumnos hay en la clase de español?
5. ¿Cuántos profesores o cuántas profesoras hay en la clase de español?
6. ¿Cuántas cafeterías hay en la escuela?
7. ¿Cuántos gimnasios hay en la escuela?
8. ¿Hay un gimnasio para muchachos y otro para muchachas?

aqui hay

ORLANDO

CONVERSACIÓN

Escenas de la vida   *¿Dónde vives?*

FELIPE: Oye, Casandra. Tú vives en
Madrid, ¿no?
CASANDRA: Sí, soy madrileña y
muy castiza.
FELIPE: ¿Dónde vives en Madrid?
CASANDRA: Vivo en Goya,
cuarenta y ocho.

FELIPE: ¿En Goya?
CASANDRA: Sí, en la calle Goya.

FELIPE: ¿Uds. viven en la planta
baja?
CASANDRA: No, vivimos en el
segundo izquierda.

Nota: No es fácil explicar la palabra
castizo. Es como la palabra simpático.
Significa "puro, legítimo". En Madrid,
significa muy madrileño.

A   **¿Dónde vive Casandra?**   Contesten. (*Answer.*)

1. ¿Vive Casandra en Madrid?
2. ¿Es ella madrileña?
3. ¿En qué calle vive?
4. ¿Qué número?
5. ¿Vive con la familia?
6. ¿Viven ellos en la planta baja?
7. ¿En qué piso viven?

B   **¿Y tú?** Preguntas personales.
(*Give your own answers.*)

1. ¿En qué ciudad o pueblo vives?
2. ¿En qué calle vives?
3. ¿Cuál es el número de la casa?
4. ¿Cuál es la zona postal?

Pronunciación   *La consonante d*

The pronunciation of the consonant **d** in Spanish varies according to its position in the word. When a word begins with **d** (initial position) or follows the consonants **l** or **n**, the tongue gently strikes the back of the upper front teeth.

da	de	di	do	du
da	de	Diego	donde	duque
tienda	derecha	disco	segundo	

When **d** appears within the word between vowels (medial position), the **d** is extremely soft. To pronounce this **d** properly, your tongue should strike the lower part of your upper teeth, almost between the upper and lower teeth. Listen and imitate carefully.

da	de	di	do	du
privada	Adela	estudio	helado	educación
ensalada	modelo	media	estado	

helado

When a word ends in **d** (final position), the **d** is either extremely soft or omitted completely, not pronounced.

ciudad   nacionalidad

Repeat the following sentences.

Diego da el dinero a Donato en la ciudad.
El empleado vende helado y limonada.
Adela compra la merienda en la tienda.

Comunicación

A ¿**Verdad?** Assume that your partner does the following things, and say so, using *¿verdad?* (right). Your partner says *mentira* and corrects you.

vivir en las afueras
Estudiante 1: Tú vives en las afueras, ¿verdad?
Estudiante 2: Mentira. Vivo en la ciudad.

1. beber un vaso de leche
2. comer helado de vainilla
3. escribir con lápiz
4. leer un periódico
5. ver una telenovela

B **A Sevilla.** On the train from Madrid to Sevilla you meet a Spanish student (your partner). He or she wants to know something about you. Provide the following information.

1. where you live
2. where you work or study
3. if you live in an apartment or a private home
4. if you live in a city, suburb, or the country

LECTURA Y CULTURA

VIVIENDAS

*E*n los países hispanos gran parte de la población vive en las grandes ciudades. Por eso, mucha gente vive en apartamentos. En algunos[1] casos son propietarios del apartamento y en otros son inquilinos[2].

Chabolas en Valparaíso, Chile

Como mucha gente vive y también trabaja en la misma ciudad, hay muchos que van a casa al mediodía. Toman el almuerzo en casa con la familia. El almuerzo típico es una comida bastante grande con varios platos. Pero hoy día como hay tanto[5] tráfico, toma mucho tiempo para ir a casa. Por eso la gente come al mediodía en un restaurante o en la cafetería (cantina) de la escuela o de la empresa (compañía) donde trabajan. En todas partes del mundo hay muchos cambios[6] en la manera de vivir. Es la sociedad moderna.

[1] algunos *some*
[2] inquilinos *renters*
[3] pobres *poor*
[4] chabolas, chozas *shacks*
[5] tanto *so much*
[6] cambios *changes*

Hay también suburbios con casas particulares en las afueras de las ciudades. Algunos suburbios son muy elegantes con grandes casas de lujo. Pero en las afueras de las ciudades también hay zonas pobres[3] donde la gente vive en chabolas o chozas[4] humildes.

Casas particulares en la Ciudad de México

Estudio de palabras

A **Palabras afines.** Busquen diez palabras afines en la lectura. (*Find ten cognates in the reading.*)

B **¿Sí o no?** ¿Verdad o no? (*Answer* sí *or* no.)

1. Una persona pobre es una persona con mucho dinero.
2. Un suburbio es un pueblo en las afueras de una ciudad.
3. El propietario es la persona que compra una casa o un apartamento.
4. El inquilino es la persona que compra una casa o un apartamento.
5. El total de habitantes de una ciudad o de un país es la población.
6. El desayuno es la comida del mediodía.
7. Una chabola o choza es una casa elegante.
8. Mucha gente pobre vive en chabolas o chozas.

Comprensión

A **¿Cómo es?** Escojan la respuesta correcta. (*Choose the correct completion.*)

1. En los países hispanos gran parte de la gente vive en ___.
   a. hoteles en los suburbios
   b. apartamentos en las grandes ciudades
   c. casas elegantes en el campo

2. Muchas familias viven en apartamentos porque ___.
   a. viven en las grandes ciudades
   b. viven en las afueras de las ciudades
   c. no hay suburbios

3. La mayoría de la gente que vive en apartamentos son ___.
   a. propietarios
   b. inquilinos
   c. pobres

4. La gente rica vive en ___.
   a. chabolas
   b. las zonas pobres
   c. casas grandes y lujosas

5. Una chabola es ___.
   a. una casa lujosa y elegante
   b. una pequeña casa pobre
   c. una zona pobre

B **Información cultural.** Según la lectura, escojan la diferencia cultural más importante. (*According to the reading, select the most important cultural difference.*)

a. Las ciudades son muy importantes en Latinoamérica.
b. En los países hispanos más gente vive en apartamentos en ciudades grandes que en los Estados Unidos.
c. No hay suburbios en Latinoamérica.

LOS CIPRESES
DEL MAR

MEMORIA CALIDADES

Gran lujo
Aire acondicionado
Sofisticado sistema de seguridad
Cocina equipada con aparatos BOSCH
Bañera JACUZZI con hidromasaje
Antena parabólica
*Televisión * Video*

MILLA DE ORO
Km. 0,00 MARBELLA (Junto Hotel Don Pepe)
desde: 200.000 Ptas. m²

Telf. 942-837586

DESCUBRIMIENTO CULTURAL

*A*quí ves la dirección de un madrileño.

Emilio Iglesias Herrera
Calle de Serrano 74, 5° Izda[1].
28006 Madrid,
España

interesante—la gente no bebe leche ni agua con la comida. En España beben agua mineral. En algunos países, sobre todo, en España, la Argentina, Chile y el Uruguay, la gente toma vino[2] con la comida—vino blanco o vino tinto.

¿En qué calle vive el señor Herrera? ¿En qué piso vive? ¿Cuál es la zona postal? ¿El apartamento o piso en Madrid está a la derecha o a la izquierda? ¿Cuál es la abreviatura de izquierda?

Casandra, la muchacha castiza en la conversación, vive en la calle Goya. La calle Goya es una calle en la zona o barrio Salamanca. Salamanca es una zona elegante de Madrid. Otra calle en Salamanca es la calle Velázquez. Goya y Velázquez son pintores o artistas muy famosos de España. Hay una colección fantástica de sus pinturas en el Museo del Prado. El Museo del Prado es un museo famoso de Madrid.

En muchos países hispanos la cena es a las ocho o a las ocho y media de la noche. Pero en España, la gente no cena hasta las diez o las once de la noche.

En España y Latinoamérica la gente toma café, pero no con la comida. Toman café después de la comida. Y otra cosa

¿Cuándo comen los hispanos la ensalada, antes de la comida, con la comida, o después de la comida? Muchos hispanos comen la ensalada después del plato principal. ¿Cuándo comen Uds. la ensalada?

[1] izda., izquierda   *left*
[2] vino   *wine*

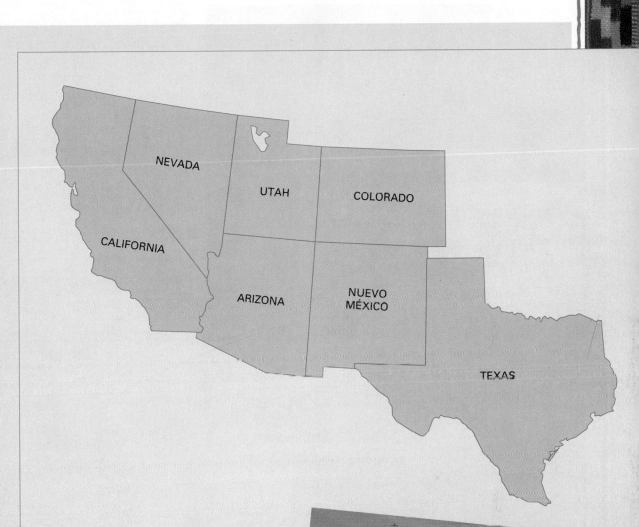

NEVADA

UTAH

COLORADO

CALIFORNIA

ARIZONA

NUEVO MÉXICO

TEXAS

Y AQUÍ EN LOS ESTADOS UNIDOS

En los Estados Unidos gran número de ciudades llevan nombres españoles, Sacramento, San Antonio, El Paso, Los Ángeles y San Francisco, Monterey y Las Vegas y en Alaska, Valdez. También los nombres de algunos estados son españoles, especialmente en el suroeste del país. California, Colorado, Nevada, Nuevo México, Florida, todos son nombres españoles. Los españoles son los primeros exploradores europeos del continente norteamericano.

La misión de Carmel, California

REALIDADES

El almuerzo en la casa de Juan Pablo Rodríguez, un muchacho español **1**.

Aquí ven Uds. una zona residencial de Guadalajara, México **2**.

Una casa particular en Caracas, Venezuela **3**. Es una casa moderna.

Apartamentos en Sevilla, España **4**.

Apartamentos en venta en Puerto Rico **5**.

148

5

Comunicación oral

A **De paseo.** While visiting in Chile you meet a student (your partner) who wants to know the following about eating customs in the United States.

1. when you eat your salad at dinner
2. at what time you eat dinner
3. where people eat lunch
4. what people drink with their meals
5. when people drink coffee

B **El apartamento nuevo.** You are looking for an apartment. Tell the real estate agent (your partner) the type of apartment you need and the features you want it to have. The real estate agent will tell you what apartments he or she has available.

Comunicación escrita

A **En el campo.** You and your family have rented a condo in the country. Write a letter to a Spanish-speaking friend describing the condo. Include the following information.

1. where it is located
2. which floor you are on
3. if it is big or small
4. how many rooms it has
5. if it has stairs or an elevator
6. if it has a television and how many
7. your general impression of the condo

B **Otra carta.** Write a letter to a friend in Puerto Rico. Tell him or her where you live; some things you do at home after school; when you eat; what you eat for dinner; what you talk about with your friends on the telephone; what types of things you read or watch on TV.

Reintegración

A **Entrevista.** Preguntas personales. (*Give your own answers.*)

1. ¿De dónde eres?
2. ¿Dónde vives?
3. ¿En qué escuela eres alumno(a)?
4. ¿Estudias español?
5. ¿Quién es el/la profesor(a) de español?
6. ¿Qué notas sacas en español?
7. ¿Lees mucho en español?
8. ¿Comprendes cuando el/la profesor(a) habla español en clase?

B **La clase de español.** Completen con la forma apropiada del verbo. (*Complete with the correct form of the verb.*)

1. La clase de español ___ muy interesante. (ser)
2. La profesora ___ muy buena. (ser)
3. Ella ___ bien. (enseñar)
4. Nosotros ___ mucho en la clase de español. (estudiar)
5. Juan y Carlos ___ la guitarra. (tocar)
6. Ellos ___ la guitarra y nosotros ___. (tocar, cantar)
7. Yo ___ una nota muy buena en español. (sacar)

Vocabulario

SUSTANTIVOS
la ciudad
las afueras
los suburbios
el pueblo
el campo
la calle
la avenida
el edificio
la planta baja
el apartamento
el ascensor
la escalera
el piso
la sala
la cocina
el comedor
el cuarto de dormir
el dormitorio
la habitación
el cuarto de baño
la comida
el desayuno

el almuerzo
la cena
la sopa
la carne
la papa
la ensalada
el sándwich
el bocadillo
el postre
el helado
el vaso
la leche
la gaseosa
el café
la limonada
la televisión
la película
la telenovela
la emisión
las noticias
el libro
la novela
el periódico
la revista

la carta
la tarjeta postal
la invitación
el bolígrafo
el lápiz

ADJETIVOS
primer(o)(a)
segundo(a)
tercer(o)(a)
cuarto(a)
quinto(a)
sexto(a)
séptimo(a)
octavo(a)
noveno(a)
décimo(a)

particular
privado(a)
deportivo(a)

VERBOS

comer
beber

leer
vender
comprender
aprender
ver
vivir
subir
asistir
escribir

OTRAS PALABRAS Y
EXPRESIONES

hay
a la derecha
a la izquierda
siempre
a veces
mucho
poco

CAPÍTULO

6

LA FAMILIA
Y SU CASA

OBJETIVOS

In this chapter you will learn to do the following:

1. talk about your family
2. describe your home
3. give your age and find out someone else's age
4. tell what you have to do
5. tell what you are going to do
6. talk about your belongings and those of others
7. talk about families in Spanish-speaking countries

153

PALABRAS 1

LA FAMILIA

el abuelo   los abuelos   la abuela

los padres   los hijos
el padre   la madre   la hija   el hijo

el esposo   el marido   la esposa   la mujer   la tía   el tío
                                                                      los tíos

los nietos

el nieto   el primo   la nieta   la sobrina   la prima   el sobrino

el gato   el perro

Es la familia Galdós.
El señor y la señora Galdós tienen dos hijos.
Tienen un hijo y una hija.
Los Galdós tienen un perro.
No tienen un gato.

¿Cuántos años tienen los hijos?
Pepe, el hijo, tiene dieciséis años.
Celia, la hija, tiene catorce años.
Son jóvenes. No son viejos.

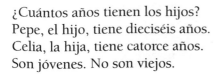

Ejercicios

A La familia Galdós. Contesten. (*Answer.*)

1. ¿Tiene la familia Galdós un apartamento en Lima?
2. ¿Tienen dos hijos los Galdós?
3. ¿Es grande o pequeña la familia Galdós?
4. ¿Cuántos años tiene el hijo?
5. ¿Y cuántos años tiene la hija?
6. ¿Los Galdós tienen un perro o un gato?
7. Los hijos de los Galdós, ¿tienen primos?
8. ¿Tienen tíos también?

B Mi familia. Completen. (*Complete.*)

1. El hermano de mi padre es mi ___.
2. La hermana de mi padre es mi ___.
3. El hermano de mi madre es mi ___.
4. La hermana de mi madre es mi ___.
5. El hijo de mi tío y de mi tía es mi ___.
6. Y la hija de mis tíos es mi ___.
7. Los hijos de mis tíos son mis ___.

C ¡Y yo! Escojan la respuesta correcta. (*Choose the correct answer.*)

1. Y yo, yo soy ___ de mis abuelos.
   a. el nieto   b. la nieta

2. Yo soy ___ de mis padres.
   a. el hijo   b. la hija

3. Yo soy ___ de mi tío.
   a. el sobrino   b. la sobrina

4. Yo soy ___ de mi hermana.
   a. el hermano   b. la hermana

5. Yo soy ___ de mi hermano.
   a. el hermano   b. la hermana

PALABRAS 2

LA CASA Y EL APARTAMENTO

la casa

el árbol

la planta

la flor

el jardín

alrededor de

Es la casa de la familia López.
Su casa es bonita.
Alrededor de la casa hay un jardín.
El jardín tiene árboles, plantas y flores.

el garaje

el carro viejo

el ciclomotor

el coche

el carro nuevo

la bicicleta

el apartamento

la entrada

la vista

el parque

el balcón

Es el apartamento de la familia Asenjo.
Su apartamento tiene un balcón.
Del balcón hay una vista bonita, preciosa.
Hay una vista del parque.

el cumpleaños

los regalos

la fiesta de cumpleaños

Ejercicios

A **La casa de la familia López.**
Contesten. (*Answer.*)

1. ¿Es bonita la casa de la familia López?
2. ¿Tiene la casa un jardín?
3. ¿Es bonito el jardín?
4. ¿Tiene flores y árboles el jardín?
5. ¿Tienen los López un coche nuevo?
6. ¿Está en el garaje su coche?
7. ¿Tienen los hijos de los López una bicicleta o un ciclomotor?
8. ¿Tienen televisor? ¿Dónde está?

B **El apartamento o la casa.** Escojan la respuesta correcta. (*Choose the correct answer.*)

1. Tiene un balcón. (el apartamento/la casa)
2. Está en el quinto piso. (el apartamento/la casa)
3. Hay una vista bonita. (del balcón/del coche)
4. Tiene garaje. (el apartamento/la casa)
5. Del balcón hay una vista preciosa. (del garaje/del parque)
6. ¿Dónde está el coche? (en el jardín/en el garaje)

C **El cumpleaños de Luisa López.**
Contesten según se indica. (*Answer according to the cue.*)

1. ¿Qué es hoy? (el cumpleaños de Luisa)
2. ¿Cuántos años tiene o cumple? (quince)
3. ¿Qué dan sus padres en su honor? (una fiesta)
4. ¿Qué recibe Luisa? (muchos regalos)
5. ¿Van todos sus parientes a la fiesta? (sí)

Comunicación
Palabras 1 y 2

A **La familia.** You and your partner each prepare a family tree with grand-parents, aunts and uncles, cousins, parents, brothers and sisters, and nieces and nephews (if you have them). Then take turns, identifying and telling something about each relative.

> **Mi abuelo es José Marchena.**
> **Es viejo, y muy simpático.**

B **Mi familia.** Work with a classmate. Tell him or her something about your family. After each statement you make, your classmate will say something about his or her family. Use the model as a guide.

> **Estudiante 1: En mi familia hay cuatro personas. (Somos cuatro.)**
> **Estudiante 2: ¡Cuatro! En mi familia hay cinco personas.**
>   **(Somos cinco.)**
> **Estudiante 1: Vivimos en una casa.**
> **Estudiante 2: Nosotros, no. Vivimos en un apartamento.**

C **Mis parientes.** Work with a classmate. Write each of the following words on a slip of paper. Put the papers in a pile. Take turns picking a paper from the pile and give a definition of the word on your slip.

1. mi primo
2. mi abuela
3. mi tío
4. mi sobrina
5. mis tíos
6. mi papá

El presente del verbo *tener*

Telling What You and Others Have, Telling People's Ages

1. The verb *tener* "to have," is irregular. Study the following forms.

TENER	
yo	tengo
tú	tienes
él, ella, Ud.	tiene
nosotros(as)	tenemos
vosotros(as)	*tenéis*
ellos, ellas, Uds.	tienen

ROCA LO TIENE TODO EN BAÑOS

Si desea saber todo lo que hay en Baños visite a quien tiene todo lo de Roca. Visite al Distribuidor Roca más cercano o solicite la Revista Todo en Baños a Roca, Ap. de Correos 30024, 08080 Barcelona

Nombre y Apellidos _____
Calle _____
Ciudad _____
Provincia _____
_____ C.P. _____

2. You also use the verb *tener* to express age in Spanish.

> ¿Cuántos años tienes?
> ¿Cuántos años tiene Ud.?
> Tengo dieciséis años.

Ejercicios

A **¿Tienes un hermano?** Practiquen la conversación. (*Practice the conversation.*)

TERESA: Reynaldo, ¿tienes un hermano?
REYNALDO: No, no tengo hermano. Tengo una hermana.
TERESA: ¿Cuántos años tiene ella?
REYNALDO: Tiene catorce años.
TERESA: Y tú, ¿cuántos años tienes?
REYNALDO: ¿Yo? Yo tengo dieciséis.
TERESA: ¿Uds. tienen un perrito?
REYNALDO: No, perrito no tenemos. Pero tenemos una gata adorable.

Completen según la conversación. (*Complete according to the conversation.*)

1. Reynaldo no ___ hermano.
2. Pero él ___ una hermana.
3. Su hermana ___ catorce años.
4. Reynaldo ___ dieciséis años.
5. Reynaldo y su hermana no ___ perrito.
6. Pero ellos ___ una gata adorable.

B **Una entrevista.** Preguntas personales. (*Give your own answers.*)

1. ¿Tienes un hermano?
2. ¿Cuántos hermanos tienes?
3. ¿Tienes una hermana?
4. ¿Cuántas hermanas tienes?
5. ¿Tienes un perro?
6. ¿Tienes un gato?
7. ¿Tienes muchos amigos?
8. ¿Tienes primos?
9. ¿Cuántos primos tienes?
10. ¿Cuántos tíos tienes?
11. ¿Cuántas tías tienes?
12. ¿Tienes una familia grande o pequeña?

C **¿Qué tienes?** Formen preguntas con *tienes*. (*Make up questions with* tienes.)

1. un hermano
2. una hermana
3. primos
4. un perro
5. un gato
6. muchos amigos

D **¿Qué tienen Uds.?** Formen preguntas según se indica. (*Make up questions according to the model.*)

> una casa o un apartamento
> *Marcos y Adela, ¿qué tienen Uds.? ¿Tienen una casa o un apartamento?*

1. un perro o un gato
2. un hermano o una hermana
3. un sobrino o una sobrina
4. una familia grande o pequeña
5. una bicicleta o un ciclomotor
6. cintas o discos

E **Nuestra familia.** Contesten según su familia. (*Answer based on your family.*)

1. ¿Tienen Uds. una casa?
2. ¿Tienen Uds. un apartamento?
3. ¿Tienen Uds. un coche?
4. ¿Tienen Uds. un ciclomotor o una bicicleta?
5. ¿Tienen Uds. teléfono?
6. ¿Tienen Uds. televisor?

Un edificio de apartamentos en Madrid

La plaza en Chinchón, España

F **La familia Sánchez.** Completen con *tener*. (*Complete with* tener.)

Aquí ___ (nosotros) la familia Sánchez. La familia Sánchez ___ un piso
 ‾1‾   ‾2‾
(apartamento) muy bonito en Madrid. El piso ___ seis cuartos y está en
                                            ‾3‾
Salamanca, una zona bastante elegante de Madrid. Los Sánchez ___ una casa de
                                                              ‾4‾
campo en Chinchón. La casa de campo en Chinchón es un pequeño chalet
donde los Sánchez pasan los fines de semana (*weekends*) y sus vacaciones. La
casa de campo ___ cinco cuartos. Hay cuatro personas en la familia Sánchez.
              ‾5‾
Carolina ___ diecisiete años y su hermano Gerardo ___ quince años. Gerardo
         ‾6‾   ‾7‾
y Carolina ___ un perrito encantador, Chispa. Adoran a su Chispa. ¿Tú ___ un
           ‾8‾   ‾9‾
perro? ¿Tú ___ un gato? ¿Tu familia ___ un apartamento o una casa? ¿Uds.
          ‾10‾   ‾11‾
también ___ una casa de campo donde pasan los fines de semana como ___ los
       ‾12‾   ‾13‾
Sánchez?

Tener que + el infinitivo
ir a + el infinitivo

Telling What You Have to Do
Telling What You're Going to Do

1. *Tener que* + *infinitive* (-*ar*, -*er*, or -*ir* form of the verb) means "to have to."

   Tengo que comprar un regalo.

2. *Ir a* + *infinitive* means "to be going to." It is used to express what is going to happen in the near future.

   Vamos a llegar mañana.
   Ella va a cumplir quince años.

Ejercicios

A **¡Cuánto tengo que trabajar!** Preguntas personales. (*Give your own answers.*)

1. ¿Tienes que trabajar mucho en la escuela?
2. ¿Tienes que estudiar mucho?
3. ¿Tienes que leer muchos libros?
4. ¿Tienes que escribir composiciones?
5. ¿Tienes que tomar exámenes?
6. ¿Tienes que sacar buenas notas?

B **En la clase de español.** ¿Qué tienen que hacer? (*Tell what you have to do in Spanish class.*)

1. hablar
2. pronunciar bien
3. aprender el vocabulario
4. leer
5. escribir un poco
6. comprender una nueva cultura

C **Voy a dar una fiesta.** Contesten. (*Answer.*)

1. ¿Vas a dar una fiesta?
2. ¿Vas a dar la fiesta en honor de Paco?
3. ¿Va a cumplir diecisiete años Paco?
4. ¿Vas a invitar a los amigos de Paco?
5. ¿Vas a preparar refrescos?
6. ¿Van Uds. a bailar durante la fiesta?
7. ¿Van a cantar?
8. ¿Van a comer?

D **No, porque…** Sigan el modelo. (*Follow the model.*)

> **ver la televisión/preparar la comida**
> *No voy a ver la televisión porque tengo que preparar la comida.*

1. escuchar discos/estudiar
2. ver la televisión/escribir una composición
3. ir a la fiesta/trabajar
4. tomar seis cursos/sacar buenas notas
5. tomar apuntes/escuchar al profesor
6. ir al café/escribir una carta a abuelita

Los adjetivos posesivos

1. You use possessive adjectives to show possession or ownership. Like other adjectives, the possessive adjectives must agree with the nouns they modify.

       mi   tu   su   nuestro(a)   *(vuestro[a])*

2. The adjectives *mi*, *tu*, and *su* have only two forms: singular and plural.

mi disco y mi cinta	mis discos y mis cintas
tu disco y tu cinta	tus discos y tus cintas
su disco y su cinta	sus discos y sus cintas

3. The possessive adjective *su* can mean "his," "her," "their," or "your." Its meaning is usually clear by its use in the sentence. If, however, it is not clear, *su* can be replaced by a prepositional phrase.

   el libro $\begin{cases} \text{de él} \\ \text{de ella} \\ \text{de Ud.} \end{cases}$ el libro $\begin{cases} \text{de ellos} \\ \text{de ellas} \\ \text{de Uds.} \end{cases}$

4. The possessive adjective *nuestro* "our" has four forms.

   nuestro apartamento
   nuestros libros
   nuestra casa
   nuestras revistas

5. The possessive adjective *vuestro*, like the subject pronoun *vosotros*, is only used in parts of Spain. *Vuestro*, like *nuestro*, also has four forms.

IDEAS
para su hogar

Renueve su
BAÑO

ESTE MES:
- Muebles para construir
- Muñecos
- Instalación de azulejos
- Traje y torta para bautizo
- Móviles para la cuna
- Suéteres

$2.50 / Dólares

165

Ejercicios

A **Mi casa y mi familia.** Preguntas personales.
(*Give your own answers.*)

1. ¿Dónde está tu casa o tu apartamento?
2. ¿Cuántos cuartos tiene tu casa o tu apartamento?
3. Tu apartamento o tu casa, ¿es grande o pequeño(a)?
4. Si tienes hermano, ¿cuántos años tiene?
5. Si tienes hermana, ¿cuántos años tiene?
6. ¿Cuántas personas hay en tu familia?
7. ¿Tus tíos viven en la misma ciudad o en el mismo pueblo?
8. Tu casa o tu apartamento, ¿está en una ciudad o en un pueblo pequeño?
9. ¿Tus abuelos viven en la misma ciudad o en el mismo pueblo?
10. Si tienes un perro o un gato, ¿es adorable tu animalito, tu mascota?

B **¿Dónde está tu...?** Sigan el modelo. (*Follow the model.*)

> la casa
> *Lupita, ¿dónde está tu casa?*

1. el hermano
2. la hermana
3. los primos
4. el padre
5. la madre
6. el perro
7. el gato
8. los libros
9. la escuela
10. el/la profesor(a) de español

C **¿Yo? De ninguna manera.** Preparen una conversación. (*Make up a conversation.*)

> libro
> Estudiante 1: ___, ¿(tú) tienes mi libro?
> Estudiante 2: No. De ninguna manera. No tengo tu libro. La verdad es que tú tienes tu libro.

1. libros
2. revista
3. cinta
4. discos
5. dinero

D **Su amigo es muy simpático.** Sigan el modelo. (*Follow the model.*)

> el hermano de Susana
> *Su hermano es muy simpático.*

1. el hermano de Pablo
2. el hermano de Ud.
3. la amiga de Pablo
4. la amiga de Ud.
5. el primo de Carlos y José
6. la tía de Teresa y José
7. los tíos de Teresa y José
8. los padres de Uds.
9. el abuelo de Uds.
10. los amigos de Uds.

E **Nuestra casa.** Preguntas personales. (*Give your own answers.*)

1. Su casa (la casa de Uds.), ¿es grande o pequeña?
2. ¿Cuántos cuartos tiene su casa?
3. ¿Su casa está en la ciudad o en el campo?
4. ¿En qué calle está su escuela?
5. Su escuela, ¿es una escuela intermedia o una escuela superior?
6. ¿Quién es su profesor(a) de español?
7. ¿De qué nacionalidad es su profesor(a) de español?
8. En general, ¿sus profesores son simpáticos?
9. ¿Son interesantes sus cursos?
10. ¿Son grandes o pequeñas sus clases?

*Una escuela superior
en Mérida, Venezuela*

Una casa en Chile

Escenas de la vida   *¿Tú tienes hermana?*

TADEO: Tengo que ir a la tienda.
JAIME: ¿Por qué?
TADEO: Tengo que comprar un
regalo para mi hermana.
Mañana es su cumpleaños.

JAIME: ¿Tú tienes hermana?
TADEO: Sí.

JAIME: ¿Cuántos años tiene?
TADEO: Mañana va a cumplir
quince años.

De compras. Contesten según la conversación.
(*Answer according to the conversation.*)

1. ¿Con quién habla Tadeo?
2. ¿Adónde tiene que ir Tadeo?
3. ¿Qué tiene que comprar?
4. ¿Por qué tiene que comprar un
   regalo para su hermana?
5. ¿Cuántos años tiene su hermana?
6. ¿Cuántos años va a cumplir mañana?

Pronunciación *Las consonantes b, v*

There is no difference in pronunciation between a **b** and a **v** in Spanish. The **b** or **v** sound is somewhat softer than the sound of an English **b**. When making this sound, the lips barely touch.

ba	be	bi	bo	bu
bajo	bebé	bicicleta	bonito	bueno
balcón	escribe	bien	recibo	bus
trabaja	recibe	biología	árbol	aburrido

va	ve	vi	vo	vu
va	ve	vista	vosotros	vuelo
vaso	verano	vive	vólibol	vuelta

El bebé vuela
en el verano.

Repeat the following sentences.

El joven vive en la avenida Bolívar en Bogotá.
Bárbara trabaja los sábados en el laboratorio de biología.
El bebé ve la vista bonita del balcón.

Comunicación

A **Las vacaciones.** You are travelling through the Yucatan peninsula in Mexico visiting the wonderful Mayan ruins. You meet Jaime Buenrostro, a Mexican student. He asks you:

1. how old you are
2. how many brothers and sisters you have
3. if you live in a house or apartment
4. when your birthday is
5. if you have a cat or a dog

Answer Jaime's questions.

B **Mañana…** With a classmate prepare a list of things you are going to do tomorrow. Tell your classmate what you are going to do and he or she will let you know if he or she has to do the same thing. Report to the class.

C **Tengo que…** Make a list of things that you're not going to do because you have to do something else. Ask your partner if he or she has to do the same thing. If the answer is *no*, find out what your classmate is going to do.

D **Mis cosas.** Ask your partner questions about the following. Your classmate will answer. Then reverse roles.

1. su carro o su bicicleta
2. su casa o su apartamento
3. el jardín de su casa o el balcón de su apartamento
4. su perro o su gato
5. su hermana o su prima

LA FAMILIA HISPANA

Cuando un joven hispano habla de su familia, no habla solamente[1] de sus padres y de sus hermanos. Habla también de sus abuelos, de sus tíos y de sus primos. En fin, habla de todos sus parientes—incluso sus padrinos[2], el padrino y la madrina. Los padrinos forman una parte íntegra del círculo familiar.

La familia tiene mucha importancia en la sociedad hispana. Cuando hay una celebración como un matrimonio, un bautizo o un cumpleaños, todos los parientes van a la fiesta. Aun[3] los apellidos hispanos reflejan[4] la importancia que tiene la familia de una persona.

Aquí tenemos un ejemplo de los apellidos de una familia.

¡Y otra cosa importante! Los parientes políticos[5] también forman parte de la familia hispana.

[1] solamente *only*
[2] padrinos *godparents*
[3] aun *even*
[4] reflejan *reflect*
[5] políticos *in-laws*

CONTRERAS L. MARTHA

DOCTORA MARTHA CONTRERAS LAURRABAQUIO

CIRUJANO DENTISTA
DE 11 A 3 Y 5 A 9:30

MPO   2-16-27

ABOGADOS

LIC. CARLOS MORALES VILLALOBOS
LIC. JOAQUÍN RENTERÍA DÍAZ

Asuntos Judiciales y Administrativos

F. Bartolomé de las Casas 139 Sur
(Casi Esq. Con 16 de Sept)   4-11-15

ANTES DEL MATRIMONIO			
		APPELLIDO PATERNO	APPELLIDO MATERNO
EL JOVEN, EL NOVIO	Arturo	Guzmán	Echeverría
LA JOVEN, LA NOVIA	María	Blanco	Robles

DESPUÉS DEL MATRIMONIO	
EL ESPOSO	LA ESPOSA
Arturo Guzmán Echeverría	María Blanco de Guzmán

LOS HIJOS DEL MATRIMONIO	
EL HIJO	LA HIJA
José Guzmán Blanco	Luisa Guzmán Blanco

Estudio de palabras

A **Palabras afines.** Busquen diez palabras afines en la lectura. (*Find ten cognates in the reading.*)

B **¿Quiénes…?** Escojan la respuesta correcta. (*Choose the correct answer.*)

1. ¿Quiénes son los padres?
   a. el padre y la madre
   b. los parientes

2. ¿Quiénes son los parientes?
   a. el padre y la madre
   b. los abuelos, los tíos, los primos, etc.

3. ¿Quiénes son los parientes políticos?
   a. los parientes del esposo
   b. los parientes de sus abuelos o de la esposa

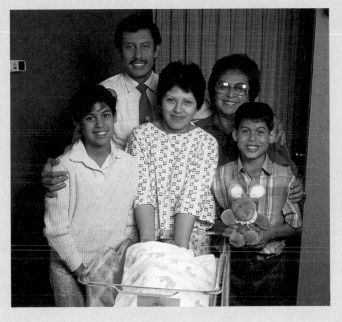

Comprensión

A **La familia.** Contesten. (*Answer.*)

1. Cuando un joven hispano habla de su familia, ¿habla solamente de sus padres y de sus hermanos?
2. ¿De quiénes habla?
3. ¿Cómo es la familia en la sociedad hispana?

B **Los apellidos.** Completen. (*Complete.*)

1. Un joven hispano lleva el apellido de su padre y de ___.
2. Una joven hispana también lleva el apellido de su ___ y de su ___.
3. Después del matrimonio, la esposa mantiene el apellido de su ___ y toma el apellido de su ___.

C **Inferencia.** From this reading, what would you say about the families in Spain and Latin America in comparison to the families in the United States?

DESCUBRIMIENTO CULTURAL

En España y en Latinoamérica, ¿hay familias de un sólo padre como aquí en los Estados Unidos? Sí, hay. Y en los países más industrializados del mundo hispano hay más y más. Sin embargo, el divorcio es un fenómeno relativamente nuevo (reciente) en las sociedades hispanas.

En inglés usamos la palabra "step" cuando hablamos, por ejemplo, del esposo de uno de nuestros padres. Hay términos en español también. Son la madrastra, el padrastro, el hijastro, la hijastra, el hermanastro y la hermanastra. Pero no son palabras de uso común. En vez de hablar de su madrastra, un hispano habla de la esposa de su padre. En vez de hablar de su hermanastro, habla del hijo del esposo de su madre o del hijo de la esposa de su padre.

En los Estados Unidos celebramos el "sweet sixteen" de una muchacha con una fiesta especial en su honor. En muchos países hispanos y también entre las familias hispanas de los Estados Unidos festejan a la quinceañera. La quinceañera es la muchacha que cumple quince años. Hay una gran fiesta en su honor. Todos los parientes y amigos asisten a la fiesta. La muchacha recibe

QUINCE AÑOS. Rodeada del afecto de sus seres queridos, celebró sus anhelados quince años la gentil señorita Ivonne de la Caridad Bolaños, hija del señor José Bolaños y señora, Mayra de Bolaños, estimados miembros de la colonia hispanoamericana. A las muchas felicitaciones recibidas, unimos las nuestras muy especiales, más votos por que cumpla muchos más.

Para una Hija muy linda

DOM	LUN	MAR	MIER	JUE	VIER	SAB
	1 San Severo	2 La Candelaria	3 San Blas	4 San Gilberto	5 C Mexicana 1917	6 San Teófilo
7 San Romualdo	8 San Ciriaco	9 San Nicéforo	10 San Guillermo	11 N. S. de Lourdes	12 San Melesio	13 San Benigno
14 San Valentín	15 San Faustino	16 San Onésimo	17 San Teódulo	18 San Heladio	19 San Álvaro	20 San Eleuterio
21 San Severiano	22 San Pascasio	23 Sta. Marta	24 Día de la Bandera	25 San Cesáreo	26 San Néstor	27 San Leandro
28 San Hilario						

muchos regalos. Si la familia de la quinceañera tiene mucho dinero, ella recibe regalos fabulosos, como un viaje a los Estados Unidos o a Europa.

En los países hispanos la gente celebra también el día de su santo. Muchas personas llevan el nombre de un santo. Hay un santo para cada día del calendario. Celebran también el cumpleaños del santo que tiene el mismo nombre. frecuentemente, el cumpleaños y el día del santo son el mismo día. ¿Por qué? Algunas veces los padres dan a su hijo el nombre del santo del día de su nacimiento.

Y AQUÍ EN LOS ESTADOS UNIDOS

En muchas comunidades hispanas de los Estados Unidos todavía se celebran *los quince*. Los americanos de ascendencia cubana, mexicana y puertorriqueña en particular tienen la costumbre de dar una fiesta para la *quinceañera*. Las fiestas de las familias ricas son magníficas, con comida abundante, baile y músicos que tocan música tradicional y moderna. El vestido de la quinceañera también es elegante y caro[1]. Las familias modestas celebran de manera más modesta. Pero también hay mucha comida, baile y música. Si no hay una banda de música, siempre hay discos. Las fiestas son alegres, y toda la familia, jóvenes y viejos, toma parte.

[1]caro *expensive*

1

Una fiesta familiar hispana **1**. En su opinión, ¿quién cumple años, un niño o un adulto? ¿Quiénes están en la fiesta? ¿Dónde tiene lugar la fiesta?

Una feliz quinceañera con su bonito vestido de gala **2**. Sus padres van a dar una fiesta en su honor. ¿Cuántos años cumple hoy la muchacha? ¿Va a recibir muchos regalos?

Es una invitación para una boda **3**. En la invitación los hijos y no sus padres anuncian su matrimonio.

La bebé Marisol del Rocío celebra su bautizo **4**. Sus padres y sus padrinos anuncian la alegre ocasión. ¿Qué opinas? ¿Van a dar una fiesta o no?.

Es una ceremonia nupcial en una iglesia católica **5**. Una boda es como el nacimiento de una familia nueva. ¿Quién es la muchacha? ¿Quiénes son sus padres?

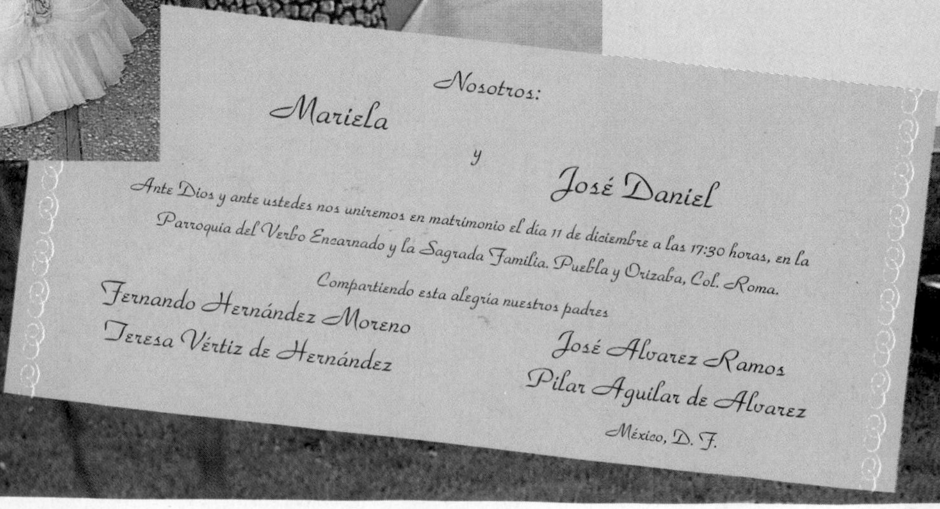

2

Nosotros:

Mariela

y

José Daniel

Ante Dios y ante ustedes nos uniremos en matrimonio el día 11 de diziembre a las 17:30 horas, en la Parroquia del Verbo Encarnado y la Sagrada Familia. Puebla y Orizaba, Col. Roma.

Compartiendo esta alegría nuestros padres

Fernando Hernández Moreno
Teresa Vértiz de Hernández

José Alvarez Ramos
Pilar Aguilar de Alvarez

México, D. F.

3

Marisol del Rocío

Nació en la Ciudad de México el día 9 de julio de 1993 y fué bautizada en el Santuario Parroquial de Ntra. Señora de la Piedad el día 14 del mismo mes y año.

Sus padres:

Raúl García Puente

e

Inés Gómez de García

Sus padrinos:

Hugo Magaña Campos

y

Diana Collado de Magaña

CULMINACIÓN

Comunicación oral

A **¿Qué tengo que hacer?** Tell your partner what you have to do to accomplish the following things. Reverse roles.

> **para llegar a la escuela**
> *Para llegar a la escuela, tengo que tomar el autobús.*

1. para ir a la tienda
2. para hablar español bien
3. para sacar una "A" en historia
4. para ir a la universidad
5. para ir a la fiesta
6. para tener buenos amigos

B **Mi casa.** Give your partner a description of your house or apartment. Your partner will write down the information and report it to the class.

C **¿Por qué…?** Tell your partner why you have to go to the following places. Reverse roles.

> **a la tienda**
> *Tengo que ir a la tienda porque tengo que comprar un regalo.*

1. a la tienda
2. a la cocina
3. a la escuela
4. al pueblo
5. al comedor
6. a mi cuarto
7. a la avenida Nueva York
8. al apartamento de mi amigo

Comunicación escrita

A **El árbol genealógico.** Prepare your own family tree using the Hispanic system of last names. Include the following relatives: grandparents, aunts and uncles, your parents, and your brothers and sisters.

B **Voy a vivir en Puerto Rico.** You are going to move to San Juan, Puerto Rico, and need to rent a house or apartment there. You decide to put an ad in the local newspaper. Write an ad describing the kind of house you are looking for.

C **La casa de mis sueños.** Write a paragraph describing the house of your dreams. Include its size, how many rooms it has, what the rooms are, if there is a garage, yard, balcony, trees, plants, flowers, etc. Then exchange papers with a classmate and proofread the paragraphs.

ALQUILER CASAS SOLAS

ECHEGARAY, LAS AMÉRICAS, AMPLIA CASA, 4 RECÁMARAS, 2 BAÑOS, COCINA INTEGRAL, 2 GARAJES, A DOS MINUTOS PERIFÉRICO. ¡VÉALA! ALLEN AGENCIA INMOBILIARIA. 574-41-25.

FUENTES Satélite, casa tres recámaras, teléfono. PINGEL BIENES RAÍCES. 562-66-43.

JARDÍN BALBUENA, CASA SOLA, BIEN UBICADA, TOTALMENTE RESTAURADA. RENTO, INFORMES, A LOS TELS. 763-18-11, 581-89-61.

LOMAS DE CHAPULTEPEC, MAGNÍFICA RESIDENCIA EN RENTA, PARA OFICINAS, 430 METROS CUADRADOS, 3 LÍNEAS TELEFÓNICAS, AMUEBLADA O SIN AMUEBLAR, TODOS SERVICIOS. 562-80-91, 562-08-96, 393-32-11, 393-28-60.

LOMAS de Chapultepec, Prado Norte, tres recámaras, servicios, jardín. Siete millones. 521-76-51, 512-38-74.

NARVARTE. Rento casa para oficinas, cuatro recámaras, uso suelo. 688-25-21, 550-28-77, 180 metros.

Reintegración

A **La casa.** Completen. (*Complete.*)

1. Preparamos la comida en ___.
2. Comemos en ___.
3. Miramos (vemos) la televisión en ___.
4. La sala, la cocina y el comedor están en ___.
5. Los cuartos de dormir están en ___.
6. Alrededor de la casa hay ___.
7. El jardín tiene ___.
8. El coche está en el ___.

B **¿Qué clase?** Escojan. (*Choose.*)

biología   español   álgebra   inglés

1. Voy al laboratorio donde miro muestras en el microscopio.
2. Hablo mucho.
3. Soluciono ecuaciones.
4. Aprendo una nueva cultura.
5. Tengo que disecar un animal.
6. Aprendo muchas palabras nuevas.
7. Leo muchas novelas, poesías, etc.
8. Escribo composiciones.
9. Estudio las células de los animales y de las plantas.
10. Estudio el binomio de Newton.

Alumnos en una escuela en Madrid

C **Los alumnos…** Rewrite all the sentences from Ejercicio B, beginning with *Los alumnos…*

Vocabulario

SUSTANTIVOS

la familia
el padre
la madre
la mujer
la esposa
el marido
el esposo
los padres
el hijo
la hija
el abuelo
la abuela
el nieto
la nieta
el tío
la tía
el primo
la prima

el sobrino
la sobrina
el perro
el gato
la casa
el apartamento
el balcón
la entrada
la vista
el parque
el jardín
el árbol
la flor
la planta
el garaje
el coche
el carro
la bicicleta
el ciclomotor

el cumpleaños
la fiesta
el regalo

ADJETIVOS

nuevo(a)
viejo(a)
joven
bonito(a)
precioso(a)

VERBOS

tener
recibir

OTRAS PALABRAS Y EXPRESIONES

tener… años
tener que
ir a…
alrededor de

7

LOS DEPORTES DE EQUIPO

OBJETIVOS

In this chapter you will learn to do the following:

1. talk about team sports and other physical activities
2. tell what you want to do or prefer to do
3. tell what you can do
4. identify people's nationalities
5. discuss differences between football as it is played in the U.S. and in Hispanic countries
6. discuss the role of sports in Hispanic society

PALABRAS 1

EL FÚTBOL

el estadio

el tablero indicador

PERÚ
ARGENTINA

el árbitro

el portero
la portera

la portería

el campo de fútbol

la cabeza

la mano

el equipo

el balón

el pie

el jugador

el otoño

Los jugadores juegan al fútbol en el otoño.
Un jugador lanza el balón.
Tira el balón con el pie.

El segundo tiempo empieza.
Los dos equipos vuelven al campo.
El tanto queda empatado en cero.

El portero no puede parar el balón.
No bloquea el balón.
González mete un gol.
Él marca un tanto.

Perú gana el partido.
Argentina pierde.

A **Un juego de fútbol.** Contesten. (*Answer.*)

1. ¿Cuántos equipos de fútbol hay en el campo de fútbol?
2. ¿Y cuántos jugadores hay en cada equipo?
3. ¿Qué tiempo empieza, el primero o el segundo?
4. ¿Vuelven los jugadores al campo cuando empieza el segundo tiempo?
5. ¿Tiene un jugador el balón?
6. ¿Lanza el balón con el pie o con la mano?
7. ¿Para el balón el portero o entra el balón en la portería?
8. ¿Mete el jugador un gol?
9. ¿Marca un tanto?
10. ¿Queda empatado el tanto?
11. ¿Quién gana, el Perú o la Argentina?
12. ¿Qué equipo pierde?

B **El fútbol.** Contesten según se indica. (*Answer according to the cues.*)

1. ¿Cuántos jugadores hay en el equipo de fútbol? (once)
2. ¿Cuántos tiempos hay en un partido de fútbol? (dos)
3. ¿Quién guarda la portería? (el portero)
4. ¿Cuándo mete un gol el jugador? (cuando el balón entra en la portería)
5. ¿Qué marca un jugador cuando el balón entra en la portería? (un tanto)
6. En el estadio, ¿qué indica el tanto? (el tablero indicador)
7. ¿Cuándo queda empatado el tanto? (cuando los dos equipos tienen el mismo tanto)

PALABRAS 2

OTROS DEPORTES

el tablero

el aro

el cesto

el canasto

el baloncesto, el básquetbol

la cancha

driblar con el balón

encestar

meter en el cesto

pasar el balón

tirar el balón

el vólibol

la red

devolver el balón por encima de la red

la entrada

el jardinero

el guante

el béisbol

el bate

el pícher
el lanzador

el receptor

el bateador

el platillo

el cátcher

Juegan al béisbol en la primavera.

El pícher lanza la pelota.
El bateador batea. Batea un jonrón.
Corre de una base a otra.

La jugadora atrapa la pelota.
Atrapa la pelota con el guante.

la base

El jugador puede robar una base.

Nota: Here are some English words used in Spanish.

el cátcher   el hit   el out

184   CAPÍTULO 7

Ejercicios

 El baloncesto. Contesten. (*Answer.*)

1. ¿Es el baloncesto un deporte de equipo o un deporte individual?
2. ¿Hay cinco u once jugadores en el equipo de baloncesto?
3. Durante un partido de baloncesto, ¿los jugadores driblan con el balón o lanzan el balón con el pie?
4. ¿El jugador tira el balón en el cesto o en la portería?
5. ¿Marca un tanto cuando dribla o cuando encesta?
6. ¿El encestado (canasto) vale dos puntos o seis puntos?

B **El vólibol.** ¿Verdad o no? (*¿True or false?*)

1. El equipo de vólibol tiene seis jugadores.
2. En el vólibol los jugadores driblan con el balón.
3. El balón tiene que pasar por encima de la red.
4. El balón puede tocar la red.
5. Cuando el balón toca el suelo, los jugadores no pueden devolver el balón al campo contrario.

C **El béisbol.** Escojan la respuesta correcta. (*Choose the correct answer.*)

1. Juegan al béisbol en ___ de béisbol.
   a. un campo   **b.** una cancha   **c.** una red
2. El pícher ___ la pelota.
   a. lanza   **b.** encesta   **c.** batea
3. El receptor atrapa la pelota en ___.
   a. una red   **b.** un cesto   **c.** un guante
4. El jugador ___ de una base a otra.
   a. tira   **b.** devuelve   **c.** corre
5. En el béisbol el jugador ___ robar una base.
   a. puede   **b.** tiene que   **c.** necesita
6. En un partido de béisbol hay ___ entradas.
   a. dos   **b.** nueve   **c.** once

D **¿Qué deporte es?** Escojan. (*Choose.*)

el fútbol   el vólibol   el baloncesto

1. El jugador lanza el balón con el pie.
2. Hay cinco jugadores en el equipo.
3. El balón no puede tocar el suelo.
4. El jugador devuelve el balón por encima de la red.
5. El portero para o bloquea el balón.
6. El jugador tira el balón y encesta.
7. Los jugadores marcan tantos.

Comunicación
Palabras 1 y 2

A **En nuestro colegio.** With a classmate make a list of all your school's teams. Ask your classmate how each team is doing. Your friend will answer. Then decide if each team is good or not. Compile a list of your school's good and bad teams.

> Estudiante 1: El equipo de béisbol, ¿gana muchos partidos o pierde muchos partidos?
> Estudiante 2: Pierde muchos partidos. No juega bien.
> Estudiante 1: ¿Es un equipo bueno o malo?
> Estudiante 2: Es un equipo malo.

B **¿Qué deporte es?** Make up a sentence about a sport. Your partner will tell you what sport it is. Reverse roles.

C **Adivina quién es.** You and your partner each write down the name of your favorite sports hero. Do not show the name to each other. Ask your partner yes or no questions until you think you can name the player. You can only try to guess the name once. If you are wrong, you lose. You also lose if you have to ask more than ten questions. Then switch, and let your partner ask you the questions.

ESTRUCTURA

El presente de los verbos con el cambio *e > ie*

Describing People's Activities

1. There are certain groups of verbs in Spanish that have a stem change in the present tense. The verbs *empezar*, *comenzar* "to begin," *querer* "to want," *perder* "to lose," and *preferir* "to prefer" are stem-changing verbs. Note that the *e* of the stem changes to *ie* in all forms except *nosotros* and *vosotros*. The endings are the same as those of regular verbs. Study the following chart.

INFINITIVE	EMPEZAR	QUERER	PREFERIR
yo	empiezo	quiero	prefiero
tú	empiezas	quieres	prefieres
él, ella, Ud.	empieza	quiere	prefiere
nosotros(as)	empezamos	queremos	preferimos
vosotros(as)	empezáis	queréis	preferís
ellos, ellas, Uds.	empiezan	quieren	prefieren

2. The verbs *empezar, comenzar, querer,* and *preferir* are often followed by an infinitive.

> **Ellos quieren ir al gimnasio.**
> **¿Por qué prefieres jugar al fútbol?**

Before an infinitive *empezar* and *comenzar* require the preposition *a*.

> **Ellos empiezan (comienzan)**
> **a jugar.**

Ejercicios

A **Queremos ganar.** Contesten. (*Answer.*)

1. ¿Empiezan Uds. a jugar?
2. ¿Empiezan Uds. a jugar a las tres?
3. ¿Quieren Uds. ganar el partido?
4. ¿Quieren Uds. marcar un tanto?
5. ¿Pierden Uds. a veces o ganan siempre?
6. ¿Prefieren Uds. jugar en el parque o en la calle?

B **El segundo tiempo empieza.** Formen oraciones según el modelo. (*Make up sentences according to the model.*)

> el segundo tiempo/empezar
> *El segundo tiempo empieza.*

1. los jugadores/empezar a jugar
2. los dos equipos/querer ganar
3. ellos/preferir marcar muchos tantos
4. Toral/querer meter un gol
5. el portero/querer parar el balón
6. el equipo de Toral/no perder

C **¿Eres muy deportista?** Preguntas personales. (*Give your own answers.*)

1. ¿Prefieres jugar al béisbol o al fútbol?
2. ¿Prefieres jugar con un grupo de amigos o con un equipo?
3. ¿Prefieres jugar o participar en el partido o prefieres mirar el partido?
4. ¿Prefieres ser jugador(a) o espectador(a)?
5. ¿Siempre quieres ganar?
6. ¿Pierdes a veces?

LA GRAN REVANCHA

LA SALSA
PROFESSIONAL SOCCER CLUB

VS.

CLUB DEPORTIVO GUADALAJARA

DOMINGO
18 JULIO 6:05PM

ESTADIO CAL STATE DE FULLERTON

Compre anticipadamente su boleto para el domingo 18 y asista GRATIS al juego del
Sábado 17 de Julio

PRECIO DE BOLETOS: ADULTOS $15.00   NIÑOS (M-14) $5.00
Estacionamiento del Estadio: $3.00

¿Quién va a ganar o triunfar? Completen. (*Complete.*)

Rosita ___ (querer) jugar al baloncesto. Yo ___ (querer) jugar al béisbol. Y tú,
                    1   2
¿ ___ (preferir) jugar al baloncesto o ___ (preferir) jugar al béisbol? Si tú ___
    3   4   5
(querer) jugar al béisbol, tú y yo ___ (ganar) y Rosita ___ (perder). Pero si
                                        6   7
tú ___ (querer) jugar al baloncesto, entonces tú y Rosita ___ (ganar) y
      8   9
yo ___ (perder).
      10

El presente de los verbos con el cambio *o > ue*

Describing People's Activities

1. The verbs *volver* "to return to a place," *devolver* "to return a thing," *poder* "to be able," and *dormir* "to sleep" are also stem changing verbs. The *o* of the stem changes to *ue* in all forms except *nosotros* and *vosotros*. Study the following chart.

INFINITIVE	VOLVER	PODER	DORMIR
yo	vuelvo	puedo	duermo
tú	vuelves	puedes	duermes
él, ella, Ud.	vuelve	puede	duerme
nosotros(as)	volvemos	podemos	dormimos
vosotros(as)	volvéis	podéis	dormís
ellos, ellas, Uds.	vuelven	pueden	duermen

2. Note that the *u* in the verb *jugar* changes to *ue* in all forms except *nosotros* and *vosotros*.

JUGAR	
yo	*juego*
tú	*juegas*
él, ella, Ud.	*juega*
nosotros(as)	*jugamos*
vosotros(as)	*jugáis*
ellos, ellas, Uds.	*juegan*

Jugar is sometimes followed by *a* when a sport is mentioned. Both of the following are acceptable.

Juegan al fútbol.
Juegan fútbol.

Ejercicios

A **Un partido de béisbol.** Contesten. (*Answer.*)

1. ¿Juegan Uds. al béisbol?
2. ¿Juegan Uds. al béisbol en la primavera?
3. ¿Juegan Uds. con amigos o con el equipo de la escuela?
4. ¿Vuelven Uds. al campo después de cada entrada?
5. ¿Pueden Uds. jugar una entrada más si el partido queda empatado después de la novena entrada?
6. ¿Duermen Uds. bien después de un buen partido de béisbol?

B En la clase de español. Contesten.
(*Answer.*)

1. ¿Juegas al bingo en la clase de español?
2. ¿Juegas al loto en la clase de español?
3. ¿Puedes hablar inglés en la clase de español?
4. ¿Qué lengua puedes o tienes que hablar en la clase de español?
5. ¿Duermes en la clase de español?
6. ¿Devuelve el profesor o la profesora los exámenes pronto?

C Sí, pero ahora no puede. Completen.
(*Complete.*)

Yo ____ (jugar) mucho al fútbol y Diana ____
    1   2
(jugar) mucho también, pero ahora ella no

____ (poder).
 3

—Diana, ¿por qué no ____ (poder) jugar
                         4

ahora?

—No ____ (poder) porque ____ (querer)
     5   6

ir a casa.

Sí, Diana ____ (querer) ir a casa porque
          7

ella ____ (tener) un amigo que ____ (volver) hoy de Puerto Rico y ella ____
      8   9   10
(querer) estar en casa. Pero mañana todos nosotros ____ (ir) a jugar. Y el amigo
                                                    11
puertorriqueño de Diana ____ (poder) jugar también. Su amigo ____ (jugar)
                          12   13
muy bien.

D Puedo. Tell all the things you can do.

E Quiero. Tell all the things you want to do.

F Quiero y puedo. Tell what you want to do and can do.

G No quiero, prefiero… Tell some things you don't want to do and tell what you prefer to do instead.

H Quiero pero no puedo porque tengo que… Tell what you want to do but can't do because you have to do something else.

 No quiero y no voy a… Tell some things you don't want to do and aren't going to do.

Los adjetivos de nacionalidad

Identifying Nationalities

1. Adjectives of nationality that end in -*o* or -*e* follow the same pattern as any other adjective. Those that end in *o* have four forms and those that end in -*e* have two forms.

el muchacho cubano   los muchachos cubanos
la muchacha cubana   las muchachas cubanas
el muchacho nicaragüense   los muchachos nicaragüenses
la muchacha nicaragüense   las muchachas nicaragüenses

2. Adjectives of nationality that end in a consonant have four forms rather than two. Note the following.

el muchacho español   los muchachos españoles
la muchacha española   las muchachas españolas

3. Adjectives of nationality that end in -*s* or -*n* have a written accent in the masculine singular. The accent is dropped in all other forms.

francés   franceses
francesa   francesas

alemán   alemanes
alemana   alemanas

Other common adjectives of nationality like the above are: *inglés, portugués, japonés, holandés, irlandés, finlandés.*

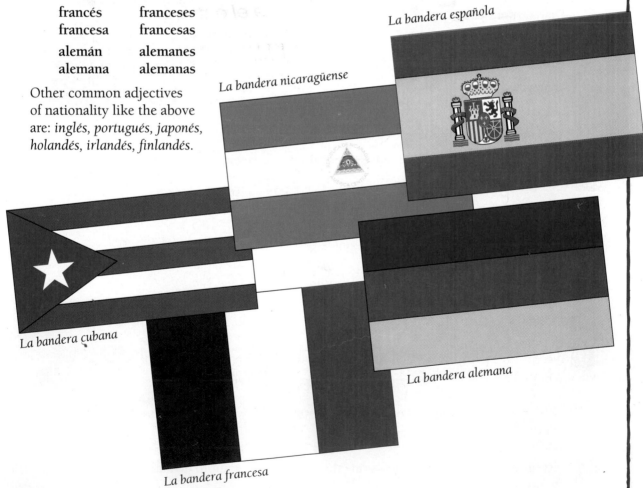

La bandera española

La bandera nicaragüense

La bandera cubana

La bandera alemana

La bandera francesa

Ejercicios

A ¿De qué nacionalidad es?
Completen. (*Complete.*)

1. Carlos es ___. (español)
2. Teresa y Carmen son ___. (mexicano)
3. Ellos son ___. (argentino)
4. Isabel es ___. (portugués)
5. Las alumnas son ___. (francés)
6. Los señores son ___. (irlandés)
7. Ella es ___. (canadiense)
8. Él es ___. (inglés)

B ¿Qué país juega contra el otro?
Sigan el modelo. (*Follow the model.*)

> **El Japón vs. el Canadá**
> *Ah, los japoneses juegan contra los canadienses*

1. Alemania vs. España
2. Francia vs. Italia
3. Portugal vs. Inglaterra
4. Holanda vs. Irlanda

C ¿De dónde es el equipo?
Sigan el modelo. (*Follow the model.*)

> **El equipo es del Perú.**
> *Ah, el equipo es peruano.*
> *¿Son todos los jugadores peruanos?*

1. El equipo es de la Argentina.
2. El equipo es de Colombia.
3. El equipo es de México.
4. El equipo es de Francia.
5. El equipo es de España.
6. El equipo es de Alemania.

DEPORTES

Futbolista argentino juega en club chileno

José Zamora, súper técnico del club porteño, Fonseca, firmó un contrato para jugar con el equipo Casa Blanca de Santiago. Zamora se destaca por sus espectaculares saltos y sus potentes cabezazos, su movilidad, el espíritu de lucha, la habilidad en carrera y su remate con la derecha. Zamora fue el delantero centro titular de la selección en los dos últimos partidos.

DEPORTES

El equipo español gana la liga europea

El pasado 30 de mayo, el Estadio fue el escenario donde el Valenciano se proclamó campeón del fútbol europeo por tercera ocasión en su historia, tras 10 años de no conseguirlo, luego de una victoria de tres goles a cero sobre los holandeses.

25 DEPORTES

Los americanos pueden ganar la Copa Mundial dice el entrenador

En una entrevista exclusiva para este diario el entrenador del equipo americano declaró que el equipo estadounidense aunque con poca experiencia en las arenas internacionales puede ganar el Mundial. Los americanos son un equipo joven pero con gran temple y sin miedo de pelear como locos para ganar una victoria, dijo el entrenador.

FÚTBOL

El equipo mexicano juega contra los ingleses hoy

El delantero Javier Marín piensa llevar al equipo mexicano a una victoria contra el equipo inglés en el Estadio Azteca. Marín ha sido internacional en cinco ocasiones con los Blancos y cuatro con la olímpica.

Escenas de la vida   *¿Qué quieres jugar?*

ANITA: ¿Prefieres el fútbol o el béisbol?
TOMÁS: Prefiero el fútbol.

ANITA: ¿Juegas al fútbol?
TOMÁS: Sí, juego, pero prefiero ser espectador y no jugador.

ANITA: ¿Tiene tu escuela un equipo bueno?
TOMÁS: Estupendo. Tenemos un equipo que no pierde.

¿Qué prefiere? Contesten según la conversación. (*Answer according to the conversation.*)

1. ¿Prefiere Tomás el fútbol o el béisbol?
2. ¿Juega al fútbol?
3. ¿Juega mucho?
4. ¿Qué prefiere ser?
5. ¿Qué opinas? ¿Va Tomás a los partidos de fútbol?
6. ¿Tiene su escuela un equipo bueno?
7. ¿Pierde muchos partidos el equipo?

Pronunciación   *Las consonantes s, c, z*

The consonant **s** is pronounced the same as the **s** in *sing*.

sa	se	si	so	su
sala	clase	sí	peso	su
casa	serio	simpático	sopa	Susana
saca	seis	siete	sobrino	suburbio

The consonant **c** in combination with **e** or **i** (*ce, ci*) is pronounced the same as an **s** in all areas of Latin America. In many parts of Spain, **ce** and **ci** are pronounced **th**. Likewise the pronunciation of *z* in combination with **a**, **o**, **u** (*za, zo, zu*) is pronounced the same as an **s** throughout Latin America and as a **th** in most areas of Spain.

za	ce	ci	zo	zu
cabeza	cero	cinco	zona	zumo
empieza	encesta	ciudad	almuerzo	Zúñiga

Repeat the following.

Gonzalez enseña en la sala de clase.
El sobrino de Susana es serio y sincero.
La ciudad tiene cinco zonas.
Toma el almuerzo a las doce y diez en la cocina.

Zúñiga, sí encesta.

Comunicación

A **Un fanático del deporte.** A real sports fan from Santo Domingo (your partner) wants to know if you are a real fan too, and asks you the following:

1. if you prefer to play in a game or to watch
2. which sport is your favorite
3. if your school has a football team
4. if your school has a baseball team
5. if the teams are any good
6. if you play with a team

B **Una entrevista.** With a classmate prepare a TV talk show. One of you is the interviewer, the other is the "school celebrity." In the interview find out information such as follows:

qué cursos prefiere y por qué
qué deportes juega
si quiere ir a la universidad
en qué universidad quiere estudiar
qué quiere estudiar

C **Ahora y en el futuro.** Tell your partner all the things you want to do either now or in the future. He or she will do the same. Then make a list of your common interests and make up conclusions.

Queremos ___ y vamos a ___ porque ___.

EL PERÚ CONTRA LA ARGENTINA

*E*stamos en el estadio Nacional en Lima. ¡Qué emoción! El Perú juega contra la Argentina. Quedan[1] dos minutos en el segundo tiempo. El partido está empatado en cero. ¿Qué va a pasar?[2] Toral tiene el balón. Lanza el balón con el pie izquierdo. El balón vuela[3]. El portero quiere parar el balón. ¿Puede o no? No, no puede. El balón entra en la portería. Toral mete un gol y marca un tanto. En los últimos dos minutos del partido, el equipo de Toral gana. El Perú derrota[4] a la Argentina uno a cero. Los peruanos son triunfantes, victoriosos. Y Toral es su héroe.

Pero el fútbol que juegan en el Perú y en los otros[5] países de Latinomérica y España no es el fútbol americano. El balón es redondo[6], no ovalado, y los jugadores tienen que lanzar el balón con los pies o con la cabeza. No pueden tocar el balón con las manos. El partido tiene dos tiempos, no cuatro. Sin embargo[7] hay algunas cosas que no son diferentes—el número de jugadores, por ejemplo. Hay once jugadores en cada equipo.

El fútbol es un deporte muy popular en todos los países hispanos. Pero el béisbol es popular en relativamente pocos países. ¿Dónde tiene o goza de popularidad el béisbol? En Cuba, en Puerto Rico, en la República Dominicana, en Venezuela, en Nicaragua, en México y en Panamá. Como el béisbol es un deporte norte-americano, la mayoría del vocabulario del béisbol es inglés—la base, el pícher, el hit, el out.

[1] quedan *remain*
[2] pasar *happen*
[3] vuela *flies*
[4] derrota *defeats*
[5] otros *others*
[6] redondo *round*
[7] sin embargo *nevertheless*

Estudio de palabras

A **Definiciones.** Escojan la palabra equivalente. (*Choose an equivalent term.*)

1. la mayoría
2. el vocabulario
3. lanzar
4. redondo
5. triunfante
6. el jugador
7. parar

a. victorioso
b. tirar
c. de forma circular
d. la mayor parte
e. el miembro del equipo
f. las palabras
g. no permitir pasar, bloquear

B **Lo contrario.** Escojan lo contrario. (*Choose the opposite.*)

1. la mayoría
2. contra
3. izquierdo
4. gana
5. redondo
6. últimos

a. primeros
b. derecho
c. pro
d. pierde
e. la minoría
f. ovalado

Comprensión

A **¿Dónde?** Contesten. (*Answer.*)

1. ¿A qué juegan los dos equipos?
2. ¿Cuántos minutos quedan en el segundo tiempo?
3. ¿Quién lanza el balón?
4. ¿Cómo lanza el balón?
5. ¿Puede parar el balón el portero?
6. ¿Qué mete Toral?
7. ¿Qué marca?
8. ¿Qué equipo es victorioso?

B **Los deportes.** Escojan. (*Choose.*)

1. ¿Dónde es popular el fútbol?
   a. No es un deporte popular.
   b. En todos los países hispanos.
   c. Solamente en los Estados Unidos.

2. ¿Es el fútbol como el fútbol norteamericano?
   a. No. Hay solamente once jugadores en el equipo.
   b. No. Los jugadores tienen que lanzar el balón.
   c. No. Los jugadores no pueden tocar el balón con las manos.

3. ¿Es popular el béisbol en los países latinoamericanos?
   a. Sí en todos.
   b. No. Solamente los norteamericanos juegan al béisbol.
   c. Sí, pero solamente en algunos países.

C **Datos.** Contesten. (*Answer.*)

1. el número de jugadores en un equipo de fútbol
2. el número de tiempos en un juego de fútbol
3. los países latinoamericanos donde es popular el béisbol

DESCUBRIMIENTO CULTURAL

*L*os deportes son populares en Latino-américa y en España—sobre todo el fútbol. Las grandes ciudades tienen su equipo y los países tienen un equipo nacional. Los equipos nacionales juegan en los campeonatos internacionales. La competencia entre los países es muy fuerte. Todos los equipos quieren ganar la Copa Mundial[1].

Pero hay una cosa interesante. Aquí en los Estados Unidos, casi todas las escuelas tienen su equipo de béisbol, de fútbol, de baloncesto, etc. Hay mucha competencia entre una escuela y otra. Todos los viernes o sábados en el otoño hay un partido de fútbol entre dos escuelas y mucha gente va a ver el partido. Pero en Latinoamérica y España, la mayoría de las escuelas no tienen equipos deportivos. Los muchachos juegan al fútbol, al vólibol, etc., pero no en equipos que compiten con otras escuelas. El objetivo de las escuelas es mayormente académico—la enseñanza y el aprendizaje.

Y AQUÍ EN LOS ESTADOS UNIDOS

El béisbol es muy popular en el Caribe, México, Centroamérica y Venezuela. Algunos de los jugadores más famosos en las Grandes Ligas son hispanos. Adolfo Luque, cubano, es uno de los píchers de los Rojos de Cincinnati contra los Medias Blancas de Chicago en la Serie Mundial de 1919. Entre 1919 y 1993 más de cien jugadores latinos se presentan en la Serie Mundial; 32 puertorriqueños, 28 dominicanos, 22 cubanos, 10 venezolanos,

PROGRAMA DE LA COPA MUNDIAL FIFA 1994
SEDE POR SEDE

BOSTON
Estadio Foxboro

Junio 21	Primera ronda
Junio 23	Primera ronda
Junio 25	Primera ronda
Junio 30	Primera ronda
Julio 5	Ronda de los 16
Julio 9	Cuartos de final

CHICAGO
Soldier Field

Junio 17	Primera ronda
(CEREMONIAS DE APERTURA)	
Junio 21	Primera ronda
Junio 26	Primera ronda
Junio 27	Primera ronda
Julio 2	Ronda de los 16

DALLAS
Cotton Bowl

Junio 17	Primera ronda
Junio 21	Primera ronda
Junio 27	Primera ronda
Junio 30	Primera ronda
Julio 3	Ronda de los 16
Julio 9	Cuartos de final

DETROIT
Silverdome

Junio 18	Primera ronda
Junio 22	Primera ronda
Junio 24	Primera ronda

NUEVA YORK/ NEW JERSEY
Estadio Giants

Junio 18	Primera ronda
Junio 23	Primera ronda
Junio 25	Primera ronda
Junio 28	Primera ronda
Julio 5	Ronda de los 16
Julio 10	Cuartos de final
Julio 13	Semifinal

ORLANDO
Citrus Bowl

Junio 19	Primera ronda
Junio 24	Primera ronda
Junio 25	Primera ronda
Junio 29	Primera ronda
Julio 4	Ronda de los 16

SAN FRANCISCO
Stanford

Junio 20	Primera ronda
Junio 24	Primera ronda
Junio 26	Primera ronda
Junio 28	Primera ronda
Julio 4	Ronda de los 16
Julio 10	Cuartos de final

WASHINGTON D.C.
Estadio RFK

Junio 19	Primera ronda
Junio 20	Primera ronda

WorldCup USA 94

Línea de Información

Llame para información sobre los juegos y eventos.

310-277-9494

8 panameños, 7 mexicanos y 2 nicaragüenses. Algunos nombres de jugadores latinos forman parte de la historia del béisbol americano, nombres como Orlando Cepeda, Tony Pérez, José Canseco, Juan Marichal, Fernando Valenzuela, Luis Aparicio, "Sandy" Alomar, Benito Santiago y Roberto Clemente.

[1] la Copa Mundial   World Cup

Fernando Valenzuela

Orlando Cepeda

Tony Pérez

1

E s un juego de fútbol en el Estadio Azteca de la Ciudad de México **1**. El fútbol es muy popular en México y en otros países.

Es un artículo de la sección de deportes del periódico español ABC **2**. ¿Puedes leer el artículo?

Es Jorge Campos, un jugador de fútbol méxicano **3**. Aquí él juega contra el equipo canadiense en un partido de la Copa Mundial. ¿Juegas tú al fútbol?

Son los jugadores del equipo de fútbol Club Barcelona **4**. Casi todas las ciudades grandes de España tienen un equipo de fútbol.

DEPORTES

28 DE OCTUBRE

El Barcelona pierde ante el Unicaja su imbatibilidad en la Liga de baloncesto

El Estudiante es el único equipo que continúa invicto

Madrid. **S. D.**

Lo más destacable de la octava jornada de la Liga ACB es que el Barcelona ha perdido su calidad de invicto al caer ante el Unicaja por 91-93. El único equipo que continúa imbatido, despúes de su victoria ante el Argal Huesca por 83-6_ es el Estudiantes. El Real Madrid por su parte solventó sin dema_ su compromiso liguero ante el Juver (95-9_ impuso al TDK por un apla_

2

FUTBOL CLUB BARCELONA

MÉXICO

4

3

Comunicación oral

A **¿Qué tipo eres?** With a classmate make up a list of fun things to do. Decide if each is a sport or party activity. List them in order starting with your favorite. Then decide if you are a party type or a sports type.

B **Los atletas.** You will pretend to be a famous athlete and two classmates will try to guess who you are. They will ask you questions about what, where, and when you play, your other activities, your family, and your personality. All three of you take turns asking and answering questions.

Comunicación escrita

A **Y aquí los deportes.** Write a brief article for the sports page of a paper about a football game between two Latin American countries.

B **Un juego de béisbol.** Write a paragraph about a baseball game using the following expressions.

>
> el pícher/lanzar o tirar la pelota
> el bateador Gómez/batear la pelota, tomar tres bases, correr a tercera
> el bateador Salas/pegar un fly
> el jardinero/atrapar la pelota
> Salas/estar out
> el receptor/tirar la pelota al pícher
> Gómez/robar una base, llegar al platillo, batear otra vez, batear un
>   jonrón, anotar una carrera

C **Mi deporte favorito.** Write a paragraph about your favorite team sport. First, tell why it is your favorite sport. Then describe the game. Tell how many players are on a team and what each player (or position) has to do. Tell how you win the game. Finally, include whether you prefer to play the sport, watch it, or both.

Reintegración

A **Mi familia.** Contesten. (*Answer.*)

1. ¿Tienes una familia grande?
2. ¿Dónde vive tu familia?
3. ¿Cuántas personas hay en tu familia?
4. ¿Cuántos hermanos tienes?
5. ¿Cuántos años tienen?
6. Y tú, ¿cuántos años tienes?
7. ¿A qué escuela vas?
8. Tus hermanos y tú, ¿van Uds. a la misma escuela?
9. ¿Cómo van a la escuela?
10. ¿A qué hora llegan Uds. a la escuela?

B **¿Quién es?** Identifiquen. (*Identify.*)

1. la hermana de mi padre
2. la hija de mi tío
3. el padre de mi padre
4. el hijo de mi hermano
5. el hermano de mi madre

Vocabulario

SUSTANTIVOS

el fútbol
el campo de fútbol
el estadio
el partido
el tiempo
el tanto
el gol
el tablero indicador
el equipo
el jugador
la jugadora
el/la espectador(a)
el portero
la portera
el árbitro
la árbitra
la portería
el balón
la cabeza
la mano
el pie

el baloncesto
el básquetbol
el cesto
el canasto
el tablero
el aro

el vólibol
la cancha
la red
el suelo
el béisbol
la base
el platillo
el hit
el out
el jonrón
la pelota
la entrada
el pícher
el lanzador
el receptor
el cátcher

el/la bateador(a)
el jardinero
el guante
la pelota

el otoño
la primavera

ADJETIVOS

individual
contrario
empatado

VERBOS

tirar
lanzar
parar
pasar
driblar
encestar
bloquear
atrapar
batear
tocar

robar
marcar
ganar
meter
correr
empezar (ie)
comenzar (ie)
querer (ie)
perder (ie)
preferir (ie)
jugar (ue)
poder (ue)
volver (ue)
devolver (ue)
dormir (ue)

OTRAS PALABRAS Y EXPRESIONES

por encima
de equipo
quedar empatado

8

UN VIAJE
EN AVIÓN

OBJETIVOS

In this chapter you will learn to do the following:

1. check in for a flight
2. talk about some services on board the plane
3. get through the airport after deplaning
4. describe travel-related activities
5. tell what you or others are presently doing
6. discuss the importance of air travel in South America

Salida Internacional
International Departures
Dèpart International

D→

PALABRAS 1

EN EL AEROPUERTO

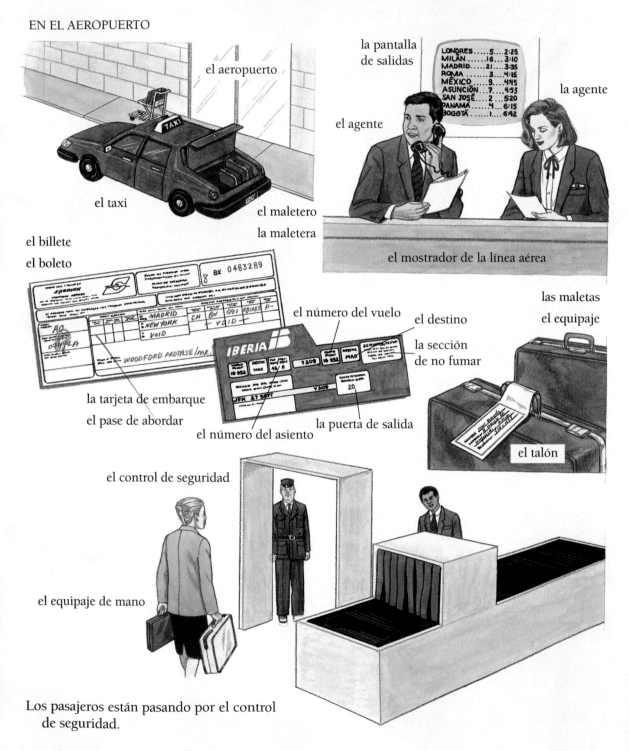

la pantalla de salidas

LONDRES	5	2:25
MILÁN	16	3:10
MADRID	21	3:35
ROMA	3	4:15
MÉXICO	9	4:45
ASUNCIÓN	7	4:53
SAN JOSÉ	2	5:20
PANAMÁ	4	6:15
BOGOTÁ	1	6:42

el aeropuerto

la agente

el agente

el taxi

el maletero
la maletera

el mostrador de la línea aérea

el billete
el boleto

el número del vuelo

el destino

la sección
de no fumar

las maletas
el equipaje

la tarjeta de embarque
el pase de abordar

el número del asiento

la puerta de salida

el talón

el control de seguridad

el equipaje de mano

Los pasajeros están pasando por el control de seguridad.

LLEGADAS				SALIDAS			
ROMA	423	5	3:40	BOGOTÁ	760	22	3:20
MADRID	670	12	4:56	SAN JOSÉ	444	8	3:55
MÉXICO	482	7	5:20	PANAMÁ	287	14	4:30
ASUNCIÓN	512	9	5:54				

el tablero de llegadas y salidas

la báscula

Clarita Gómez hace un viaje.
Hace un viaje a la América del Sur.
Va a Bogotá.
Hace el viaje en avión.
En este momento Clarita está facturando su equipaje.
Pone sus maletas en la báscula.

El avión va a salir de la puerta número cinco.
El vuelo sale a tiempo. No sale tarde.

Están subiendo al avión.

Ejercicios

A En el aeropuerto. Contesten. (*Answer.*)

1. ¿Hace Clarita un viaje a la América del Sur?
2. En este momento, ¿está en el aeropuerto?
3. ¿Está hablando con el agente de la línea aérea?
4. ¿Dónde pone sus maletas?
5. ¿Está facturando su equipaje a Bogotá?
6. ¿Pone el agente un talón en cada maleta?
7. ¿Revisa el agente su boleto?
8. ¿Tiene Clarita su tarjeta de embarque?
9. ¿De qué puerta va a salir su vuelo?

B El billete. Den la información siguiente. (*Give the following information.*)

1. nombre de la línea aérea
2. número del vuelo
3. destino del vuelo
4. aeropuerto de salida
5. hora de salida
6. fecha del vuelo

Santafé de Bogotá, la capital de Colombia

TARJETA DE EMBARQUE

CEUTA ALGECIRAS

TURISTA

SERIE P
TARJETA DE EMBARQUE N° .283967

ESTA TARJETA SOLO ES VÁLIDA
PARA EMBARCAR EN EL DÍA Y HORA QUE SE INDICAN

FECHA Y HORA DE SALIDA
10-OCT. 13³⁰ 22C NO FUMAR

CONSERVE ESTA TARJETA DURANTE TODO EL TRAYECTO

C **El asiento.** Contesten según la tarjeta. (*Answer according to the boarding pass.*)

1. ¿Cuál es la letra del asiento que tiene el pasajero?
2. ¿En qué fila está el asiento?
3. ¿A qué hora es la salida?
4. ¿Tiene que conservar el pasajero la tarjeta durante el viaje?
5. ¿Está su asiento en la sección de fumar o de no fumar?

D **Antes de la salida.** Escojan. (*Choose.*)

1. ___ indica el asiento que tiene el pasajero a bordo del avión.
   a. El talón **b.** La tarjeta de embarque **c.** El boleto

2. Bogotá es ___ del vuelo.
   a. el embarque **b.** la ciudad **c.** el destino

3. Inspeccionan el equipaje de los pasajeros en ___.
   a. el mostrador de la línea aérea **b.** el control de seguridad
   c. la puerta de salida

4. El vuelo para Bogotá sale ___ número cinco.
   a. del mostrador **b.** del control **c.** de la puerta

5. Los pasajeros están ___ el avión.
   a. saliendo **b.** facturando **c.** abordando

PALABRAS 2

EN EL AVIÓN

la tripulación

el asistente de vuelo   la copiloto   el comandante   la asistenta de vuelo

el piloto

el control de pasaportes

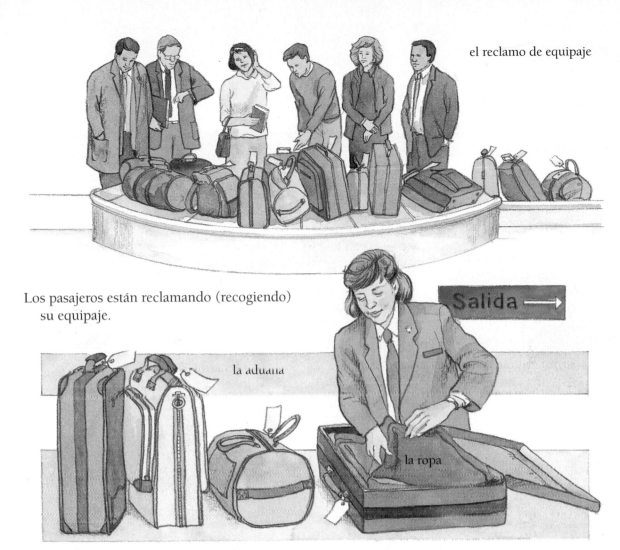

el reclamo de equipaje

Los pasajeros están reclamando (recogiendo) su equipaje.

la aduana

Salida →

la ropa

Está abriendo las maletas.
La agente de aduana está inspeccionando el equipaje.

Un avión está despegando.

Otro avión está aterrizando.

Ejercicios

A **La llegada.** Contesten. (*Answer.*)

1. Cuando el avión aterriza, ¿abordan o desembarcan los pasajeros?
2. ¿Tienen que pasar por el control de pasaportes cuando llegan a un país extranjero?
3. ¿Van los pasajeros al reclamo de equipaje?
4. ¿Reclaman su equipaje?
5. ¿Tienen que pasar por la aduana?
6. ¿Abre el agente las maletas?

B **¿Sí o no?** ¿Verdad o no? (*True or false?*)

1. El avión aterriza cuando sale.
2. El avión despega cuando llega a su destino.
3. Los agentes de la línea aérea que trabajan en el mostrador en el aeropuerto son miembros de la tripulación.
4. Los asistentes de vuelo y el comandante son miembros de la tripulación.
5. La tripulación consiste en los empleados que trabajan a bordo del avión.

C **Pareo.** Busquen una palabra relacionada. (*Match the verb with its noun form.*)

1. asistir
2. controlar
3. reclamar
4. inspeccionar
5. despegar
6. aterrizar
7. salir
8. llegar
9. embarcar
10. volar

a. la llegada
b. la salida
c. el asistente, la asistenta
d. el despegue
e. el aterrizaje
f. el control
g. la inspección
h. el reclamo
i. el vuelo
j. el embarque

Comunicación

Palabras 1 y 2

A **En el mostrador.** You are speaking with an airline agent (your partner) at the airline counter at the airport. Answer the agent's questions.

1. ¿Adónde va Ud.?
2. ¿Tiene Ud. su boleto?
3. ¿Cuántas maletas tiene Ud.?
4. ¿Tiene Ud. equipaje de mano?
5. ¿Prefiere Ud. un asiento en la sección de no fumar o en la sección de fumar?

B **En el aeropuerto.** You and your classmate make up a list of things passengers must do at an airport. Combine your lists and put the activities in a logical order.

C **La agente.** You are an agent at an airline check-in counter. Your partner is a Spanish-speaking passenger buying a ticket at the last minute. Develop a conversation using the following words.

boleto	clase
pasaporte	maletas
equipaje de mano	asiento
puerta de salida	

ESTRUCTURA

El presente de los verbos *hacer, poner, traer, salir* y *venir*

Describing People's Activities

1. The verbs *hacer, poner, traer* "to bring", and *salir* have an irregular *yo* form. The *yo* has a g. Note that the endings are the same as those of regular *-er* and *-ir* verbs.

INFINITIVE	HACER	PONER	TRAER	SALIR
yo	hago	pongo	traigo	salgo
tú	haces	pones	traes	sales
él, ella, Ud.	hace	pone	trae	sale
nosotros(as)	hacemos	ponemos	traemos	salimos
vosotros(as)	*hacéis*	*ponéis*	*traéis*	*salís*
ellos, ellas, Uds.	hacen	ponen	traen	salen

2. The verb *venir* also has an irregular *yo* form. Note that in addition it has a stem change *e > ie* in all forms except *nosotros* and *vosotros*.

VENIR	
yo	vengo
tú	vienes
él, ella, Ud.	viene
nosotros(as)	venimos
vosotros(as)	*venís*
ellos, ellas, Uds.	vienen

3. The verb *hacer* means "to do" or "to make."

Hago un sándwich.   I'm making a sandwich.
¿Qué haces?   What are you doing?

Note that the question *¿Qué haces?* or *¿Qué hace Ud.?* means "What are you doing?" or "What do you do?" In Spanish, you will almost always answer questions with a completely different verb.

¿Qué haces?   **Trabajo en el aeropuerto.**
¿Qué hace Teresa?   **Mira la pantalla de salidas.**

4. The verb *hacer* is also used in many idiomatic expressions. An idiomatic expression is one that does not translate directly from one language to another. The expression *hacer un viaje* is an idiomatic expression because in Spanish the verb *hacer* is used whereas in English we use the verb "to take." Another idiomatic expression is *hacer la maleta* which means to pack a suitcase or *poner la ropa en la maleta*.

Ejercicios

A **Hago un viaje en avión.** Contesten. (*Answer.*)

Una calle en Santafé de Bogotá, Colombia

1. ¿Haces un viaje?
2. ¿Haces un viaje a la América del Sur?
3. ¿Haces el viaje a Bogotá?
4. ¿Sales para el aeropuerto?
5. ¿Sales en coche o en taxi?
6. ¿Traes equipaje?
7. ¿Pones el equipaje en la maletera del taxi?
8. En el aeropuerto, ¿pones el equipaje en la báscula?
9. ¿En qué vuelo sales?
10. ¿Sales de la puerta de embarque número ocho?

B **Ellos y nosotros también.** Sigan el modelo. (*Follow the model.*)

> Ellos hacen un viaje…
> *Ellos hacen un viaje y nosotros también hacemos un viaje.*

1. Ellos hacen un viaje en avión.
2. Ellos salen para el aeropuerto.
3. Ellos salen en taxi.
4. Ellos traen mucho equipaje.
5. Ellos ponen las maletas en la maletera del taxi.
6. Ellos salen a las seis.

C **¿Qué hace Ud.?** Preparen una conversación. (*Make up a conversation.*)

> —¿Qué hace Ud.?
> —Yo miro mi boleto.

1.

2.

3.

4.

5.

D **Un viaje a Marbella.** Completen. (*Complete.*)

Yo ___ (hacer) un viaje a Marbella. Marbella ___ (estar) en la Costa del Sol en
el sur de España. Mi amiga Sandra ___ (hacer) el viaje también. Nosotros(as)
___ (hacer) el viaje en avión hasta Málaga y luego ___ (ir) a tomar el autobús
a Marbella.

> —¡Dios mío, Sandra! Pero tú ___ (traer) mucho equipaje.
>
> —No (yo) no ___ (traer) mucho. ___ (tener) sólo dos maletas. Tú exageras.
>
> —¡Oye! ¿A qué hora ___ (salir) nuestro vuelo?
>
> —No ___ (salir) hasta las seis y media. Nosotros(as) ___ (tener) mucho
> tiempo.

E **¿De dónde vienes, amigo?** Completen. (*Complete.*)

ENRIQUE: ¡Hola Carlos! ¿De dónde ___ (venir) tú?
₁

CARLOS: ___ (venir) de mi trabajo.
₂

ENRIQUE: ¿Tus amigos ___ (venir) de San Francisco hoy?
₃

CARLOS: No, no ___ (venir) hoy. ___ (venir) mañana.
₄ ₅

ENRIQUE: Entonces, ¿por qué no ___ (venir) (tú) con
₆
nosotros? Vamos a un partido de fútbol.

CARLOS: Gracias pero no ___ (poder). ___ (tener) que
₇ ₈
ir a casa.

ENRIQUE: ¿Por qué ___ (tener) que ir a casa si tus amigos
₉
no ___ (venir) hasta mañana?
₁₀

CARLOS: Porque yo ___ (tener) un montón de (muchas)
₁₁
cosas que hacer.

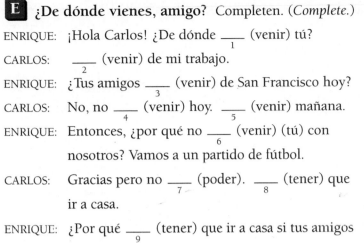

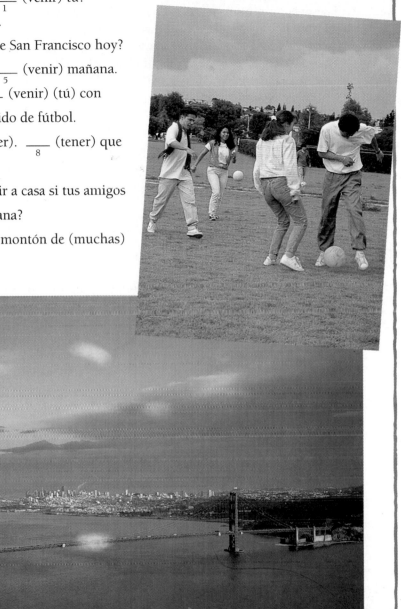

El puente Golden Gate, San Francisco, California

El presente progresivo
Describing an Action in Progress

1. The present progressive is used in Spanish to express an action that is presently going on, an action that is in progress. The present progressive is formed by using the present tense of the verb *estar* and the present participle. To form the present participle of most verbs you drop the ending of the infinitive and add *-ando* to the stem of *-ar* verbs and *-iendo* to the stem of *-er* and *-ir* verbs. Study the following forms of the present participle.

INFINITIVE	HABLAR	LLEGAR	COMER	HACER	SALIR
STEM PARTICIPLE	habl- hablando	lleg- llegando	com- comiendo	hac- haciendo	sal- saliendo

2. Note that the verbs *leer* and *traer* have a *y* in the present participle.

   leyendo   **trayendo**

3. Study the following examples of the present progressive.

   ¿Qué está haciendo Elena?
   En este momento está esperando
   el avión.
   Ella está mirando y leyendo su
   tarjeta de embarque.
   Y yo estoy buscando mi boleto.

Ejercicios

A **¿Qué están haciendo en el aeropuerto?** Contesten según se indica. (*Answer according to the cues.*)

1. ¿Adónde están llegando los pasajeros? (al aeropuerto)
2. ¿Cómo están llegando? (en taxi)
3. ¿Adónde están viajando? (a Europa)
4. ¿Cómo están haciendo el viaje? (en avión)
5. ¿Dónde están facturando el equipaje? (en el mostrador de la línea aérea)
6. ¿Qué está revisando la agente? (los boletos y los pasaportes)
7. ¿De qué puerta están saliendo los pasajeros para Madrid? (número siete)
8. ¿Qué están abordando? (el avión)

B **Yo (no) estoy...** Formen oraciones. (*Make up a sentence telling whether you are or are not doing each of the following.*)

1. comer
2. hablar
3. estudiar
4. bailar
5. escribir
6. aprender
7. trabajar
8. hacer un viaje
9. leer
10. salir para España

C **¿Qué están haciendo ahora?** Digan lo que están haciendo. (*Tell what the following members of your family or friends are doing now.*)

1. Mi madre
2. Mi padre
3. Mis primos
4. Mis hermanos
5. Yo
6. Mis amigos
7. Mi novio(a) y yo

BILLETE DE PASAJE Y TALON DE EQUIPAJE
PASSENGER TICKET AND BAGGAGE CHECK

IBERIA
LINEAS AEREAS DE ESPAÑA

Los pasajeros deben examinar este billete, especialmente las condiciones del contrato.
Each passenger should carefully examine this ticket, particularly the conditions of contract herein.
Emitido por/Issued by IBERIA, Miembro de I.A.T.A./Member of I.A.T.A.
Domicilio social/Head office, VELAZQUEZ 130, MADRID 6—ESPAÑA
Inscrito en el Registro Mercantil, Madrid Hoja 5595, Folio 14, Tomo 182.

254 042 689 5

CONVERSACIÓN

Escenas de la vida   *Está saliendo nuestro vuelo*

Señores pasajeros. Su atención, por favor. La compañía de aviación anuncia la salida de su vuelo ciento seis con destino a Santiago de Chile. Embarque inmediato por la puerta de salida número seis.

ROBERTO: ¡Chist! Están anunciando la salida de nuestro vuelo.
MARTA: Sí, sí. ¡Pero Dios mío! ¿Dónde está Andrés?
ROBERTO: Llega tarde como siempre. Todavía está facturando su equipaje.

MARTA: Hablando de equipaje ¿tienes los talones para nuestras maletas?
ROBERTO: Sí, sí. Aquí están.

MARTA: ¿De qué puerta sale nuestro vuelo?
ROBERTO: De la puerta número seis. Primero tenemos que pasar por el control de seguridad.
MARTA: ¡Vamos ya! No voy a esperar a Andrés. Él puede perder el vuelo si quiere. Pero yo no.

A **El vuelo sale.** Den algunos informes. (*Based on the conversation say something about each of the following.*)

1. el vuelo 106   3. Andrés   5. el control de seguridad
2. la puerta 6   4. los talones   6. Santiago de Chile

B **El pobre Andrés.** Contesten. (*Answer.*)

1. ¿Andrés está en la puerta de salida?   3. ¿Qué va a perder?
2. ¿Qué está haciendo?   4. ¿Qué significa *perder*?

Pronunciación   *La consonante c*

You have already learned that **c** in combination with **e** or **i** (*ce, ci*) is pronounced like an **s**. The consonant **c** in combination with **a, o, u** (*ca, co, cu*) has a hard **k** sound. Repeat the following.

ca	co	cu
casa	come	cubano
cabeza	cocina	báscula
saca	comandante	película

Since **ce, ci** have the soft **s** sound, **c** changes to **qu** when it combines with **e** or **i** (*que, qui*) in order to maintain the hard **k** sound.

que	qui
que	aquí
parque	química
embarque	equipaje
pequeño	equipo

Pone el equipaje en la báscula.

Repeat the following sentences.

Carmen come una comida cubana en casa.
¿Quién come una comida pequeña aquí en el parque pequeño?
El equipo pone su equipaje aquí en la báscula.

Comunicación

A **¿Dónde está mi equipaje?** You have just arrived in Madrid but your two suitcases did not make it. Your partner is the agent for missing baggage. You have to file a lost baggage report. The agent needs to know the following information.

1. the number of suitcases that are missing
2. a description of the suitcases
3. the flight number
4. your baggage tickets
5. your address in Madrid
6. the time at which suitcases can be sent to your home tomorrow

B **¿A qué hora sale?** You are a passenger at the airport and your partner is an agent. In the following conversation, ask the time and gate number for each flight. Your partner will answer by using the cues. Reverse roles.

vuelo 202/14:00/puerta #21
Estudiante 1: ¿A qué hora sale el vuelo dos cero dos?
Estudiante 2: Sale a las dos de la tarde.
Estudiante 1: ¿De qué puerta sale?
Estudiante 2: Sale de la puerta número veinte y uno.

1. vuelo 18/17:00/puerta #3
2. vuelo 156/10:00/puerta #11
3. vuelo 99/8:00/puerta #15
4. vuelo 7/21:30/puerta #8

EL AVIÓN EN LA AMÉRICA DEL SUR

*E*l avión es un medio de transporte muy importante en la América del Sur. ¿Por qué? Pues vamos a mirar un mapa del continente sudamericano. Si en este momento están mirando el mapa, van a ver que el continente sudamericano es inmenso. Por consiguiente[1], toma mucho tiempo viajar de una ciudad a otra, sobre todo por tierra[2]. Y en la mayoría de los casos es imposible viajar de un lugar a otro por tierra. ¿Por qué? Porque es imposible cruzar[3] los picos de los Andes o las junglas de la selva tropical del río Amazonas. Por eso, a todas horas del día y de la noche, los aviones de muchas líneas aéreas están sobrevolando[4] el continente. Hay vuelos nacionales (de cabotaje) que enlazan (comunican) una ciudad con otra en el mismo país. Y hay vuelos internacionales que enlazan un país con otro.

Los vuelos entre los Estados Unidos y Europa son largos[5], ¿no? El Atlántico es un océano grande. Pero los vuelos dentro de la América del Sur pueden ser muy largos también. Vamos a comparar. En este momento Linda Conover está abordando un jet en el aeropuerto de John F. Kennedy en Nueva York para ir a Madrid. Es un vuelo sin escala[6] y después de siete horas, el avión va a estar aterrizando en el aeropuerto de Barajas en Madrid.

A la misma hora, José Dávila está saliendo de Caracas, Venezuela con destino a Buenos Aires, Argentina. Está haciendo un vuelo sin escala también. ¿Y cuánto tiempo va a estar volando José? Un poco menos de siete horas. Como ven Uds. hay muy poca diferencia. No es difícil comprender que debido a las largas distancias y la tierra inhóspita[7], el avión es un medio de transporte tan importante en el continente sudamericano.

[1] por consiguiente *consequently*
[2] tierra *land*
[3] cruzar *to cross*
[4] sobrevolando *flying over*
[5] largo *long*
[6] sin escala *non-stop*
[7] inhóspita *inhospitable*

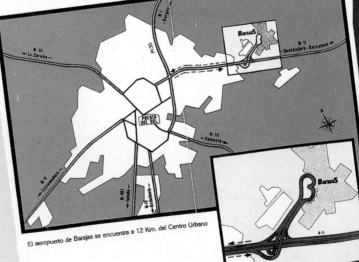

Accesos y rutas desde el Aeropuerto y puntos importantes de Madrid.

El aeropuerto de Barajas se encuentra a 12 Km. del Centro Urbano

Estudio de palabras

A **Palabras afines.** Busquen doce palabras afines en la lectura. (*Find twelve cognates in the reading.*)

B **Algunos términos geográficos.** Den la palabra. (*Give the word defined.*)

1. una población grande donde vive mucha gente y donde hay industria y comercio
2. una gran extensión de tierra—Europa, Sudamérica, Norteamérica, Asia, África, Australia, Antártida
3. una zona o selva tropical donde hay mucha vegetación, una vegetación muy densa
4. una corriente de agua considerable que desemboca en el mar—el Misisipí, el Amazonas, el Orinoco
5. elevaciones considerables de tierra—los Andes, los Pirineos

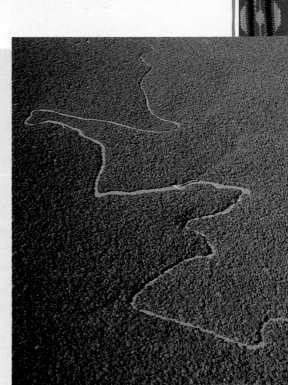

El río Amazonas

Comprensión

A **Informes.** Busquen la siguiente información. (*Find the following information in the reading.*)

1. el nombre de un océano
2. el nombre de una cadena de montañas
3. el nombre de un país
4. el nombre de una ciudad
5. el nombre de un río
6. duración del vuelo entre Nueva York y Madrid
7. duración del vuelo entre Caracas y Buenos Aires

B **Análisis.** Contesten. (*Answer.*)

1. ¿Por qué es el avión un medio de transporte importante en la América del Sur?
2. ¿Por qué es imposible viajar por tierra de una ciudad a otra en muchas partes de la América del Sur?

C **Un problema.** Contesten. (*Answer.*)

Vamos a solucionar o resolver un problema. Cuando es el mediodía en Nueva York son las seis de la tarde en Madrid. El huso horario es de seis horas. Linda Conover sale de Nueva York para Madrid en un vuelo sin escala. La duración del vuelo es de siete horas con cinco minutos. Linda sale de Nueva York a las ocho y media de la noche. ¿A qué hora va a llegar a Madrid, hora local?

DESCUBRIMIENTO CULTURAL

Un vuelo muy interesante en la América Central es el vuelo de la ciudad de Guatemala a Tikal. Es un vuelo corto[1] que los pasajeros hacen en una avioneta de dos motores, no en un jet. ¿Por qué es interesante? Pues Tikal está en una selva tropical muy densa. Y en la selva, entre una vegetación densa de árboles y plantas exóticas están las famosas ruinas de los templos de los mayas. Muchos años antes de la llegada de los españoles los mayas tienen una civilización muy avanzada en las áreas que hoy son la península de Yucatán en México, Guatemala, Honduras y El Salvador.

Otro vuelo impresionante y espectacular es el vuelo de Lima a Iquitos en el Perú. El vuelo sale del aeropuerto internacional de Lima, Jorge Chávez, cerca del océano Pacífico. Sube rápido para poder cruzar en seguida los Andes. Los pasajeros miran con asombro los picos y valles de los Andes. A veces el avión brinca bastante porque en las zonas montañosas hay mucha turbulencia. Después de una hora de vuelo los picos andinos desaparecen[2] y aparece la selva tropical amazónica. Iquitos es un puerto del río Amazonas. Está en el Perú cerca de la frontera con el Brasil.

Y otro viaje para los aventureros. El vuelo de Buenos Aires a Ushuaia en la Argentina. Ushuaia está al sur de la Patagonia en la Tierra del Fuego. Es la ciudad más austral (al sur) del mundo entero. A causa de los vientos antárticos, el aterrizaje en Ushuaia puede ser muy turbulento. Cerca del pueblo hay un glaciar gigantesco y durante el aterrizaje el avión tiene que descender rápidamente.

[1] corto *short*
[2] desaparecen *disappear*

Ruinas mayas en Tikal, Guatemala

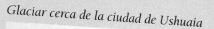
Glaciar cerca de la ciudad de Ushuaia

Iquitos, Perú

Ushuaia, la ciudad más austral del mundo entero

Y AQUÍ EN LOS ESTADOS UNIDOS

Día y noche los aviones están despegando y aterrizando en los aeropuertos internacionales de Miami, Houston y Los Ángeles. Aeroméxico, LanChile, Viasa, Aerolíneas Argentinas, LACSA, SAHSA y TACA y tantas compañías más, sin contar las compañías norteamericanas, conectan estos aeropuertos con las capitales de la América Central y Sudamérica. Los agentes de mostrador y los asistentes de vuelo son, casi todos, bilingües. Hablan inglés y español para poder servir a todos sus clientes. Y todos los pilotos comerciales en el mundo tienen que comprender y hablar inglés. Es porque el idioma de la aviación internacional es el inglés. En todas las torres de control[3], en todas partes del mundo, los controladores de tráfico aéreo[4] dan sus instrucciones a los vuelos internacionales en inglés. Es obvio que la comunicación clara y precisa entre controladores y pilotos es de máxima importancia.

[3] torres de control   *control towers*
[4] controladores de tráfico aéreo   *air traffic controllers*

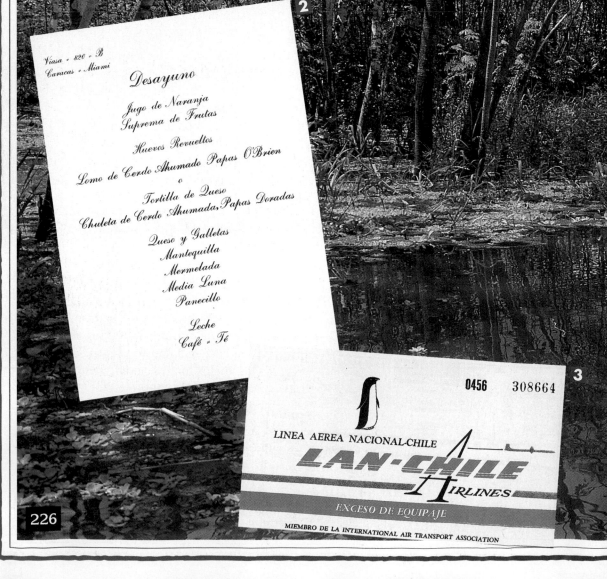

REALIDADES

Es la selva amazónica cerca de Iquitos, Perú **1**. ¿Te gusta el lugar?

Es el menú de Viasa, una aerolínea venezolana **2**. ¿Qué quieres comer?

Es un billete de exceso de equipaje **3**. ¿Cuántas maletas quiere llevar el pasajero?

Aquí puedes ver los picos de los Andes **4**. ¿Dónde están estas montañas?

Viasa · 820 · B
Caracas · Miami

Desayuno

Jugo de Naranja
Suprema de Frutas

Huevos Revueltos
Lomo de Cerdo Ahumado Papas O'Brien
o
Tortilla de Queso
Chuleta de Cerdo Ahumada, Papas Doradas

Queso y Galletas
Mantequilla
Mermelada
Media Luna
Panecillo

Leche
Café · Té

0456   308664

LINEA AEREA NACIONAL-CHILE
LAN-CHILE
AIRLINES
EXCESO DE EQUIPAJE
MIEMBRO DE LA INTERNATIONAL AIR TRANSPORT ASSOCIATION

4

Comunicación oral

A **Una conferencia importante.** You and your partner have to leave in three weeks for an important conference in Barcelona. First make a list of all the things you have to do in preparation for the trip. Then make a list of things you need to take with you. Work together to make two comprehensive lists.

> **Tengo que comprar el billete.**   **Necesito llevar el pasaporte.**

B **¿Qué estás haciendo?** Work in pairs. Give the names of several friends or family members. Tell each other what you think each person is doing at this very moment. Decide if many of your friends or relatives are doing the same thing.

C **En el parque.** You and your partner are at the following places. People there are doing different things, but since you forgot your glasses, you can't see them very well. So, you ask your partner what they are doing. Reverse roles.

> **el parque/los muchachos**
> Estudiante 1: ¿Qué están haciendo los muchachos?
> Estudiante 2: Están jugando fútbol.

1. en el parque/los primos
2. en el autobús escolar/los alumnos
3. en la cafetería/los profesores
4. en la escuela/los hermanos
5. en la sala/la familia
6. en la aduana/los agentes

Comunicación escrita

A **El concurso.** In order to win an all-expense-paid vacation to the Spanish-speaking country of your choice, you must write a letter to the company that sponsors the contest. Your letter should include the following: where you want to go and why; with whom you want to go; under what conditions you want to travel.

Hacemos del volar, una obra de arte.

MEXICANA

B **Tienes que...** Imagine that your good friend from Costa Rica has never taken an airplane trip. Leave a note explaining what he or she has to do at the airport. Do the following:

1. Write a list of words that you need to describe what you do at an airport.
2. Form complete sentences with the words.
3. Put the sentences in a logical order.
4. Polish the sentences and develop a coherent paragraph explaining what your friend has to do at the airport.

Reintegración

A **Un partido en Los Ángeles.** Completen. (*Complete.*)

1. Los Tigres ___ a jugar en Los Ángeles. (ir)
2. Ellos ___ contra los Dodgers. (jugar)
3. Ellos ___ ganar el partido. (querer)
4. El equipo ___ muy bueno. (ser)
5. Pero los Dodgers ___ muy buenos también. (ser)
6. Los Tigres ___ que ir a Los Ángeles. (tener)
7. ¿Cómo ___ ellos el viaje a Los Ángeles? (hacer)
8. Ellos ___ a tomar el avión. (ir)
9. ¿Cuándo ___ ellos? (salir)
10. ¿Y cuándo ___ ellos? (volver)

B **¿Qué deporte es?** Identifiquen el deporte. (*Identify.*)

1. Hay once jugadores en el equipo.
2. No pueden tocar el balón con la mano.
3. Driblan con el balón.
4. El pícher tira la pelota.
5. Los jugadores corren de una base a otra.
6. El portero bloquea el balón.

Vocabulario

SUSTANTIVOS

el aeropuerto
la línea aérea
el mostrador
el/la agente
el boleto
el billete
el pasaporte
la maleta
el talón
el equipaje
el equipaje de mano
la ropa
la báscula
la tarjeta de embarque
el pase de abordar
el destino

el vuelo
el número del vuelo
el asiento
la fila
la sección de no fumar
el control de seguridad
el control de pasaportes
el tablero
la pantalla
la llegada
la salida
la puerta de salida
el reclamo de equipaje
la aduana
el taxi
el maletero

la maletera
el avión
la tripulación
el/la comandante
el/la piloto
el/la copiloto
el asistente de vuelo
la asistenta de vuelo

VERBOS

hacer
traer
poner
salir

facturar
revisar
inspeccionar

abordar
despegar
aterrizar
desembarcar
reclamar
recoger
abrir
subir

OTRAS PALABRAS Y EXPRESIONES

hacer la maleta
hacer el viaje
en avión
en este momento
a tiempo
tarde
a bordo

Futura estrella
Softball femenino

La única niña participante de las ligas infantiles y juveniles de Ponce (LIJUPO), es Debora Seilhamer, y participa con el equipo de béisbol del Club Deportivo de Ponce, 5-6 años Liga Pedrín Zorrilla.

Debora juega en la posición de segunda base y "out field". Batea a la derecha y es sexta en la posición de bateo. Actualmente tiene un promedio de .625 y es una futura estrella del softball.

Sus padres, el Ing. Larry Seilhamer y Linda, sus hermanos Dennis, David y Dissiree, son fanáticos número uno de Debora, y los mejores testigos de sus hazañas en el terreno de juego.

Además de poseer habilidad para jugar béisbol, Debora es una niña muy activa en todos los deportes de su colegio, también tiene notas sobresalientes.

¡Arriba, Debora!

Look at the ticket and answer the questions.

A **¡Qué partido!** Escojan la respuesta correcta. (*Choose the correct answer.*)

1. Este boleto es una entrada para un partido de ___.
   a. fútbol   **b.** béisbol   **c.** baloncesto

2. El nombre de uno de los equipos es ___.
   a. Sudamericana   **b.** Boliviano   **c.** Cobreloa

3. La fecha del partido es ___.
   a. el tres de septiembre   **b.** el nueve de marzo
   c. el cuatro de agosto

4. El precio de la entrada es ___.
   a. 40 dólares   **b.** 40 pesos   **c.** 40 bolivianos

Now read the newspaper article and do the exercises.

B **¡A jugar!** Contesten. (*Answer the questions.*)

1. ¿Con qué equipo juega Debora?
2. ¿Qué son todos los otros participantes en las ligas infantiles y juveniles, excepto Debora?
3. ¿Cuántos años tiene la niña aproximadamente?
4. ¿Cuál es el nombre de la liga en que juega Debora?
5. ¿Cuál es el deporte favorito de la niña?
6. ¿Qué posición juega ella?
7. ¿Cómo batea Debora?
8. ¿Es el béisbol el único deporte que juega Debora?

C **¿Dónde dice…?** Escriban la frase que dice lo siguiente. (*Write the phrase that says the following.*)

1. que Debora es estudiante
2. cuál es su promedio de bateo
3. qué clase de notas saca en sus estudios
4. quiénes son los fánaticos de Debora

D **La familia de Debora.** Escojan la respuesta correcta. (*Choose the correct answer.*)

1. La niña tiene ___ hermanos.
   a. uno   **b.** dos   **c.** tres

2. El nombre de su padre es ___.
   a. David   **b.** Dennis   **c.** Larry

3. El padre de Debora es ___.
   a. estudiante   **b.** ingeniero   **c.** profesor

4. Dissiree es la ___ de Debora.
   a. madre   **b.** amiga   **c.** hermana

E **¿Cómo se dice…?** Escriban en español. (*Give the Spanish for the following.*)

1. a future star
2. women's softball
3. batting average
4. baseball playing ability

CAPÍTULOS 5–8

Conversación *Hugo y Marta conversan*

HUGO: ¿Dónde vives? ¿En una casa o en un apartamento?

MARTA: Vivimos en un apartamento grande. Y tú, ¿dónde vives?

HUGO: Ahora, en la universidad, donde estoy aprendiendo mucho.

MARTA: ¿Sólo estudias? ¿No haces otra cosa?

HUGO: Claro que sí. Juego (al) tenis y (al) baloncesto, y hago unos viajes durante las vacaciones. Y tú, ¿qué estudias?

MARTA: Estoy estudiando medicina. Pero prefiero jugar (al) tenis. Casi siempre gano. ¿Quieres jugar mañana?

HUGO: Pues no puedo. Tengo que asistir a una fiesta familiar.

¿Qué hacen? Contesten. (*Answer according to the conversation.*)

1. ¿Quién vive en la universidad?
2. ¿A qué juega el muchacho?
3. ¿Cuándo viaja el muchacho?
4. ¿Qué estudia la muchacha?
5. ¿A qué juega ella?
6. ¿El muchacho va a jugar (al) tenis mañana?
7. ¿Por qué, o por qué no?

Estructura

Los verbos que terminan en *-er* y en *-ir*

Review the following forms of regular *-er* and *-ir* verbs.

beber	yo bebo, tú bebes, él/ella/Ud. bebe, nosotros(as) bebemos, *vosotros(as) bebéis,* ellos/ellas/Uds. beben
vivir	yo vivo, tú vives, él/ella/Ud. vive, nosotros(as) vivimos, *vosotros(as) vivís,* ellos/ellas/Uds. viven

A En nuestro pueblo. Completen. (*Complete.*)

Leonardo y yo ____ (vivir) en una ciudad pequeña. Trabajamos para el
                  1
periódico. Leonardo ____ (escribir) artículos de deportes. Yo ____ (escribir)
                      2   3
artículos de cocina. Yo ____ (aprender) los secretos de la cocina cuando visito
                        4
los restaurantes. Yo ____ (comer) comidas deliciosas todos los días. Pobre
                     5
Leonardo ____ (comer) hamburguesas y ____ (beber) limonada en el estadio.
         6   7

Los adjetivos posesivos

Review the possessive adjectives.

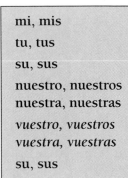

mi, mis
tu, tus
su, sus
nuestro, nuestros nuestra, nuestras
vuestro, vuestros *vuestra, vuestras*
su, sus

Mi CASA
Semanal
volumen 6 número 122,
del 5 de mayo al
11 de mayo, 1993

B **Nuestro hogar.** Completen con un adjetivo posesivo. (*Complete with a possessive adjective.*)

Vivimos en un apartamento. ___ (1) apartamento tiene seis cuartos. El cuarto de ___ (2) hermana es grande. El cuarto de ___ (3) hermanos es pequeño. En ___ (4) cuarto mis hermanos tienen todos ___ (5) libros, ___ (6) televisor y otras cosas. ___ (7) cocina es bastante grande y también la sala y el comedor. Tenemos muchos amigos. Cuando ___ (8) amigos vienen a casa, ellos traen ___ (9) videos. Miramos los videos en el cuarto de ___ (10) hermanos. Y tú, ¿miras videos en ___ (11) casa?

El presente del verbo *tener*

1. Review the following forms of the irregular verb *tener*.

tener	yo tengo, tú tienes, él/ella/Ud. tiene, nosotros(as) tenemos, *vosotros(as) tenéis,* ellos/ellas/Uds. tienen

2. Remember that the expression *tener que* means "to have to," and is always followed by an infinitive.

Tengo que comer. **Tenemos que estudiar.**

C **¿Qué tienes?** Preguntas personales. (*Give your own answers.*)

1. ¿Cuántos años tienes?
2. ¿Cuántos años tienen los muchachos en tu clase de español?
3. ¿Tienen Uds. un profesor o una profesora?
4. ¿Qué días tienes clases de español?
5. ¿Tienes que leer mucho en clase?
6. ¿Quiénes tienen que trabajar más, los profesores o los alumnos?

Los verbos con cambio en la raíz

1. Review the forms of the following verbs with the stem changes *e > ie, o > ue.*

PERDER (E > IE)		PODER (O > UE)	
yo	pierdo	yo	puedo
tú	pierdes	tú	puedes
él, ella, Ud.	pierde	él, ella, Ud.	puede
nosotros(as)	perdemos	nosotros(as)	podemos
vosotros(as)	*perdéis*	*vosotros(as)*	*podéis*
ellos, ellas, Uds.	pierden	ellos, ellas, Uds.	pueden

2. Remember that the *u* of *jugar* changes to *ue.*

jugar	yo juego, tú juegas, él/ella/Ud. juega, nosotros(as) jugamos, *vosotros(as) jugáis,* ellos/ellas/Uds. juegan

D **El partido de béisbol.** Completen. (*Complete.*)

Los Leones de Ponce ____ (jugar) hoy el partido más duro del año. Tienen que
                     1
ganar. Si ____ (perder) el partido con los Cangrejeros no ____ (poder) ganar
         2   3
el campeonato. El partido de hoy ____ (empezar) a la una de la tarde. Ellos
                                 4
van a jugar en el estadio de los Cangrejeros. El mánager de los Leones no ____
                                                                          5
(querer) jugar allí, él ____ (preferir) jugar en Ponce. El pícher, Guzmán ____
                        6   7
(empezar) a lanzar hoy después de sólo dos días de descanso. Mis amigos y
yo nunca ____ (poder) dormir antes de un juego importante. Estamos muy
         8
nerviosos. ¡Nosotros ____ (querer) otra victoria para nuestros Leones!
                     9

Los verbos con g en la primera persona

1. Remember that the verbs *hacer, poner, traer,* and *salir* have a g in the *yo* form.

hacer	yo hago
poner	yo pongo
traer	yo traigo
salir	yo salgo

The other forms are the same as regular *-er* and *-ir* verbs.

2. Remember that *venir* is a stem-changing, *e > ie*, verb.

venir	yo vengo, tú vienes, él/ella/Ud. viene, nosotros(as) venimos, *vosotros(as) venís*, ellos/ellas/Uds. vienen

E **De regreso a casa.** Preguntas personales. (*Give your own answers.*)

1. ¿A qué hora sales de casa para ir a la escuela?
2. ¿Cómo haces el viaje a la escuela, en autobús o a pie?
3. ¿Quién más hace el viaje?
4. ¿Vienes a casa solo(a) por la tarde, o alguien te trae a casa?
5. ¿Qué traes cuando vienes a casa por la tarde?
6. ¿Pones la televisión cuando llegas a casa?
7. ¿Qué hacen tus padres y tus hermanos cuando vienen a casa por la tarde?

El presente progresivo

1. The present progressive is used to describe an action or an event that is happening right now. It is formed with the present tense of *estar* and the present participle of the verb.

2. Review the present participles of the following regular verbs:

revisar-revisando   hacer-haciendo   subir-subiendo

The participles of *leer* and *traer* have a *y: leyendo, trayendo.*

F **En el aeropuerto.** Completen con el presente progresivo. (*Complete with the present progressive.*)

Los pasajeros ___ (salir) por la puerta número dos. Ellos ___ (subir) al avión.
         1   2
El avión no puede despegar todavía porque otro avión ___ (aterrizar). Los
                                                       3
aviones que ___ (aterrizar) tienen preferencia sobre los aviones que ___
            4   5
(despegar). Todos están a bordo y un asistente de vuelo ___ (cerrar) las puertas
                                                         6
del avión. El capitán ___ (dar) la bienvenida a bordo a los pasajeros.
                       7

Comunicación

El concurso. Your local real estate office is giving away a house to the person who writes the best and most original description of his or her dream house. You want to enter the contest. Write two paragraphs describing your dream house.

LAS CIENCIAS NATURALES

Antes de leer

We inherit certain characteristics from our parents. Our race, our height, the color of our eyes and hair are all determined by the genes we inherit from our parents and grandparents. This inheritance is not totally random.

1. Look up "Mendel's Law" and review the principles of heredity.
2. Prepare a family tree for yourself or, if you prefer, for a classmate, going back as far as you can. Next to each person jot down all the physical characteristics known about him or her. All labels should be in Spanish.
3. Make a list of all the physical characteristics you wrote down in the family tree. Which characteristics turn up most often? Explain your findings.

Lectura

Gregor Johann Mendel (1822–1884)

GREGOR JOHANN MENDEL (1822-1884)

Mendel es de Austria. Es naturalista. Cuando tiene veintiún años entra en el convento de Brno donde continúa estudiando y practicando la botánica. Mendel cruza plantas para ver cómo cambian las sucesivas generaciones. Sus investigaciones científicas resultan en la formulación de las leyes[1] de Mendel. Las leyes de Mendel son publicadas en 1865 en un libro titulado *Experimentos de hibridación en plantas*.

Ya conocemos la forma de reproducción de las amebas. Simplemente se dividen. Las células nuevas heredan[2] los rasgos o características de la célula original, y son idénticas. En los organismos superiores hay que tener dos padres. Los hijos heredan rasgos de los dos padres. Es obvio que los rasgos se mezclan[3] de alguna manera. Cada individuo tiene algunos rasgos del padre y otros de la madre. Es Mendel quien descubre cómo los rasgos se combinan.

[1] las leyes   *laws*
[2] heredan   *inherit*
[3] mezclan   *mix*

Mendel experimenta con la hibridación de las plantas.

Después de leer

A **Mendel.** Contesten.

1. ¿De qué país es Mendel?
2. ¿Dónde trabaja Mendel?
3. ¿Qué clase de científico es Mendel?
4. ¿Qué libro escribe Mendel y cuándo publica el libro?
5. ¿Cuál es un sinónimo de *rasgo*?

B **Investigaciones.** ¿Dónde dice lo siguiente?

1. how amoebas reproduce
2. what Mendel studied
3. where Mendel's law first appeared
4. from whom offspring inherit their traits
5. with what Mendel experimented

C **Seguimiento.** Prepare a brief resume in English of the passage about Gregor Mendel.

Los hijos heredan los rasgos de sus padres.

CIENCIAS SOCIALES: LA GEOGRAFÍA FÍSICA

Antes de leer

In North America, it is common to consider North and South America as two continents. In the Spanish-speaking world, the two continents are considered one, *la América*. In the following passage, you will find out about the major regions of America, their location and size.

1. On a topographical map of the Americas locate and identify: the highest peak, two desert regions, and the country in South America with the longest coastline.
2. One of the republics of South America is totally landlocked. In 1879, it lost its only access to the sea. Name the country, indicate how it lost its seaport, and on a map show a location of the port.

Lectura

El continente americano se extiende desde Alaska, en el extremo Norte, hasta la Tierra del Fuego, en el extremo Sur. Su límite al este es el Océano Atlántico, y al oeste es el Océano Pacífico. Está completamente separado de los otros continentes. La distancia desde el norte hasta el sur es de 19.000 kilómetros. Es el continente más largo en latitud. El continente americano se divide en tres partes. la América del Norte, que cubre 24 millones de kilómetros cuadrados[1]; la América del Sur, que cubre 18 millones de kilómetros cuadrados; y la América Central, un istmo largo que une la América del Norte con la América del Sur que cubre 500 mil kilómetros cuadrados.

Debido a que es tan largo, el continente tiene una gran variedad climática. Hay cuatro climas que se representan en el continente: el clima subpolar; el clima continental; el clima tropical; y el clima ecuatorial.

[1] cuadrados   *square*

Glaciar Perito Moreno, provincia de Santa Cruz, Argentina

Los Andes

Las cataratas de Iguazú entre Paraguay y la Argentina

El desierto de Atacama, Chile

Salto de Ángel, Venezuela

Después de leer

A **La geografía.** Contesten.

1. ¿Cuál es la extensión, en kilómetros, del continente americano?
2. ¿Con qué limita el continente al este?
3. ¿En cuántas partes se divide el continente?
4. ¿Cuántos kilómetros cuadrados cubre la América Central?
5. ¿Cuántos climas hay en el continente americano?
6. ¿Cuáles son los climas del continente americano?

B **Las Américas.** ¿Dónde dice lo siguiente?

1. the area of North America
2. what is at the southernmost point of America

C **Seguimiento.** Describan la extensión y el clima del estado o provincia donde Uds. van a la escuela.

LAS ARTES

Antes de leer

Probably the greatest of Spain's classical painters
was the 17th century artist Velázquez. Familiarize
yourself with some of his major works: *Las
Meninas*, *Vulcan's Forge*, and the *Surrender of Breda*.
Breda is a city in Flanders. Flanders, today a
part of Belgium, once was a Spanish colony.

Lectura

Diego Rodríguez de Silva y Velázquez
nace[1] en Sevilla en 1599, y muere en
Madrid en 1660. Velázquez empieza a
pintar en Sevilla, pero en 1623 va a
Madrid como pintor de cámara del rey
Felipe IV. En Madrid su estilo cambia.
Velázquez es famoso por su uso de la luz[2]
en sus cuadros.

Las Meninas

La fragua de Vulcano

Dos de las obras más importantes de Velázquez son de gran interés histórico. En el cuadro *Las Meninas* aparece la familia del rey don Felipe IV. Es curioso porque el artista está en el cuadro también. La otra gran obra es *La rendición de Breda*. Breda es una ciudad de Flandes. En el siglo XVII Flandes es parte del imperio español. Los flamencos quieren ser independientes y entran en una guerra[3] con España. El general que gana la batalla y ocupa la ciudad de Breda es Ambrosio de Spínola, un italiano al servicio del rey de España, Felipe IV. El cuadro también tiene el nombre de *Las lanzas*[4].

[1] nace *is born*   [3] guerra *war*
[2] luz *light*   [4] lanzas *spears*

La rendición de Breda

Después de leer

A Velázquez. Completen.

1. Es pintor de cámara del rey ___.
2. Velázquez va de Sevilla a Madrid en ___.
3. Una característica de su arte es su uso de la ___.
4. Las personas que están en el cuadro *Las meninas* son ___.
5. En el siglo XVII los españoles tienen una guerra con los ___ .
6. El general que gana la batalla no es español, es ___.
7. Breda está en ___ .

B Los cuadros. ¿Dónde dice lo siguiente?

1. that his use of light was extraordinary
2. the name of a seventeenth century Spanish colony in Europe
3. where Velázquez was born and where he died
4. why there was a war in Flanders
5. the subject of the painting *Las meninas*

C Seguimiento.

1. Describe, en español, *Las meninas*.
2. *La rendición de Breda* también tiene el nombre *Las lanzas*. ¿Por qué?
3. En *Las lanzas*, ¿quién es Ambrosio de Spínola?
4. ¿Quiénes crees que son "las meninas"?
5. En *Las meninas*, ¿dónde está Velázquez?
6. ¿Qué relación existe entre *Las meninas* y *Las lanzas*?

CAPÍTULO
9

DEPORTES Y ACTIVIDADES DE INVIERNO

OBJETIVOS

In this chapter you will learn to do the following:

1. describe winter weather
2. talk about skiing and skating
3. talk about what you know and whom you know
4. tell what you know how to do
5. tell where people and places are located
6. describe some ski resort areas of Spain and South America

PALABRAS 1

EN LA ESTACIÓN DE ESQUÍ

la nevada

la temperatura

el frío

el invierno

las gafas

el gorro

los guantes de esquí

el anorak

el bastón

el esquí

la bota

¿Qué tiempo hace en el invierno?

Hace frío.

Nieva.

Hay nevadas.

La temperatura baja a cinco grados (centígrados) bajo cero.

el telesilla

la ventanilla

el telesquí

la esquiadora

el esquiador

la boletería

la estación de esquí

la cuesta

la pista

el slálom

la nieve

el esquí alpino
el esquí de descenso

el esquí nórdico   el esquí de fondo

Los esquiadores suben la montaña.
Suben en el telesquí.

Anita sabe esquiar bien.
No es principiante. Es experta.
Ella baja la pista.
Baja rápido.

¿Yo? Yo sé esquiar muy bien.

¿Roberto pierde algo?
¿Qué pierde?
Pierde un bastón.
Roberto dice que esquía bien.

Pero conocemos a Roberto.
No sabe esquiar muy bien.
Es un poco fanfarrón.

Ejercicios

A **El tiempo en el invierno.** Contesten.

1. ¿Cuáles son los meses de invierno?
2. Donde viven Uds., ¿hace mucho frío en el invierno?
3. ¿Hasta cuántos grados baja la temperatura?
4. ¿Nieva mucho?
5. ¿Está nevando hoy?
6. Las nevadas, ¿son frecuentes o no?

B **¿Esquías o no?** Preguntas personales.

1. ¿Hay montañas cerca de donde tú vives?
2. ¿Nieva en el invierno?
3. ¿Hay estaciones de esquí en las montañas?
4. ¿Hay pistas para principiantes y expertos?
5. ¿Tus amigos saben esquiar?

C **Una excursión de esquí.** Contesten.

1. ¿Qué tienen que llevar los esquiadores?
2. ¿Dónde compran los boletos para el telesquí o el telesilla?
3. ¿Cómo suben la montaña?
4. ¿Quién sabe esquiar bien, Anita o Roberto?
5. ¿Cómo baja ella la pista?
6. ¿Quién no sabe esquiar bien, Anita o Roberto?
7. Pero, ¿qué dice él?
8. ¿Cómo es él?
9. ¿Qué pierde Roberto, un esquí o un bastón?

D **A esquiar.** Empareen.

1. esquiar   **a.** el descenso
2. nevar   **b.** la subida
3. descender   **c.** el esquí
4. bajar   **d.** la pérdida
5. subir   **e.** la nieve, la nevada
6. perder   **f.** la bajada

RELACIÓN DE PROVINCIAS, POR ORDEN ALFABÉTICO, EN DONDE EXISTEN ESTACIONES DE NIEVE Y MONTAÑA

PROVINCIA	NOMBRE DE LA ESTACIÓN
Barcelona	Rasos de Peguera
Burgos	Valle del Sol La Lunada
Gerona	La Molina-Supermolina Masella Nuria Vallter, 2.000
Granada	Solynieve
Huesca	Astun Candanchú Cerler El Formigal Panticosa
León	Puerto de San Isidro
Lérida	Baqueira-Beret Llessui Port del Comte Super Espot Tuca Betren Llés Sant Joan de L'erm.
Logroño	Valdezcaray
Madrid-Segovia Madrid	Puerto de Navacerrada Valcotos Valdesqui
Orense	Manzaneda Peña Trevinca
Oviedo	Valgrande-Pajares
Santander	Alto Campoo Picos de Europa
Segovia	La Pinilla
Teruel	Sierra de Gudar
Tenerife	Las Cañadas del Teide

PALABRAS 2

EL PATINAJE

el hielo

la pista de patinaje
el patinadero

el patinaje sobre hielo

el patín
los patines

el patinador

el patinaje artístico

el patinaje sobre ruedas

la cuchilla, la hoja

las ruedas

el monopatín

Y aquella pista es una pista para el patinaje sobre ruedas.
Es una pista cubierta.

Esta pista es para el patinaje sobre hielo. Es una pista al aire libre.

Estos patines tienen cuchilla (hoja).

Y aquellos patines tienen ruedas.

Ejercicios

A **El patinaje.** Contesten según la foto.

1. Los jóvenes, ¿están patinando en un patinadero cubierto o en un patinadero al aire libre?
2. ¿Están patinando sobre hielo o sobre ruedas?
3. ¿Tienen cuchillas o ruedas sus patines?
4. ¿Están haciendo el patinaje artístico?

B **El esquí y el patinaje.** Completen.

1. Para esquiar es necesario tener dos ___ y dos ___.
2. Los esquiadores llevan ___, ___, ___ y ___.
3. El esquí ___ o de ___ es el esquí que practican los esquiadores que bajan las pistas.
4. El descenso con obstáculos es el ___.
5. En el esquí ___ o de ___, los esquiadores no bajan una pista. Pero tienen que ___ y ___ cuestas.
6. Es posible patinar sobre ___ o ___.
7. Hay patinaderos ___ y ___.
8. Los patinadores que bailan y hacen ballet sobre el hielo practican el ___.

C **La palabra o expresión en español.** ¿Cómo se dice en español?

1. downhill skiing
2. cross country skiing
3. chairlift
4. roller skating
5. indoor rink
6. outdoor rink
7. figure skating
8. skateboard

Comunicación

Palabras 1 y 2

A **En el invierno.** You are travelling in Latin America. A student (your partner) asks you what the winter weather is like where you live and what you do in winter. Tell him or her.

B **Tengo que comprar…** You want to outfit yourself for a ski trip. List everything you need. At the ski shop find out from the salesclerk (your partner) how much each item costs. Let the clerk know what you think of the price. Reverse roles.

> las botas
> Estudiante 1: ¿Cuánto cuestan las botas?
> Estudiante 2: Cuestan trescientos dólares.
> Estudiante 1: Cuestan mucho.

C **Vacaciones de invierno.** You want to go to a ski resort in a Spanish-speaking country. Talk with a travel expert (your partner) about possibilities in the places listed below. Find out about the number of lifts, kinds of slopes, prices, and weather.

1. Portillo, Chile
2. Bariloche, Argentina
3. Solynieve, Spain

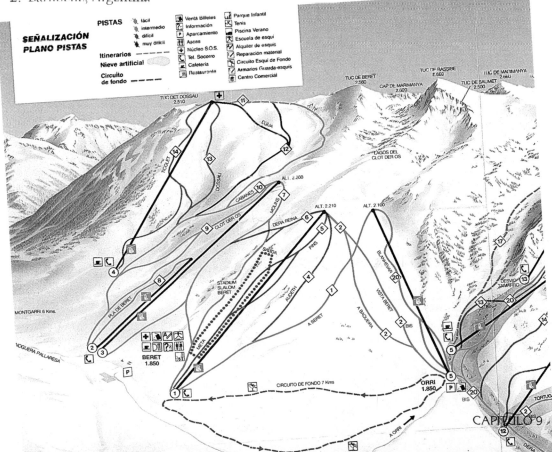

El presente de los verbos
saber y *conocer*

Expressing Who and What
You Know

1. Study the following forms of the verbs *saber* and *conocer*, which both mean "to know." As with many irregular verbs you have already learned, *saber* and *conocer* are irregular in the *yo* form only.

INFINITIVE	SABER	CONOCER
yo	sé	conozco
tú	sabes	conoces
él, ella, Ud.	sabe	conoce
nosotros(as)	sabemos	conocemos
vosotros(as)	sabéis	conocéis
ellos, ellas, Uds.	saben	conocen

2. The verb *saber* means "to know a fact" or "to have information about something."

> **Yo sé el número de teléfono.**
> **Yo sé donde está Madrid.**

3. The verb *saber* when followed by an infinitive means "to know how to do something."

> **Yo sé esquiar.**
> **¿Sabes patinar?**

4. When you want to say, "I know," "he knows," etc., the verb *saber* is never used alone. You say:

> **Lo sé. Lo sabe.**

In the negative, however, you have a choice.

> **No sé.** or **No lo sé.**

5. The verb *conocer* means "to know" in the sense of "to be acquainted with."

> **Yo conozco a Roberto.**
> **Conozco el arte mexicano.**

6. You need to use the personal *a* with *conocer* when the direct object is a person.

> **Conocemos a los hermanos Rodríguez.**
> **Raúl y Alfredo conocen a Sarita.**

Ejercicios

A **¿Sabes esquiar?** Practiquen la conversación.

—Oye, Teresa, ¿tú sabes esquiar?
—Sí, sé esquiar. Pero no soy experta.
—¿Conoces a Tadeo?
—Sí, conozco a Tadeo, si tú hablas de Tadeo Castaño.
—Sí, hablo de él. No sabes que va a esquiar en las Olimpíadas.
—¡Esquiar en las Olimpíadas! ¡Qué honor para él! ¡Es fantástico!

¿Qué sabe Teresa? Contesten según la conversación.

1. ¿Sabe esquiar Teresa?
2. ¿Sabe esquiar muy bien o bastante bien?
3. ¿Ella conoce a Tadeo?
4. ¿Sabe esquiar?
5. ¿Dónde va a esquiar?

B **¿Qué sabes?** Contesten.

1. ¿Conoces a ___?
2. ¿Sabes su número de teléfono? ¿Cuál es?
3. ¿Sabes su dirección? ¿Cuál es?
4. ¿Sabes su zona postal? ¿Cuál es?
5. ¿Sabes la hora? ¿Qué hora es?
6. ¿Sabes la fecha? ¿Cuál es la fecha de hoy?

C **Lo que yo sé hacer.** Digan todo lo que saben hacer.

D **Algunas cosas que conozco.** Contesten con *sí* o *no*.

1. ¿Conoces el arte mexicano?
2. ¿Conoces la literatura española?
3. ¿Conoces la literatura americana?
4. ¿Conoces la historia antigua?
5. ¿Conoces la historia moderna?

E **Natalia Isaacs.** Completen con *saber* o *conocer*.

PEPITA: Sandra, ¿___ tú a Natalia Isaacs?

SANDRA: Claro que ___ a Natalia. Ella y yo somos muy buenas amigas.

PEPITA: ¿ ___ tú que ella va a Panamá?

SANDRA: ¿Ella va a Panamá? No, yo no ___ nada de su viaje. ¿Cuándo va a salir?

PEPITA: Pues, ella no ___ exactamente qué día va a salir. Pero ___ que va a salir este mes. Ella va a hacer su reservación mañana. Yo ___ que ella quiere tomar un vuelo sin escala.

SANDRA: ¿Natalia ___ Panamá?

PEPITA: Creo que sí ___ Panamá. Pero yo no ___ definitivamente. Pero yo ___ que ella ___ a mucha gente en Panamá.

SANDRA: ¿Cómo es que ella ___ a mucha gente en Panamá?

PEPITA: Pues, tú ___ que ella tiene parientes en Panamá, ¿no?

SANDRA: Ay, sí, es verdad. Yo ___ que tiene familia en Panamá porque yo ___ a su tía Lola. Y ___ que ella es de Panamá.

La ciudad de Panamá

El presente del verbo *decir*   *Telling What People Say*

The verb *decir*, "to tell," is irregular in the present tense. It has a *g* in the *yo* form and the stem changes from *e* to *i* in all forms except *nosotros* and *vosotros*.

DECIR	
yo	digo
tú	dices
él, ella, Ud.	dice
nosotros(as)	decimos
vosotros(as)	*decís*
ellos, ellas, Uds.	dicen

A ¿Qué dices de la clase? Sigan el modelo.

¿Qué dices de la clase de español?
Pues yo digo que es fantástica. Estoy aprendiendo mucho.

1. ¿Qué dices de la clase de matemáticas?
2. ¿Qué dices de la clase de inglés?
3. ¿Qué dices de la clase de ciencias?
4. ¿Qué dices de la clase de educación física?
5. ¿Qué dices de la clase de historia?

B ¿Pablo dice que esquía?
Contesten según se indica.

1. ¿Qué dice Pablo, esquía bien o no esquía bien? (bien)
2. ¿Dice que es experto? (sí)
3. ¿Y qué dicen Uds.? (no es experto)
4. ¿Por qué dicen eso? (conocemos a Pablo)
5. ¿Están diciendo que es un poco fanfarrón? (sí)
6. ¿Sabe esquiar Pablo? (sí, no muy bien)

C **Una discusión.** Completen con *decir*.

1. Yo ___ que no y él ___ que sí.
2. ¿Qué ___ Uds.?
3. ¿Uds. ___ que sí?
4. Pues, Uds. y yo ___ que sí y él ___ que no.
5. Pero, hombre, ¿de qué estamos hablando? Estamos hablando de nuestras vacaciones de invierno. Yo ___ que vamos a esquiar y Uds. también ___ que vamos a esquiar.
6. ¿Qué ___ él?
7. Él ___ que vamos a ir a una isla tropical.

Los adjetivos demostrativos   *Pointing Out People or Things*

1. You use the demonstrative adjectives "this," "that," "these," and "those," to point out people or things. The demonstrative adjectives must agree with the noun they modify. Study the demonstrative adjectives in Spanish.

	SINGULAR	PLURAL
MASCULINO	este muchacho ese muchacho aquel muchacho	estos muchachos esos muchachos aquellos muchachos
FEMENINO	esta muchacha esa muchacha aquella muchacha	estas muchachas esas muchachas aquellas muchachas

2. All forms of *este* indicate something near the person speaking. They mean "this," "these" in English.

   Esta revista que tengo yo es muy interesante.

3. All forms of *ese* indicate something close to the person spoken to.

   Roberto, esa revista que tienes es muy interesante.

4. All forms of *aquel* indicate something far away from both the speaker and listener. The forms of both *ese* and *aquel* mean "that," "those" in English.

   Aquel libro que está allá en la mesa es interesante.

5. The adverbs *aquí*, *allí*, and *allá* indicate relative position: here, there, over there.

Ejercicios

A ¿Cuánto es o cuánto cuesta? Sigan el modelo.

> las gafas
> Estudiante 1: ¿Cuánto cuestan las gafas?
> Estudiante 2: ¿De qué gafas habla Ud.? ¿De estas gafas qué están aquí?
> Estudiante 1: No de aquellas gafas que están allá en el mostrador.

1. gafas
2. guantes de esquí
3. esquís
4. patines
5. botas
6. monopatín
7. anorak
8. calculadora
9. bolígrafo
10. mochila

B El libro que tú tienes. Completen con *ese/esa* o *aquel/aquellas*.

1. ___ libro que tú estás leyendo es muy interesante. Pero ___ libro que ellos estan leyendo allá es muy aburrido, muy pesado.
2. ___ disco que (tú) estás escuchando es fabuloso. Pero ___ disco que ellos están escuchando es horrible.
3. ___ novela que (tú) estás leyendo es una maravilla. Y ___ novela que ellos están leyendo es terrible.
4. ___ botas que estás comprando son fantásticas. Pero ___ botas que ellos están comprando no son muy buenas.
5. ___ esquís que estás mirando son para el esquí alpino y ___ esquís que ellos están mirando son para el esquí nórdico.

NUEVA COLECCION

OPTICAS
Moneda Rotter
CON CLARA VISION DE FUTURO

PUERTO GRAFICO

Esquiando en Valle Nevado, Chile

Escenas de la vida   *¿Vas a esquiar en las Olimpíadas?*

AGUSTÍN: Carmen, ¿sabes esquiar?
CARMEN: Sí, sé esquiar. Pero no soy experta. Quisiera esquiar más pero no puedo.
AGUSTÍN: No puedes, ¿por qué?

CARMEN: Pues, no vivimos muy cerca de una estación de esquí.
AGUSTÍN: ¿No hay lugares donde hacen nieve artificial?

CARMEN: No, porque no tenemos montañas, sólo cuestas.
AGUSTÍN: Entonces debes aprender a hacer el esquí de fondo. El esquí es un deporte fantástico.

■ No es experta.   Contesten.

1. ¿Esquía mucho Carmen?
2. ¿Sabe esquiar un poco?
3. ¿Por qué no puede esquiar más?
4. ¿Vive cerca de las montañas?
5. ¿Hay cuestas donde vive?
6. ¿Qué debe aprender Carmen?

Pronunciación   *La consonante g*

The consonant **g** has two sounds, hard and soft. You will study the soft sound in Chapter 10. **G** in combination with **a**, **o**, **u** (*ga, go, gu*) is pronounced somewhat like the **g** in the English word "go." To maintain this hard **g** sound with **e** or **i**, a **u** is placed after the **g**: *gue, gui*.

ga	gue	gui	go	gu
gafa	guerra	guitarra	algo	segundo
gana	guerrilla	Guillermo	pago	guante
paga	Guevara	guía	domingo	seguridad

las gafas

Repeat the following sentences.

La amiga llega y luego toca la guitarra.
Salgo el domingo para Uruguay.
Pongo las gafas y los guantes en la maleta.

Comunicación

A **¿Quién es?** Point out a half dozen members of the class, some near your partner, near you, or away from both of you. Ask your partner who the person is.

B **¿Sabes…?** The following is a list of winter activities. Find out if your partner knows how to do them and if so, how well he or she does them. If your partner doesn't do them ask if he or she wants to learn how.

hacer el esquí nórdico
Estudiante 1: ¿Sabes hacer el esquí nórdico?
Estudiante 2: Sí. Lo sé hacer. (No. No lo sé hacer.)
Estudiante 1: ¿Qué tal lo haces? (¿Quieres aprender?)
Estudiante 2: Regular. (No. Es aburrido.)

1. hacer el esquí nórdico
2. hacer el esquí alpino
3. esquiar el slálom
4. subir la cuesta en telesilla
5. patinar sobre hielo
6. patinar sobre ruedas
7. andar en monopatín

C **¿Qué juegas?** In groups of four, create questions for an opinion poll on winter sports. Interview other groups. Summarize the results of the poll and report to the class.

VALLE NEVADO
CHILE

ESQUIANDO EN UN PAÍS HISPANO

—No esquían en los países hispanos, ¿verdad?

—¿No esquían? ¿Por qué dices eso?

—Porque en los países hispanos siempre hace calor, ¿no? Como no hay invierno, no hace frío.

—¿No hay invierno? ¿Quieres decir que todos los países hispanos son tropicales?

—Pues, si no son tropicales por lo menos siempre hace calor.

—En algunos, sí. Pero no en todos, de ninguna manera. Parece que no conoces bien el mundo hispano. Por ejemplo, el esquí es un deporte muy popular en España.

—¿En España? No puede ser.

—Claro que puede ser. Hay estaciones de esquí a unos kilómetros al norte de Madrid en la Sierra de Guadarrama. Los madrileños pasan el fin de semana esquiando en Navacerrada.

—¿Y allí hacen el esquí alpino?

—Sí, sí, el esquí alpino. Y, ¿no conoces las estupendas estaciones de esquí en Argentina y Chile?

—¡El invierno en la América del Sur! Tengo que estudiar la geografía.

La Sierra Nevada cerca de Granada, España

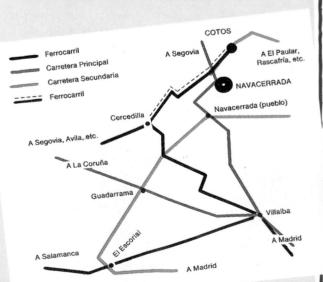

Estudio de palabras

A ¿Qué es? Busquen una palabra relacionada.

1. las montañas
2. los Alpes
3. el calor
4. los trópicos
5. el invierno
6. la geografía
7. Madrid

a. invernal
b. geográfico
c. montañoso
d. madrileño
e. alpino
f. tropical
g. caluroso

	ESCUELA DE SKI PRECIOS EN US$	
PRODUCTO	Nº DE LECCIONES/DURACIÓN	PRECIO
Clases colectivas 10 personas máximo	1 lección de 2 horas 5 lecciones de 2 horas c/u 6 lecciones de 2 horas c/u	US$ 16 US$ 64 US$ 72
Clases particulares 1 ó 2 personas	1 lección de 1 hora 5 lecciones de 1 hora c/u	US$ 38 US$ 155
Clases particulares 3 ó 4 personas	1 lección de 1 hora 5 lecciones de 1 hora c/u	US$ 57 por grupo US$ 233 por grupo
Programa y talleres especiales (*) 6 personas máximo	1/2 día Día	US$ 150 por grupo US 300 por grupo
Alas delta		US$ 76
Parapente		US$ 57
Heliskiing/Helisurf 5 personas máximo	Min. 15 minutos	desde US$ 61 por persona
Safari en nieve 10 personas máximo	1/2 día	desde US$ 45 por persona

B La geografía. Completen.

1. Ellos viven en las montañas. Son de una región ___.
2. Y sus primos viven en los trópicos. Viven en una zona ___.
3. La geografía varía. Hay diferencias ___ en las distintas partes del continente.
4. En los trópicos siempre hace calor. Una zona ___ es una región ___.
5. En las zonas polares es casi siempre invierno. La estación ___ dura mucho tiempo.

Comprensión

A ¿Es verdad? Contesten con *sí* o *no*.

1. Hay estaciones de esquí en todos los países hispanos.
2. Hay estaciones de esquí en algunos países hispanos.
3. Todos los países hispanos son países calurosos.
4. Hay estaciones de esquí cerca de Madrid, la capital de España.

B Datos. Busquen.

1. el nombre de la capital de España
2. las montañas al norte de Madrid
3. el nombre de una estación de esquí cerca de Madrid
4. tres países hispanos donde es popular el esquí

C Inferencia.

This reading selection implies that there is a common misconception among people in the United States about the Spanish-speaking countries. What is that misconception?

DESCUBRIMIENTO CULTURAL

Ya sabemos que no es verdad que siempre hace calor en todos los países hispanos. En Madrid por ejemplo hay un refrán[1] que dice "Nueve meses de invierno y tres meses de infierno". ¿Qué quiere decir este refrán madrileño? Quiere decir que durante nueve meses hace frío en Madrid y durante tres meses es un infierno porque hace muchísimo calor. En Madrid, la temperatura puede subir a los treinta y ocho o cuarenta grados centígrados en el verano. Y en el invierno puede bajar a menos de cero grados centígrados.

Hay estaciones de esquí un poco al norte de Madrid en la Sierra de Guadarrama y también en el norte del país en los Pirineos que forman la frontera con Francia. ¿Saben Uds. que también hay estaciones de esquí en el sur de España? En el invierno mucha gente esquía en la Sierra Nevada mientras la gente del norte de Europa nada en el Mediterráneo a unos 160 kilómetros de las pistas. ¿En qué estado de los Estados Unidos puede la gente esquiar en las montañas, y a unos pocos kilómetros nadar en el mar?

¡El distrito de los lagos! ¿Qué es y dónde está? Pues, es una región fantástica y famosa por su belleza natural. Es una región que tiene muchos lagos y está en los Andes en la frontera entre Chile y la Argentina. En el invierno mucha gente va a esta región a esquiar. Hay estaciones de

La Puerta de Alcalá,
Madrid, España

Lago Pehoe, Chile

Bariloche, Argentina

Entre Puerto Montt y Punta Arenas en la costa del Pacífico hay ríos, fiordos y glaciares. Muchos turistas dicen que creen que están en Noruega, en Escandinavia.

Y otra cosa interesante—en Punta Arenas hay mucha gente de ascendencia serbo-croata. Si Uds. son de ascendencia alemana o serbocroata, ¿por qué no hacen un viaje al sur de Chile?

[1] refrán *proverb* [3] pescar *to fish*
[2] cazar *to hunt* [4] madera *wood*

esquí fabulosas. Pero, ¿cuándo es el invierno en la Argentina y en Chile? El invierno es en los meses de junio, julio y agosto. Cuando es el verano en el hemisferio norte donde están los Estados Unidos, es el invierno en el hemisferio sur.

San Carlos de Bariloche es un pueblo famoso en esta región. Está en la Argentina. En el invierno las pistas de esquí son fabulosas y en las otras estaciones los turistas van a Bariloche para cazar[2], pescar[3] y nadar en los lagos.

Muy cerca de los distritos de los lagos en Chile está Puerto Montt. De Puerto Montt hay vistas preciosas de los picos andinos cubiertos de nieve. Hay también volcanes cubiertos de nieve. Puerto Montt es una pequeña ciudad interesante. Las casas de Puerto Montt son casi todas de madera[4]. Muchos de los habitantes de Puerto Montt son de origen alemán. En el escaparate de una pastelería de esta ciudad en el sur de Chile puede Ud. ver:

Gebürtstagskuchen und Hochzeitskuchen
Tortas para cumpleaños y bodas

Puerto Montt, Chile

REALIDADES

Estos fiordos están en Chile **1**. ¿Qué tal la vista? Espectacular, ¿no?

Este anorak está en una vitrina en Galerías Preciados, una tienda por departamentos en Madrid. **2**

Es un glaciar en la Argentina **3**. ¿Cómo es el clima aquí?

Si vas a Chile y no tienes el equipo necesario para esquiar, puedes ir a Martín Pescador para alquilar lo que necesitas **4**.

Aquí ves un telesilla en la estación de esquí de Río Negro en la Argentina **5**. La nieve es fabulosa, ¿verdad?

Comunicación oral

A **¿Sabes esquiar?** You are on the slopes in Bariloche and meet a young Argentine skier (your partner). Find out as much as you can about your new friend's skiing habits and experience: where he or she goes to ski; how often; how well he or she skis; what equipment he or she has, etc.

B **Charada.** Get together with a number of classmates. On each of a number of slips of paper write down, in Spanish, an action typical of a particular sport. Randomly distribute the slips. Each player will act out what is on the slip. Everyone tries to guess the sport.

Comunicación escrita

A **Una composición.** Work with a classmate to create a composition. Follow these five steps:

1. list the words you know that deal with skiing
2. put the words into sentences
3. arrange the sentences in a logical sequence
4. polish the sentences and organize them in a paragraph
5. read your paragraph to the class

B **La estación de esquí.** You and your group have been contracted to create a magazine ad for Esquimundo, a new ski resort in the Andes. Describe the attractions of the resort in as much detail as possible. After each group has written and polished its ad, it will present it to the class.

Reintegración

A **En el aeropuerto.** Contesten según se indica.

1. ¿Dónde están ellos? (el aeropuerto)
2. ¿Adónde van? (Santiago)
3. ¿Dónde está Santiago? (Chile)
4. ¿Por qué van a Chile? (a esquiar)
5. ¿Con qué línea o compañía aérea van a viajar? (Lan Chile)
6. ¿Cuánto cuesta el boleto? (mucho)
7. ¿Es un vuelo largo? (sí)
8. ¿Tú haces el viaje también? (no)
9. ¿A qué hora sale su vuelo y a qué hora llega? (a las once de la noche y a las ocho de la mañana)
10. ¿Dónde van a esquiar? (Portillo)

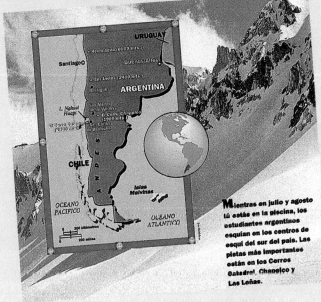

Mientras en julio y agosto tú estás en la piscina, los estudiantes argentinos esquían en los centros de esquí del sur del país. Las pistas más importantes están en los Cerros Catedral, Chapelco y Las Leñas.

B **Los deportes.** Sigan el modelo.

> **Ellos juegan.**
> *Ellos están jugando.*

1. Él dribla con el balón.
2. Ella tira la pelota.
3. Yo esquío.
4. Tú haces la plancha de vela.
5. Ellos suben la pista para los expertos.
6. Nosotros hacemos el patinaje artístico.

Vocabulario

SUSTANTIVOS

el invierno
el frío
la nieve
la nevada
la temperatura
el grado

la estación de esquí
el esquí
el esquí de descenso
el esquí de fondo
el esquí alpino
el esquí nórdico
el slálom
el/la esquiador(a)
la montaña
la cuesta
la pista

el telesquí
el telesilla
la ventanilla
la boletería
el esquí
el bastón
la bota
las gafas
el gorro
el guante
el anorak
el patinaje
el hielo
el/la patinador(a)
el patinadero
el patín
la cuchilla
la hoja

la rueda
el patinaje sobre hielo
el patinaje artístico
el patinaje sobre ruedas
el monopatín

ADJETIVOS

principiante
experto(a)
fanfarrón(a)
cubierto(a)

VERBOS

saber
conocer
decir
nevar (ie)
esquiar
patinar

bajar
subir

OTRAS PALABRAS Y EXPRESIONES

¿Qué tiempo hace?
Hace frío.
Nieva.
bajo cero
al aire libre
rápido

10

LA SALUD Y EL MÉDICO

OBJETIVOS

In this chapter you will learn to do the following:

1. describe symptoms of a minor illness
2. explain your illness to a doctor
3. describe good and bad health habits
4. have a prescription filled at a pharmacy
5. tell where you and others are from
6. tell where you and others are now
7. describe characteristics and conditions
8. tell what people do for you
9. discuss health issues of concern in both the United States and the Hispanic world

VOCABULARIO

PALABRAS 1

ESTÁ ENFERMO

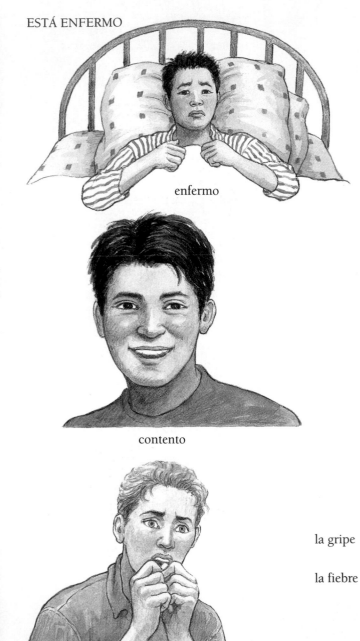

enfermo

cansada

contento

triste

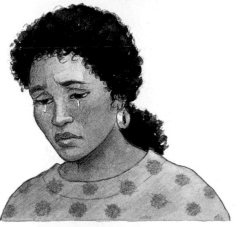

los escalofríos

la gripe

la fiebre

nervioso

El muchacho tiene la gripe.
Tiene fiebre.

estornudar

el catarro

La muchacha tiene catarro.

tener dolor
de garganta

toser

El muchacho tiene tos.

tener dolor de cabeza

tener dolor de estómago

guardar cama

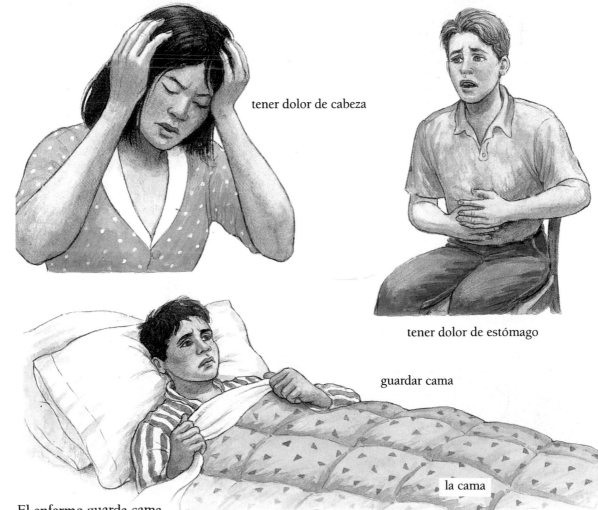

la cama

El enfermo guarda cama.

Ejercicios

A **El pobre Roberto está enfermo.** Contesten.

1. ¿Está enfermo Roberto?
2. ¿Tiene la gripe?
3. ¿Tiene tos?
4. ¿Está estornudando?
5. ¿Tiene fiebre?
6. ¿Tiene escalofríos?
7. ¿Tiene dolor de cabeza?
8. ¿Está siempre cansado?

B **¿Cómo está?** Contesten según las fotos.

1. ¿Cómo está la señorita? ¿Está triste o contenta?

2. Y el muchacho, ¿cómo está? ¿Está triste o contento?

3. El señor, ¿está bien o está enfermo?

4. Y la joven, ¿está tranquila o está nerviosa?

C Y tú, ¿cómo estás? Preguntas personales.

1. ¿Cómo estás?
2. Cuando estás enfermo, ¿estás de mal humor o de buen humor?
3. Cuando tienes dolor de cabeza, ¿estás contento(a) o triste?
4. Cuando tienes catarro, ¿estás siempre cansado(a) o no?
5. Cuando estás enfermo(a), ¿quieres guardar cama o prefieres ir a una fiesta?
6. Cuando estás enfermo(a), ¿quieres dormir o trabajar?
7. Cuando tienes un examen, ¿estás nervioso(a) o tranquilo(a)?

PALABRAS 2

LA CLÍNICA Y LA FARMACIA

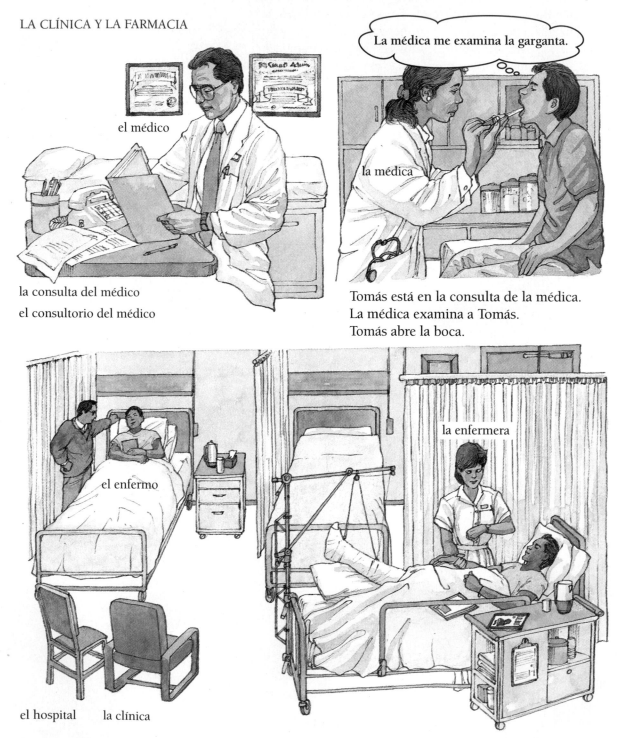

el médico

La médica me examina la garganta.

la médica

la consulta del médico
el consultorio del médico

Tomás está en la consulta de la médica.
La médica examina a Tomás.
Tomás abre la boca.

el enfermo

la enfermera

el hospital   la clínica

la farmacia

las pastillas
las píldoras
los comprimidos

la farmacéutica

la receta

Tomás va a la farmacia.
La farmacéutica lee la receta.
Ella vende (despacha) los
medicamentos.

Nota: Here is a list of cognates related to health and nutrition. You can easily guess the meaning of these words.

la dieta	el síntoma	la fibra
las vitaminas	la alergia	las calorías
la proteína	la dosis	la droga
los ejercicios físicos	la diagnosis	
los ejercicios aeróbicos	los carbohidratos	

A **En la consulta.** Contesten.

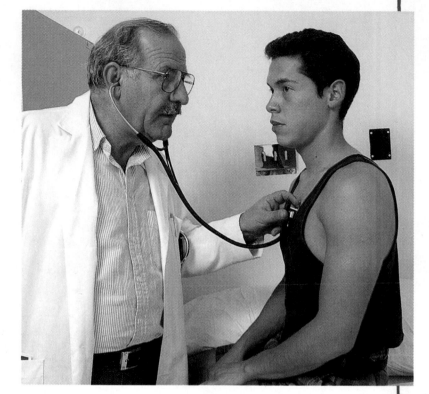

1. ¿Dónde está Tomás? ¿En la consulta del médico o en el hospital?
2. ¿Quién está enfermo? ¿Tomás o el enfermero?
3. ¿Quién examina a Tomás? ¿El médico o el farmacéutico?
4. En el consultorio, ¿quién ayuda al médico? ¿Tomás o el enfermero?
5. ¿Qué examina el médico? ¿El pecho o la garganta?
6. ¿Qué tiene que tomar Tomás? ¿Una inyección o una pastilla?
7. ¿Quién receta los antibióticos? ¿El médico o el farmacéutico?
8. ¿Adónde va Tomás con la receta? ¿A la clínica o a la farmacia?
9. ¿Qué despacha el farmacéutico? ¿Los medicamentos o las recetas?

B **Tomás está enfermo.** Corrijan las oraciones falsas.

1. Tomás está muy bien.
2. Tomás está en el hospital.
3. Tomás abre la garganta en la consulta del médico.
4. El médico explica los síntomas a Tomás.
5. El farmacéutico receta unos antibióticos.
6. El médico despacha los medicamentos en la consulta.

C **¿Es bueno o malo para la salud?** Decidan Uds. Escriban en un papel.

	BUENO	MALO
1. Comer carbohidratos		
2. Tomar vitaminas		
3. Tomar drogas		
4. Hacer ejercicios aeróbicos		
5. Fumar cigarrillos		
6. Comer alimentos que contienen fibra		
7. Tomar o beber mucho alcohol		

Comunicación

Palabras 1 y 2

A **¿Cómo estás?** You and your partner will take turns asking how each other is feeling. Answer according to the cues and tell why.

> contento(a)
> Estudiante 1: ¿Cómo estás?
> Estudiante 2: Estoy contento(a).
> Estudiante 1: ¿Por qué? (¿Qué pasa?), (¿Qué tienes?)
> Estudiante 2: Sé que voy a sacar una "A" en la clase de español.

1. contento(a)
2. enfermo(a)
3. malo(a)
4. triste
5. cansado(a)
6. nervioso(a)

B **Para tener buena salud…** You and your partner will each write a paragraph about your health habits. You may use any or all of the expressions below. Exchange papers and advise each other how to improve your habits

> **estar de buena salud**
> **fumar**
> **hacer ejercicios**
> **tomar medicamentos**
> **contar las calorías**
> **tomar vitaminas**
> **tener alergias**
> **comer carbohidratos**

C **¿Qué tienes?** You and your partner pretend you each have a common illness. You have to guess the illness by asking each other about your *síntomas*. Use the list below.

1. fiebre
2. escalofríos
3. tos
4. dolor en el pecho
5. dolor de garganta
6. dolor de cabeza
7. estornudar
8. estar cansado(a)

Las Autoridades Sanitarias advierten que:
FUMAR PERJUDICA SERIAMENTE LA SALUD.

ESTRUCTURA

Ser y estar

Describing Characteristics and Conditions

1. In Spanish there are two verbs that mean "to be," *ser* and *estar*. These verbs have separate and distinct uses. *Ser* is used to express inherent traits or characteristics that do not change.

> **María es rubia.**   **El edificio Colón es muy alto.**

2. *Estar* is used to express temporary conditions or states that can change.

> **Tomás está enfermo.**   **Está cansado y nervioso.**

Ejercicios

A **¿Cómo es?** Formen oraciones según el modelo.

> **Alberto   alto/bajo**
> *Alberto no es alto. Es bajo.*

1. Teresa   morena/rubia
2. Carlos   aburrido/interesante
3. Lupe   antipática/simpática
4. El curso de español   difícil/fácil
5. La biología   aburrida/interesante

B **Rasgos físicos.** Digan quién es así.

1. rubio o rubia
2. moreno o morena
3. fuerte
4. bajo o baja
5. alto o alta
6. interesante
7. inteligente
8. simpático o simpática
9. sincero o sincera
10. divertido o divertida

C **¿Cómo eres?** Den una descripción personal.

> *Yo soy moreno(a) y…*

El primer antigripal efervescente.
Para estar bien activo, otra vez.

D ¿Cómo está y cómo es? Describan a cada persona según el dibujo.

1. Joselito

2. Marlena

3. Horacio

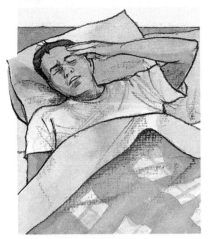

4. Inés

5. Roberto

6. Antonia

E ¿Ser o estar? Formen oraciones con *ser* o *estar*.

1. El médico/muy bueno
2. El muchacho/muy enfermo
3. El médico/inteligente
4. Su consultorio/moderno
5. El paciente/muy enfermo
6. La muchacha/cansada
7. El hospital/grande
8. El edificio/alto
9. Elena/triste
10. Su mamá/nerviosa
11. Joselito/bien
12. Todos/contentos

1. The verb *ser* is used to express where someone or something is from.

> **La muchacha es de Cuba.**
> **Las esmeraldas son de Colombia.**

2. *Estar* is used to express where someone or something is located.

> **Los alumnos están en la escuela.**
> **Los libros están en el salón de clase.**

Ejercicios

A   **¿De dónde es?**   Contesten según se indica.

> **¿Es cubano el muchacho?**
> *Sí, creo que es de Cuba.*

1. ¿Es colombiana la muchacha?
2. ¿Es guatemalteco el muchacho?
3. ¿Es puertorriqueña la joven?
4. ¿Es española la profesora?
5. ¿Es peruano el médico?
6. ¿Son venezolanos los amigos?
7. ¿Son chilenas las amigas?
8. ¿Son costarricenses los jugadores?

B   **¿De dónde es su familia?**
Preguntas personales.

1. ¿De dónde son sus abuelos?
2. ¿De dónde son sus abuelas?
3. ¿De dónde son sus padres?
4. ¿De dónde es Ud.?

Un edificio de apartamentos en Madrid, España

C **¿Dónde está el apartamento?** Formen oraciones según el modelo.

Madrid/España
Madrid está en España.

1. la calle Velázquez/Madrid
2. el piso/la calle Velázquez
3. el piso/un edificio alto
4. el apartamento/cuarto piso
5. el apartamento/a la izquierda del ascensor

D **¿De dónde es y dónde está ahora?** Contesten.

1. Carlos es de Venezuela pero ahora está en México.
   ¿De dónde es Carlos?
   ¿Dónde está ahora?
   ¿De dónde es y dónde está?

2. Ángel es de Colombia pero ahora está en los Estados Unidos.
   ¿De dónde es Ángel?
   ¿Dónde está ahora?
   ¿De dónde es y dónde está?

3. La señora Salas es de Cuba pero ahora está en Puerto Rico.
   ¿De dónde es la señora Salas?
   ¿Dónde está ella ahora?
   ¿De dónde es la señora Salas y dónde está?

E **¿En qué clase estás?** Preguntas personales.

1. ¿Estás en la escuela ahora?
2. ¿Dónde está la escuela?
3. ¿En qué clase estás?
4. ¿En qué piso está la sala de clase?
5. ¿Está la profesora en la clase también?
6. ¿De dónde es ella?
7. ¿Y de dónde eres tú?
8. ¿Cómo estás hoy?
9. Y la profesora, ¿cómo está?
10. ¿Y cómo es?

F **Un amigo.** Completen con *ser* o *estar*.

Ángel ___ un amigo muy bueno. ___ muy atlético y ___
₁   ₂   ₃
muy inteligente. Además ___ sincero y simpático. Casi
                      ₄
siempre ___ de buen humor. Pero hoy no. Al contrario, ___
      ₅   ₆
de mal humor. ___ muy cansado y tiene dolor de cabeza.
               ₇
___ enfermo. Tiene la gripe. ___ en casa. ___ en cama.
₈   ₉   ₁₀

La casa de Ángel ___ en la calle 60. La calle 60 está en
                   ₁₁
West New York. W.N.Y. no ___ en Nueva York. ___ en New Jersey.
                          ₁₂   ₁₃
Pero la familia de Ángel no ___ de West New York. Sus padres ___ de
                              ₁₄   ₁₅
Cuba y sus abuelos ___ de España. Ellos ___ de Galicia, una región
                  ₁₆   ₁₇
en el noroeste de España en la costa del Atlántico y del mar Cantábrico.
Ángel tiene una familia internacional.

Pero ahora todos ___ en West New York y ___ contentos.
                  ₁₈   ₁₉
Muchas familias en West New York ___ de ascendencia
                                   ₂₀
cubana. El apartamento de la familia de Ángel ___ muy
                                      ₂₁
bonito. ___ en el tercer piso y tiene una vista magnífica
       ₂₂
de la ciudad de Nueva York.

282

Los pronombres *me, te*

Telling What Someone Does for You

1. *Me* and *te* are object pronouns. They can be used as either a direct object or an indirect object. Note that the object pronoun is placed before the conjugated verb.

> *Me* duele la garganta.
> El médico *me* examina.
> ¿*Te* da una receta?
> Sí, sí. *Me* receta unos antibióticos.

2. The plural form of *me* is *nos.*

> Carlos *nos* llama por teléfono.
> *Nos* invita a la fiesta.
> Él *nos* va a dar una invitación.

Ejercicio

¿Qué te pasa? Contesten.

1. ¿Estás enfermo(a)?
2. ¿Te duele la cabeza?
3. ¿Te duele la garganta?
4. ¿Te duele el estómago?
5. ¿Te examina el médico?
6. ¿Te examina la garganta?
7. ¿Te da la diagnosis?
8. ¿Te receta unas pastillas?
9. ¿Te da una inyección?
10. ¿Te despacha los medicamentos el farmacéutico?

¿**Gripa, Gripita, Gripón...?** ¡**REDOXON**!

...hágale caso a su médico

Redoxón masticable, Vitamina C en pastillas masticables que ayudan a la prevención y recuperación de resfríos, gripa y catarros.
Redoxon masticable sabor mandarina.

Redoxon
Masticable
equivalente a
600 MG DE VITAMINA C
20 comprimidos

Escenas de la vida   *En la consulta del médico*

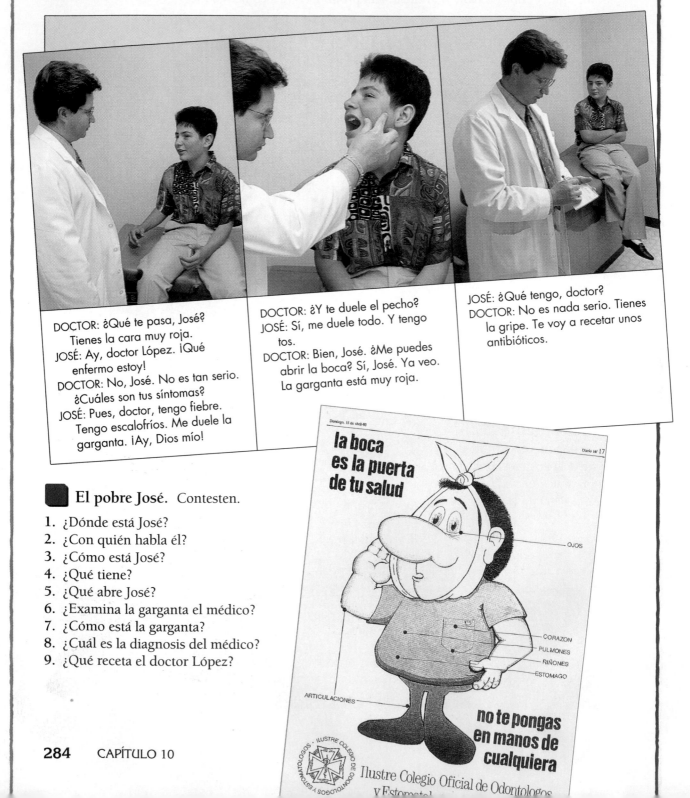

DOCTOR: ¿Qué te pasa, José? Tienes la cara muy roja.
JOSÉ: Ay, doctor López. ¡Qué enfermo estoy!
DOCTOR: No, José. No es tan serio. ¿Cuáles son tus síntomas?
JOSÉ: Pues, doctor, tengo fiebre. Tengo escalofríos. Me duele la garganta. ¡Ay, Dios mío!

DOCTOR: ¿Y te duele el pecho?
JOSÉ: Sí, me duele todo. Y tengo tos.
DOCTOR: Bien, José. ¿Me puedes abrir la boca? Sí, José. Ya veo. La garganta está muy roja.

JOSÉ: ¿Qué tengo, doctor?
DOCTOR: No es nada serio. Tienes la gripe. Te voy a recetar unos antibióticos.

El pobre José. Contesten.

1. ¿Dónde está José?
2. ¿Con quién habla él?
3. ¿Cómo está José?
4. ¿Qué tiene?
5. ¿Qué abre José?
6. ¿Examina la garganta el médico?
7. ¿Cómo está la garganta?
8. ¿Cuál es la diagnosis del médico?
9. ¿Qué receta el doctor López?

Pronunciación   *Las consonantes j y g*

The Spanish **j** sound does not exist in English. In Spain the **j** sound is very guttural (coming from the throat). In Latin America the **j** is much softer.

ja	je	ji	jo	ju
Jaime	Jesús	ají	joven	jugar
hija	ejercicio	Jiménez	viejo	junio
jarabe	equipaje	jirafa	dibujo	julio

G in combination with **e** or **i** (*ge, gi*) has the same sound as the **j**. For this reason you must pay particular attention to the spelling of the words with **je**, **ji**, **ge**, and **gi**.

ge	gi
general	Gijón
gente	alergia
generoso	gimnasio

Repeat the following sentences.

El hijo del viejo general José trabaja en junio en Gijón
El jugador hace ejercicios en el gimnasio.
El joven Jaime toma jarabe para la tos.

El general hace ejercicios.

Comunicación

A **Me duele.** Tell your partner what hurts. Your partner is going to give you practical advice beginning with "Why don't you ___?" Reverse roles.

la cabeza
Estudiante 1: Me duele la cabeza.
Estudiante 2: ¿Por qué no tomas aspirinas?

1. la garganta
2. la cabeza
3. el estómago
4. el pecho
5. una mano
6. los pies

B **¿De dónde son?** Write down the names of five famous people who are not Americans. See how much your partner knows about them by asking where each person is from and where the place is.

Julio Iglesias
Estudiante 1: ¿De dónde es Julio Iglesias?
Estudiante 2: ¿Es de la Argentina?
Estudiante 1: No.
Estudiante 2: ¿Es de España?
Estudiante 1: Sí, es español. ¿Dónde está España?
Estudiante 2: Está en Europa.

Julio Iglesias, *cantante español*

LA SALUD

*H*oy día hay mucho interés en la salud y la forma física. En los periódicos y en las revistas de España y de Latinoamérica hay artículos sobre costumbres saludables y costumbres perjudiciales[1] para la salud. Dos recomendaciones que leemos frecuentemente son: mantener una dieta buena con la cantidad adecuada de calorías, vitaminas, carbohidratos, minerales, proteínas y fibra; no tomar drogas ni alcohol.

No hay duda que la dieta es importante. Pero es también importante seguir un programa o régimen de ejercicios físicos. En las grandes ciudades hispánicas hay gimnasios y salones donde la gente practica calistenia y ejercicios aeróbicos. En cada ciudad o pueblo hispano hay parques bonitos. Muchos van al parque a hacer jogging o "footing", a caminar[2] o a correr. Pero la verdad es que la manía que tienen los norteamericanos por ejercicios agotadores[3] no existe en los países hispanos.

Desgraciadamente, hay tres problemas graves en el campo de la salud que tenemos que confrontar. Estos problemas son la adicción a las drogas, el abuso del alcohol y el SIDA. En España hay una campaña de castigos[4] rigurosos contra los conductores de automóviles que manejan (conducen) bajo los efectos o la influencia del alcohol. Y en los grandes supermercados de San Juan, Puerto Rico, uno ve en cada carrito[5] el aviso "El SIDA mata—para más información llamar al 729-8410". Y en todas partes hay programas y campañas para educar a la gente sobre los peligros del uso de las drogas. La drogadicción, el alcoholismo y el SIDA son problemas que tenemos que resolver y vencer[6].

[1] perjudicial *harmful*
[2] caminar *to walk*
[3] agotadores *exhausting*
[4] castigos *punishment*
[5] carrito *cart*
[6] vencer *overcome, conquer*

Estudio de palabras

A Palabras afines. Busquen doce palabras afines en la lectura.

B Las palabras derivadas. Busquen en la lectura las palabra derivadas de las siguientes.

1. abusar
2. recomendar
3. perjudicar
4. la salud
5. el mantenimiento
6. la educación
7. la resolución
8. usar

C Lo que deben hacer. Escojan.

1. ___ importante es no tomar drogas ni alcohol.
   a. Una recomendación   b. Un régimen   c. Una cantidad

2. ___ es un ejercicio físico.
   a. La dieta   b. La manía   c. La calistenia

3. No es una práctica saludable. La verdad es que puede ser ___ para la salud.
   a. agotadora   b. perjudicial   c. importante

4. Es bueno para la salud. Es una cosa muy ___.
   a. saludable   b. perjudicial   c. adecuada

5. El pobre está muy enfermo. Su condición es muy seria, muy ___.
   a. buena   b. agotadora   c. grave

Comprensión

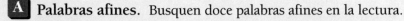
A ¿Qué es? Completen.

1. Hoy día dos temas de mucho interés universal son…
2. Una recomendación para mantener buena salud es…
3. Una actividad que es perjudicial (mala) para la salud es…

B Los problemas. Contesten.

1. ¿Cuáles son tres problemas graves que existen hoy en el campo de la salud?
2. ¿Existen estos problemas en los Estados Unidos?
3. ¿Existen también en los países hispanos?

C La idea principal. Escojan la idea principal de esta lectura.

a. un régimen de ejercicios físicos
b. cómo mantener la salud
c. problemas médicos serios

DESCUBRIMIENTO CULTURAL

*E*n los Estados Unidos, si uno quiere o necesita antibióticos, ¿es necesario tener una receta? ¿Quién receta los medicamentos en los Estados Unidos? ¿Quién prepara la receta? ¿Quién despacha los medicamentos en los Estados Unidos?

Pues, en los países hispanos el farmacéutico despacha los medicamentos también. Pero no es necesario tener una receta para comprar antibióticos, por ejemplo. Uno puede explicar sus síntomas al farmacéutico y él o ella puede despachar los medicamentos sin receta. Hay una excepción: las medicinas que contienen sustancias controladas como los narcóticos o el alcohol. El farmacéutico no puede despachar estas medicinas sin receta del médico.

¡Y otra cosa muy importante! El precio de las medicinas en los países hispanos es mucho más bajo que el precio aquí en los EE. UU.

Santiago Ramón y Cajal

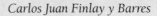

Carlos Juan Finlay y Barres

Las contribuciones del mundo hispano a la medicina son muchas y son importantes. Éstos son algunos ejemplos.

Miguel Servet (1511–1553), médico y humanista español, descubre la circulación pulmonar de la sangre.

El médico cubano, Carlos Juan Finlay y Barres (1833–1915), ayuda a descubrir que un mosquito transmite la fiebre amarilla.

El español, Santiago Ramón y Cajal (1852–1934) recibe el Premio Nobel de Medicina en 1906 por sus investigaciones sobre la estructura del sistema nervioso.

Y AQUÍ EN LOS ESTADOS UNIDOS

La puertorriqueña, Antonia Coello Novello, sirve de Cirujana General de los EE. UU. de 1989–1993.

Antonia Coello Novello

REALIDADES

Es el Maratón Popular de Madrid **1**. Tiene lugar todos los años en el mes de abril. ¿Participas de vez en cuando en un maratón? ¿Cuántos kilómetros corres?

Saludable es una revista mexicana **2**. En esta revista hay buenos consejos para la salud.

Es la facultad de medicina de una universidad en un país hispano **3**. ¿Quieres ser médico?

Es un médico hispano **4**. Tiene su consulta en San Francisco. Él tiene muchos pacientes de habla española.

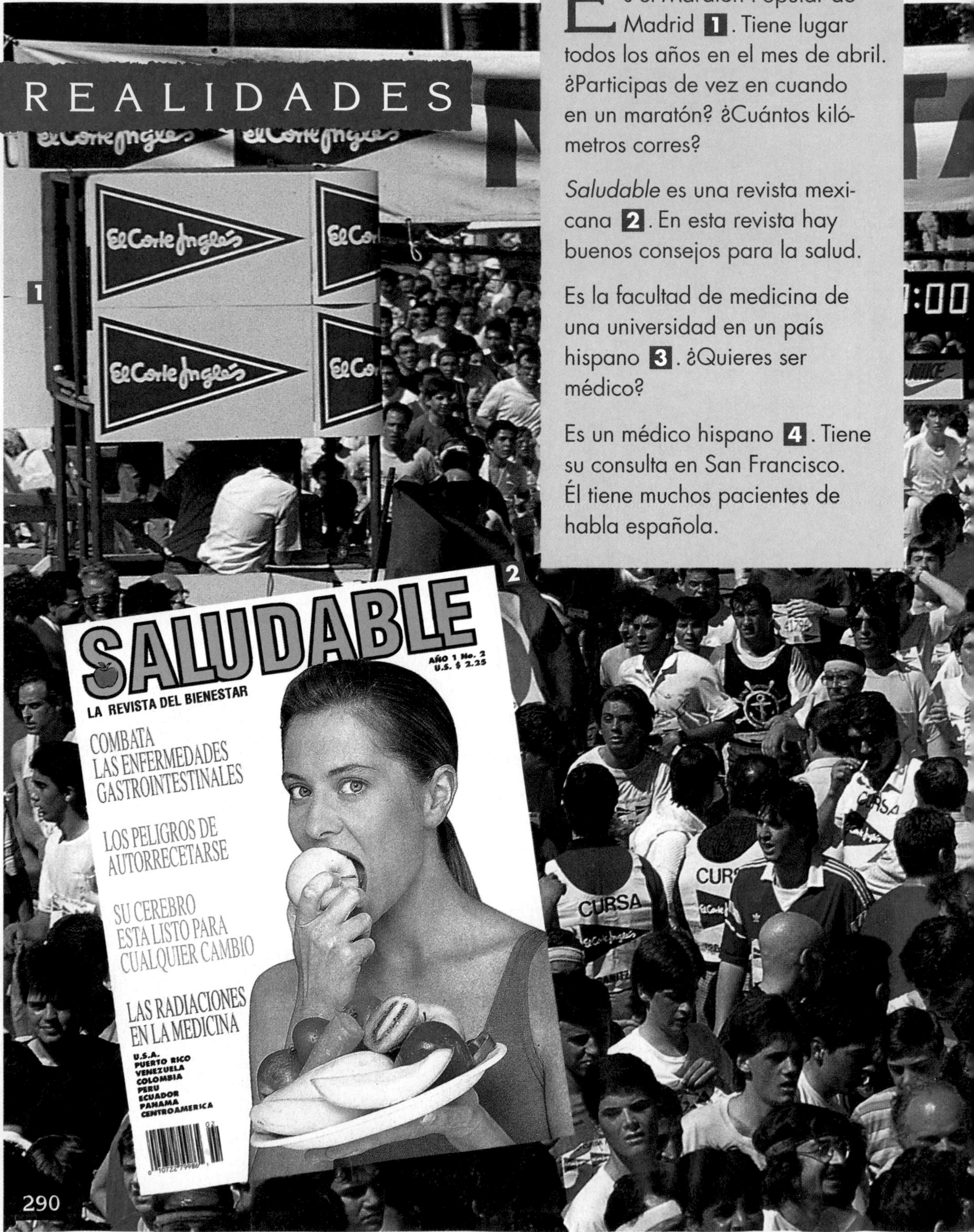
1
El Corte Inglés
El Corte Inglés
CURSA
NIKE
2
SALUDABLE
AÑO 1 No. 2
U.S. $ 2.25
LA REVISTA DEL BIENESTAR
COMBATA LAS ENFERMEDADES GASTROINTESTINALES
LOS PELIGROS DE AUTORRECETARSE
SU CEREBRO ESTA LISTO PARA CUALQUIER CAMBIO
LAS RADIACIONES EN LA MEDICINA
U.S.A.
PUERTO RICO
VENEZUELA
COLOMBIA
PERU
ECUADOR
PANAMA
CENTROAMERICA

El Corte Inglés

3

4

291

Comunicación oral

A **Me parece que…** You and your partner will tell one another a number of practices that each of you thinks are good for your health. If you disagree with your partner, say so, and recommend some changes.

B **¿Qué haces cuando…?** You will ask your partner, and then your partner will ask you what you do in the following circumstances.

> tienes dolor de cabeza
> Estudiante 1: ¿Qué haces si tienes dolor de cabeza?
> Estudiante 2: Tomo aspirina.

1. tienes fiebre
2. estás deprimido(a)
3. estás cansado(a)
4. tienes dolor de cabeza
5. te duelen los pies
6. estás enfermo(a)
7. tienes catarro
8. tienes tos

C **La geografía.** In teams of four students, carry out a "Geography Round Robin." Each team writes five questions testing knowledge of geography. (The writers must know the answers themselves!) Pairs of teams take turns asking each other questions. After each team has faced every other team, tally the results. The team with the most right answers wins.

> ¿Cuál es la capital de Cuba? *Es La Habana.*
> ¿Dónde está Caracas? *Está en Venezuela.*

Comunicación escrita

A **Pero doctor…** You are a doctor who has just examined a slightly overweight "couch potato" who is addicted to junk food and doesn't exercise. Write down your recommendations for this patient to lead a healthier life. Use *tienes que* and *no debes*.

> **Tienes que caminar más.**   **No debes comer chocolates.**

B **No es bueno para la salud.** In groups of three draw up a list of five things—foods, activities, and habits—that may be harmful to your health. Meet with another group to discuss your lists. See how many items you have in common. After your discussion come up with a final list of five items both teams agree on.

Reintegración

LA FAMILIA SALAS PUIG

José Salas Puig vive en Caracas, Venezuela. Su familia tiene un departamento muy bonito en la zona elegante de El Este. José y sus padres son de Venezuela. Son venezolanos. Pero sus abuelos no son de Venezuela. Son de España. Sus abuelos maternos, los Puig, son de Cataluña. Viven en Barcelona. El apellido Puig es un apellido muy catalán.

La madre de José es médica. Tiene su consulta en el centro médico. Trabaja también en el Hospital Británico. El padre de José no es médico. Él es biólogo. Trabaja en un laboratorio donde hacen investigaciones médicas. ¿Y José? ¿Va a ser médico? "De ninguna manera", dice él. "Basta ya de medicina y de ciencias". Él va a ser actor o jugador de fútbol.

A **La familia Salas Puig.** Completen.

1. José Salas Puig ___ en Caracas y yo ___ en ___. (vivir)
2. Ellos ___ en un departamento en El Este y nosotros ___ en un(a) ___ en ___. (vivir)
3. Su familia ___ un departamento y nosotros ___ un(a) ___. (tener)
4. José y sus padres ___ de Venezuela y yo ___ de ___. Mis padres ___ de ___. (ser)
5. El padre de José ___ en un laboratorio. ¿Dónde ___ tus padres? (trabajar)
6. El padre de José ___ investigaciones médicas y yo también ___ investigaciones científicas en la clase de biología. (hacer)

Vocabulario

SUSTANTIVOS

el catarro
la gripe
la fiebre
los escalofríos
la garganta
la cabeza
la boca
el estómago
el pecho
el dolor de garganta
el dolor de cabeza
el/la enfermo(a)
el/la médico(a)
el/la enfermero(a)
la consulta
el consultorio

el hospital
la clínica
la cama
el síntoma
la alergia
la diagnosis
el ejercicio
la farmacia
el/la farmacéutico(a)
la receta
la pastilla
la píldora
el comprimido
la droga
el medicamento
la medicina
la dosis

la dieta
la vitamina
la proteína
el carbohidrato
la caloría
la fibra

ADJETIVOS

cansado(a)
nervioso(a)
triste
contento(a)
enfermo(a)
bien
físico
aeróbico

VERBOS

ser
estar

estornudar
examinar
recetar
despachar
vender
toser
abrir

OTRAS PALABRAS Y
EXPRESIONES

guardar cama
de buen humor
de mal humor
me duele

CAPÍTULO

11

ACTIVIDADES DE VERANO

OBJETIVOS

In this chapter you will learn to do the following:

1. describe summer weather
2. talk about summer leisure activities
3. relate actions and events that took place in the past
4. refer to persons and things already mentioned
5. describe and talk about some summer resorts in the Hispanic world

294

PALABRAS 1

EL BALNEARIO

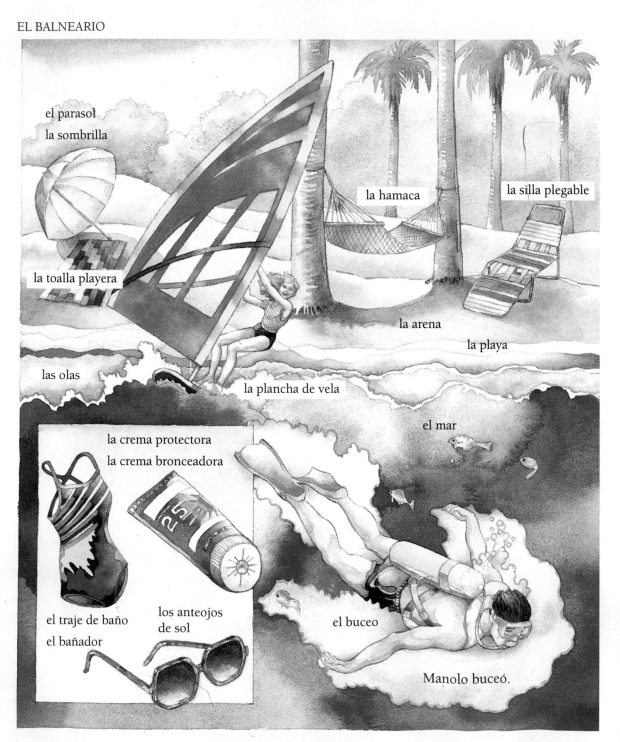

el parasol
la sombrilla

la hamaca

la silla plegable

la toalla playera

la arena

la playa

las olas

la plancha de vela

el mar

la crema protectora
la crema bronceadora

el traje de baño
el bañador

los anteojos
de sol

el buceo

Manolo buceó.

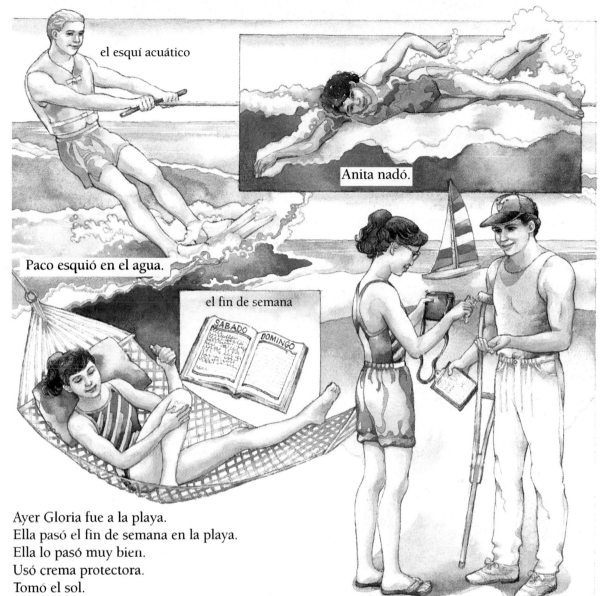

el esquí acuático

Anita nadó.

Paco esquió en el agua.

el fin de semana

SÁBADO   DOMINGO

Ayer Gloria fue a la playa.
Ella pasó el fin de semana en la playa.
Ella lo pasó muy bien.
Usó crema protectora.
Tomó el sol.
Tomó (echó) una siesta en la hamaca.

La muchacha alquiló un barquito.

En el verano hace calor.
Hay sol.
El sol brilla en el cielo.

A veces hay nubes.
Cuando hay nubes, está nublado.
A veces hace viento. Llueve.

Ejercicios

A **¡A la playa!** Contesten según se indica.

1. ¿Adónde fue Gloria? (a la playa)
2. ¿Cuándo fue? (el viernes)
3. ¿Cuánto tiempo pasó en la playa? (el fin de semana)
4. ¿Dónde nadó? (en el mar)
5. ¿Qué usó? (crema protectora)
6. ¿Tomó el sol? (sí)
7. ¿Qué alquiló? (un barquito)
8. ¿Esquió en el agua? (sí)
9. ¿Cómo lo pasó en la playa? (muy bien)

B **¿Qué compró Lupita?** Contesten según la foto.

Compró…

1.

2.

3.

4.

C **¿Y qué alquiló José?** Contesten según la foto.

Alquiló…

1.

2.

3.

4.

D **¿Cuál es la palabra?** Completen.

1. Un balneario tiene ___.
2. En la playa hay ___.
3. El Mediterráneo es un ___ y el Caribe es otro ___.
4. En el mar hay ___.
5. En la playa la ___ da protección contra el sol.
6. En el verano hace ___, no hace frío.
7. En el verano hay mucho ___.
8. A veces hay nubes. Cuando hay nubes está ___.
9. A veces también hace ___ y entonces practico la plancha de vela.

VOCABULARIO

PALABRAS 2

LOS DEPORTES

la piscina
la alberca

el lago

el juego de tenis   el tenis

la raqueta

la cabeza

el mango

la pelota

la cancha de tenis

Los amigos jugaron al tenis.   Golpeó la pelota con la raqueta.

el green

el campo de golf

el juego de golf
el golf

el palo
el bastón

la bolsa de golf

Golpeó la bola con el bastón.
La bola está en el hoyo.

la bola
la pelota

el hoyo

Nota: To tell about something that happened in the past you may want to use the following expressions:

EL PRESENTE		EL PASADO	
hoy	esta mañana	ayer	el año pasado
esta noche	este año	anoche	la semana pasada
esta tarde	esta semana	ayer por la tarde	anteayer
		ayer por la mañana	

Ejercicios

A **¿Qué jugaron?** Contesten según se indica.

1. ¿Dónde jugaron al tenis? (en la cancha de tenis)
2. ¿Dónde jugaron al golf? (en el campo de golf)
3. ¿Dónde nadaron? (en la piscina)
4. En el juego de tenis, ¿con qué golpearon la pelota? (la raqueta)
5. En el juego de golf, ¿con qué golpearon la pelota o la bola? (el bastón)
6. ¿En qué juego pasó la pelota por encima de una red? (el tenis)
7. ¿En qué juego entró la bola en un hoyo? (el golf)
8. ¿En qué llevaron los jugadores los palos? (la bolsa de golf)

B **¿Qué deporte es?** Escojan. Escriban en una hoja de papel.

	LA NATACIÓN	EL GOLF	EL TENIS
1. la piscina			
2. el palo			
3. la pelota			
4. la bola			
5. el hoyo			
6. la raqueta			
7. la red			

C **¿Qué compró Eduardo?** Contesten según la foto.

1.

2.

3.

4.

D ¿Cuándo? ¿Hoy o ayer? Contesten según el modelo.

¿Hoy?
¡Hoy, no! Ayer.

1. ¿Hoy?
2. ¿Esta semana?
3. ¿Esta noche?
4. ¿Este año?
5. ¿Esta mañana?

Comunicación
Palabras 1 y 2

A ¿Adónde vamos? Together with your partner develop a conversation about plans to go swimming tomorrow. Begin by inviting your partner to go with you. Cover such details as: where to go—pool, lake, or beach; times of departure and return; and things to take along.

B ¿Qué haces? On a separate sheet of paper, fill in the chart for each member in your group, indicating what each person does during each season. When the chart is complete, decide as a group which season is the most active, boring, or interesting. Report to the class.

LAS ESTACIONES

Primavera	Verano	Otoño	Invierno

C En la playa. Describe three kinds of weather at the beach. Your partner will tell you what he or she likes to do when the day is like that at the beach.

Estudiante 1: **Hace viento.**
Estudiante 2: **Cuando hace viento practico la plancha de vela.**

D Dime, por favor. With your partner, develop a list of questions about swimming, then each of you will interview at least two classmates to find out if they go swimming in the summer, when they go, how often, etc. When you finish, compare results.

ESTRUCTURA

El pretérito de los verbos en *-ar*   *Describing Past Actions*

1. You use the preterite to express actions that began and ended at a definite time in the past.

> Ayer María pasó el día en la playa.
> Yo, no. Pasé la mañana en la escuela.

2. The preterite of regular *-ar* verbs is formed by dropping the infinitive ending *-ar*, and adding the appropriate endings to the stem. Study the following forms.

INFINITIVE	HABLAR	TOMAR	NADAR	ENDINGS
STEM	habl-	tom-	nad-	
yo	hablé	tomé	nadé	-é
tú	hablaste	tomaste	nadaste	-aste
él, ella, Ud.	habló	tomó	nadó	-ó
nosotros(as)	hablamos	tomamos	nadamos	-amos
vosotros(as)	*hablasteis*	*tomasteis*	*nadasteis*	*-asteis*
ellos, ellas, Uds.	hablaron	tomaron	nadaron	-aron

3. Note that verbs that end in *-gar*, *-car*, and *-zar* have a spelling change in the *yo* form.

> ¿Tocaste la guitarra?　　Sí, la toqué.
> ¿Marcaste un tanto?　　Sí, marqué un tanto.
> ¿Llegaste a tiempo?　　Sí, llegué a tiempo.
> ¿Jugaste (al) tenis?　　Sí, jugué (al) tenis.
> ¿Empezaste a jugar?　　Sí, empecé a jugar.

4. Study the following examples of the preterite. They all express activities or events that took place at a specific time in the past.

> Ayer María pasó el día en la playa.
> Yo, no. Pasé la mañana en la escuela.
> Pasé la tarde en la piscina donde nadé.
> María nadó y yo nadé. Los dos nadamos.
> Ella nadó en el mar y yo nadé en la piscina.
> Nadamos ayer y anteayer también.

Ejercicios

A Pasó la tarde en la playa. Contesten.

1. Ayer, ¿pasó Rosa la tarde en la playa?
2. ¿Tomó ella mucho sol?
3. ¿Usó crema protectora?
4. ¿Nadó en el mar?
5. ¿Alquiló un barquito?
6. ¿Esquió en el agua?

B ¿Jugaron al tenis? Contesten según se indica.

1. ¿Qué compraron los amigos? (una raqueta)
2. ¿A qué jugaron los jóvenes? (tenis)
3. ¿Jugaron en una cancha cubierta? (no, al aire libre)
4. ¿Golpearon la pelota? (sí)
5. ¿Jugaron individuales (singles) o dobles? (dobles)
6. ¿Quiénes marcaron el primer tanto? (Alicia y José)
7. ¿Quiénes ganaron el partido? (ellos)

Una playa en el Condado, San Juan, Puerto Rico

C ¡A casa! Contesten.

1. Anoche, ¿a qué hora llegaste a casa?
2. ¿Preparaste la comida?
3. ¿Estudiaste?
4. ¿Miraste la televisión?
5. ¿Escuchaste discos?
6. ¿Hablaste por teléfono?
7. ¿Con quién hablaste?

D Pablo, ¿jugaste? Formen preguntas según el modelo.

¿Jugó Pablo?
No sé. Pablo, ¿jugaste?

1. ¿Jugó Pablo al baloncesto?
2. ¿Dribló con el balón?
3. ¿Pasó el balón a un amigo?
4. ¿Tiró el balón?
5. ¿Encestó?
6. ¿Marcó un tanto?

E **Durante la fiesta.** Sigan el modelo.

celebrar
Durante la fiesta mis amigos y yo celebramos.

1. celebrar
2. bailar
3. cantar
4. tomar un refresco
5. tomar fotos
6. hablar

F **¿Y Uds.? Ayer en la clase de español.** Sigan el modelo.

Hablamos mucho en la clase de español.
Y Uds., ¿hablaron también?

1. Cantamos una canción mexicana.
2. Miramos el mapa.
3. Buscamos la capital de España.
4. Tocamos la guitarra.
5. Tomamos un examen.
6. Escuchamos un disco.

G **Un juego de golf.** Completen.

Ayer, José, sus amigos y yo ____ (jugar) al golf. Nosotros ____ (pasar) la tarde en
el campo de golf municipal. Yo ____ (llegar) al campo a las dos y ellos ____
(llegar) a las dos y media. Yo ____ (sacar) mis palos de mi nueva bolsa de golf.

—¿Nueva? ¿Cuándo la ____ (comprar) tú?

—Pues, la ____ (comprar) ayer por la mañana.

Yo ____ (golpear) primero y luego José ____
(golpear). La bola ____ (volar) por el aire y ____
(volar) al green donde ____ (llegar) a tierra.
José la ____ (golpear) una vez más y la bola ____
(entrar) en el hoyo.

H **Yo llegué al estadio.** Cambien *nosotros*
en *yo*.

Ayer nosotros llegamos al estadio y empezamos
a jugar fútbol. Jugamos muy bien. No tocamos
el balón con las manos. Lo lanzamos con el pie
y con la cabeza. Marcamos tres tantos.

Severiano Ballesteros, golfista español

Los pronombres de complemento directo

Referring to People and Things Already Mentioned

1. Note the following sentences. The words in italics are direct objects. The direct object is the word in the sentence that receives the action of the verb. Note that in Spanish the direct object pronoun comes before the verb.

Elena compró *el boleto*.	Elena *lo* compró.
Compró *los boletos* en la ventanilla.	*Los* compró en la ventanilla.
Elena pone *la crema* en la maleta.	Elena *la* pone en la maleta.
Pone *las toallas* en la maleta.	*Las* pone en la maleta.
Elena conoce *al muchacho*.	Elena *lo* conoce.
Conoce *a los muchachos*.	*Los* conoce.
Roberto conoce *a Elena*.	Roberto *la* conoce.
Conoce *a sus amigas*.	*Las* conoce.

The direct object of each sentence in the first column is a noun. The direct object of each sentence in the second column is a pronoun. Remember that a pronoun is a word that replaces a noun.

2. A direct object pronoun must agree with the noun it replaces. *Lo* replaces a masculine singular noun and *los* replaces a masculine plural noun. *La* replaces a feminine singular noun and *las* a feminine plural noun. The pronouns *lo, la, los,* and *las* replace either a person or a thing.

Elena alquiló *el barquito*.	Elena *lo* alquiló.
Elena ve *a sus amigas*.	Elena *las* ve.

3. Note the placement of the direct object pronoun in a negative sentence. It cannot be separated from the verb by the negative word.

Elena no *lo* compró.
Rafael no *la* usó.

DEBIDO A UNA ESCASEZ MUNDIAL DE VIENTO
TODO LO QUE HACEMOS ES POR UNA RAZON CONCRETA

Ejercicios

A **Aquí lo tienes.** Sigan el modelo.

> **¿El bañador?**
> *Aquí lo tienes.*

1. ¿El bañador?
2. ¿El traje de baño?
3. ¿El tubo de crema?
4. ¿La toalla?
5. ¿La crema bronceadora?
6. ¿Los anteojos de sol?
7. ¿Los boletos?
8. ¿Los esquís?
9. ¿Las toallas playeras?
10. ¿Las raquetas?

B **El lo compró.** Sigan el modelo.

> **la toalla**
> *Sí, la compró.*

1. la crema bronceadora
2. la toalla playera
3. los anteojos de sol
4. el traje de baño
5. la bolsa de golf
6. las bolas
7. la raqueta
8. los palos de golf

C **Ella lo alquiló.** Sigan el modelo.

> **¿El barquito?**
> *Sí, lo alquiló.*

1. ¿La plancha de vela?
2. ¿Los esquís?
3. ¿Los palos?
4. ¿El equipo para el buceo?
5. ¿La sombrilla?
6. ¿La hamaca?

D **Sí, los tengo.** Contesten con el pronombre.

1. ¿Tienes los boletos para entrar en la playa?
2. ¿Tienes los anteojos de sol?
3. ¿Tienes la crema bronceadora?
4. ¿Pones el tubo en la bolsa?
5. ¿Pones las toallas en la bolsa también?
6. ¿Llevas las sillas plegables a la playa o las alquilas allí?
7. ¿Alquilas la sombrilla?

En la playa en Tulum, México

El pretérito de los verbos *ir* y *ser*   *Describing Past Actions*

1. The verbs *ir* and *ser* are irregular in the preterite tense. Note that they have identical forms.

INFINITIVE	IR	SER
yo	fui	fui
tú	fuiste	fuiste
él, ella, Ud.	fue	fue
nosotros(as)	fuimos	fuimos
vosotros(as)	*fuisteis*	*fuisteis*
ellos, ellas, Uds.	fueron	fueron

2. The context in which each verb is used in the sentence will clarify the meaning. The verb *ser* is not used very often in the preterite.

El Sr. Martínez fue profesor de español.
Él fue a España.

Mi abuelo fue médico.
Mi abuelo fue al médico.

Ejercicios

A **¿Adónde fuiste ayer?** Preguntas personales.

1. Ayer, ¿fuiste a la escuela?
2. ¿Fuiste a la playa?
3. ¿Fuiste a la piscina?
4. ¿Fuiste al campo de fútbol?
5. ¿Fuiste a la cancha de tenis?
6. ¿Fuiste a las montañas?
7. ¿Fuiste a casa?
8. ¿Fuiste a la tienda?

B **Fui a la escuela.** Contesten.

1. ¿Fuiste a la escuela ayer?
2. ¿Fue tu amigo también?
3. ¿Fueron juntos?
4. ¿Fueron en carro?
5. ¿Fue también la hermana de tu amigo?
6. ¿Fue ella en carro o a pie?

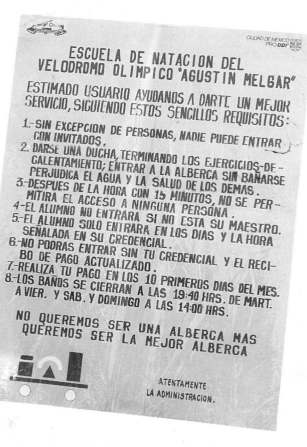

ESCUELA DE NATACIÓN DEL
VELÓDROMO OLÍMPICO "AGUSTÍN MELGAR"

ESTIMADO USUARIO AYÚDANOS A DARTE UN MEJOR
SERVICIO, SIGUIENDO ESTOS SENCILLOS REQUISITOS:

1.- SIN EXCEPCIÓN DE PERSONAS, NADIE PUEDE ENTRAR CON INVITADOS.
2.- DARSE UNA DUCHA, TERMINANDO LOS EJERCICIOS DE CALENTAMIENTO; ENTRAR A LA ALBERCA SIN BAÑARSE PERJUDICA EL AGUA Y LA SALUD DE LOS DEMÁS.
3.- DESPUÉS DE LA HORA CON 15 MINUTOS, NO SE PERMITIRÁ EL ACCESO A NINGUNA PERSONA.
4.- EL ALUMNO NO ENTRARÁ SI NO ESTÁ SU MAESTRO.
5.- EL ALUMNO SOLO ENTRARÁ EN LOS DÍAS Y LA HORA SEÑALADA EN SU CREDENCIAL.
6.- NO PODRÁS ENTRAR SIN TU CREDENCIAL Y EL RECIBO DE PAGO ACTUALIZADO.
7.- REALIZA TU PAGO EN LOS 10 PRIMEROS DÍAS DEL MES.
8.- LOS BAÑOS SE CIERRAN A LAS 19:40 HRS. DE MART. A VIER. Y SAB. Y DOMINGO A LAS 14:00 HRS.

NO QUEREMOS SER UNA ALBERCA MÁS
QUEREMOS SER LA MEJOR ALBERCA

ATENTAMENTE
LA ADMINISTRACIÓN.

CONVERSACIÓN

Escenas de la vida   *La tarde en la playa*

ELENA: ¿Adónde fuiste ayer?
CARMEN: Pues, fui a la playa.

ELENA: ¿Fuiste a la playa y no me invitaste?
CARMEN: Pues, te llamé por teléfono pero no contestaste.

ELENA: ¡Verdad! Fui a casa de Paco. Nadamos en su piscina.
CARMEN: Pues, Uds. nadaron en la piscina y yo nadé en el mar.

En la playa.   Contesten.

1. ¿Adónde fue Carmen?
2. ¿Invitó a Elena?
3. ¿Trató de invitar a Elena?
4. ¿La llamó por teléfono?
5. ¿Contestó Elena?
6. ¿Adónde fue ella?
7. ¿Dónde nadaron Elena y Paco?
8. ¿Y dónde nadó Carmen?

Pronunciación   *La consonante r*

The Spanish trilled **r** sound does not exist in English. When a word begins with an **r** (initial position), the **r** is trilled. Within a word double **r** (rr) is also pronounced as a trilled sound.

ra	re	ri	ro	ru
raqueta	refresco	Ricardo	Roberto	Rubén
rápido	receta	rico	rojo	ruta

The sound for a single **r** within a word (medial position) does not exist in English either. It is trilled less than the initial **r** or **rr**.

ra	re	ri	ro	ru
parasol	arena	balneario	miro	Aruba
playera	moreno	María	enfermero	Perú

El perrito lleva un parasol rojo.

Repeat the following sentences.

Rápido corren los carros del ferrocarril.
La señorita puertorriqueña lleva el parasol rojo al balneario.
El perrito de Roberto corre en la arena

Comunicación

A **¿Adónde fuiste?** Ask your partner if he or she went to each of the places on the list last summer. If he or she did, then ask for the specific place. If your partner didn't go there, ask why not. Reverse roles.

la playa
Estudiante 1: ¿Fuiste a la playa el verano pasado?
Estudiante 2: Sí.
Estudiante 1: ¿A qué playa fuiste?
Estudiante 2: Fui a Myrtle Beach.

1. la piscina
2. el mar
3. las montañas
4. el campo
5. el lago
6. el campo de golf
7. la playa

En los Pirineos en España

B **En el verano.** Work in groups of four. Each member of your group will list three things that he or she does during the summer. Together, decide what it is that most of the members do, and what is the most interesting thing on the lists. Assign one member of the group to report to the class.

LAS PLAYAS DE LOS PAÍSES HISPANOS

¿Viajar por los países de habla española y no pasar unos días en un balneario? ¡Imposible! Sólo hay que (tiene que) mirar un mapa para ver que en el mundo hispano no faltan[1] playas famosas—famosas aun entre los "jet-setters".

La playa de Luquillo, Puerto Rico

En el verano, cuando hace calor y el sol brilla en el cielo, que en algunos lugares como México, Puerto Rico y Venezuela es todo el año—mucha gente acude o va a los balnearios. Nadan en el mar o sólo toman el sol para volver (regresar) a casa muy tostaditos o bronceados. Los tipos más deportivos esquían en el agua o practican la plancha de vela o la tabla hawaiana, o como dicen muchos el "surfing". Pero cuidado, si nadas o si esquías en el agua es muy importante usar una crema protectora. Los rayos del sol pueden causar cáncer de la piel.

Los balnearios ofrecen una gran variedad de diversiones[2] como, por ejemplo, casinos, discotecas, canchas de tenis y campos de golf. En fin, hay de todo[3] para todos.

Y tú, el año pasado, ¿nadaste en las aguas cristalinas de Luquillo en Puerto Rico? ¿Practicaste la tabla hawaiana en la Playa Brava de Punta del Este, Uruguay? ¿Alquilaste un yate en el elegante Club de Pescadores en Marbella, España? ¿Bailaste hasta la medianoche en una discoteca de Acapulco? ¿No? Pues, ¿por qué no practicas un poquito más[4] el español? Y el año que viene—¡a la playa a disfrutar[5]!

[1] no faltan *aren't lacking*
[2] diversiones *amusements*
[3] todo *everything*
[4] poquito más *a little more*
[5] disfrutar *to enjoy*

Punta del Este, Uruguay

Estudio de palabras

A **Palabras afines.** Busquen doce palabras afines en la lectura.

B **¿Qué significa?** Busquen la palabra que significa lo mismo.

1. famoso
2. el lugar
3. acude
4. tostadito
5. ofrece
6. cristalino
7. la medianoche
8. volver
9. de habla española
10. hay que

a. regresar
b. célebre
c. claro
d. bronceado
e. el sitio, la localidad
f. las doce de la noche
g. va
h. da, provee
i. donde la gente habla español
j. es necesario

Comprensión

A **Los errores.** Corrijan las oraciones falsas.

1. Hay pocas playas en el mundo hispano.
2. Hace calor en el invierno.
3. Los balnearios están en la costa.
4. Las diversiones son cosas serias.
5. Él está muy tostado porque toma mucho sol.

B **De vacaciones.** Completen.

1. Los balnearios tienen ___ bonitas.
2. Los jóvenes bailan en una ___.
3. Juegan al tenis en ___.
4. Juegan al golf en ___.

C **Informes.** Contesten.

1. ¿Cuáles son los nombres de cuatro playas famosas de los países hispanos?
2. ¿En qué país está cada playa?
3. ¿Cuáles son algunas diversiones que ofrecen los balnearios?

REVISTA MENSUAL DE WINDSURFING

Surf A VELA 81

Test de tablas Wave Slalom

ANO IX • 450 PTAS

Cómo funciona un Windsurf Indoor
Toda la actualidad • Avance calendarios de regatas

DESCUBRIMIENTO CULTURAL

*E*s verdad que el mundo hispano es famoso por sus playas. La costa occidental de México tiene playas desde Baja California hasta Oaxaca. En el Caribe, en el este, hay playas famosas en Cozumel y Cancún. Y si los turistas no quieren pasar sus vacaciones enteras en la playa, pueden ir a visitar las ruinas mayas en la península de Yucatán.

Puerto Rico, una isla tropical en el Caribe, tiene playas fabulosas. Rincón es el lugar de los campeonatos de tabla hawaiana o surfing. Rincón está en la costa occidental de Puerto Rico en el canal de la Mona que está entre Puerto Rico y la República Dominicana. Si uno tiene suerte, puede ver desde las playas de esta región las ballenas[1] que saltan del[2] agua.

Punta del Este es un balneario famoso del Uruguay. Punta del Este está en una península muy estrecha[3]. En la península hay pinos y eucaliptos a lo largo de toda la costa. En Punta del Este hay mansiones y condominios de gran lujo. ¿De quiénes son estas residencias fabulosas? La mayoría son de los millonarios argentinos y brasileños que pasan sus vacaciones allí. En el campo de golf de Punta del Este hay frecuentemente campeonatos internacionales.

Cerca de Punta del Este está la isla de Lobos. Es una reserva natural del gobierno uruguayo. En esta isla viven más de 500,000 lobos de mar. La isla está realmente cubierta de lobos de mar. Es una palabra interesante porque en inglés decimos "sea lions", leones, pero en español son lobos o "wolves".

Juan Ashton, surfista puertorriqueño

La playa Montaña de Oro, California

Una paella valenciana

Ya sabemos que muchos habitantes de
Puerto Montt son de origen alemán.
En la región de Punta del Este y
Montevideo, que está muy cerca, hay
mucha gente de ascendencia italiana.

Y en España hay playas a lo largo de la
costa. En España, si vas a la playa,
tienes que comer una paella. ¿Qué es la
paella? Es un plato con arroz y muchos
mariscos: camarones[4], mejillones[5],
almejas[6], langostas[7], etc. La paella es
originaria de Valencia, en la costa oriental
de España.

Y AQUÍ EN LOS ESTADOS UNIDOS

Todas estas playas están en los EE. UU.
¿Sabes dónde están? Sólo necesitas un
mapa de California y de la Florida: Bahía
Honda, Trinidad, Pescadero, San Agustín,
Cañaveral, Bonita, San Clemente, el
Capitán, Ponte Vedra, Laguna, el Presidio
de Santa Bárbara, Atascadero, Montaña
de Oro.

Ahora sabes dónde están. ¿Sabes qué
quieren decir los nombres?

[1] ballenas *whales*
[2] saltan *jump out*
[3] estrecha *narrow*
[4] camarones *shrimp*
[5] mejillones *mussels*
[6] almejas *clams*
[7] langostas *lobster*

1

2

Vamos a la playa Sol Caribe en Cozumel, México **1**. Podemos pasar nuestras vacaciones de verano aquí. La playa es maravillosa.

Son condominios en Punta del Este, Uruguay **2**. ¿Por qué no rentas uno?

En Viña del Mar, Chile, también puedes pasar unas vacaciones de verano fabulosas **3**. Pero si quieres ir a la playa para nadar, tienes que ir en diciembre porque Chile está en el hemisferio sur.

Es el templo de los Guerreros en Chichén Itza **4**. Este centro arqueológico maya está en la península de Yucatán.

CULMINACIÓN

Comunicación oral

A **De compras.** You are getting ready for a trip to the beach. With your partner make a list of the things you have to buy. Then decide what stores you will go to. At the stores, you and your partner alternate as store clerk and customer in some brief conversations.

B **No, porque. . .** Ask if your partner wants to do the following things this weekend. Your partner is going to play hard to please by saying no and giving a reason.

> **jugar al tenis**
> Estudiante 1: ¿Quieres jugar al tenis este fin de semana?
> Estudiante 2: No, porque jugué mucho ayer.

1. jugar (al) golf
2. nadar
3. ir a la piscina
4. esquiar en el agua
5. patinar

En la playa en Chile

C **Mi deporte favorito.** Pick your favorite sport and describe it, but incorrectly. Your partner will try to catch the error and then correct your description.

> Estudiante 1: En el fútbol los jugadores tocan el balón con las manos.
> Estudiante 2: De ninguna manera. Los jugadores tocan el balón con los pies o con la cabeza.

Comunicación escrita

A **En el lago.** Write a paragraph about a day you spent at a beach, lake, or pool. Some verbs you may want to use are:

ir	pasar	llamar por teléfono
llegar	nadar	ir a una discoteca
tomar el sol	broncear	bailar
llevar	esquiar en el agua	invitar
alquilar	bucear	escuchar
tomar un refresco	descansar	
tomar una siesta	tomar fotos	

B **Mi diario.** You spent your vacation in Acapulco, Mexico. Write a letter to a friend telling him or her what you did and what you bought.

Reintegración

 A **El invierno.** Describan el tiempo en el invierno.

B **Actividades de invierno.** Empleen (usen) cada palabra en una oración.

1. esquiar
2. la pista
3. los esquís
4. el telesquí
5. patinar
6. los patines

C **Tu salud.** Contesten.

1. ¿Cómo estás hoy?
2. ¿Estás cansado(a) o no?
3. ¿Tienes catarro?
4. ¿Tienes tos?
5. Cuando tienes catarro, ¿estornudas mucho?
6. ¿Tienes dolor de garganta?
7. Cuando tienes catarro, ¿te duele el pecho?
8. Si comes algo malo, ¿te duele el estómago?

Vocabulario

SUSTANTIVOS

la playa
el balneario
la arena
el mar
la ola
la sombrilla
el parasol
la hamaca
la silla plegable
la toalla playera
la crema bronceadora
la crema protectora
el traje de baño
el bañador
los anteojos de (para el) sol
el esquí acuático
el barquito
el buceo
la plancha de vela
el fin de semana
la piscina
la alberca
el lago

el verano
el calor
el sol
el cielo

el viento
la nube

el tenis
la cancha de tenis
el juego de tenis
la pelota
la raqueta
el mango
la cabeza

el golf
el campo de golf
el juego de golf
la bolsa de golf
el palo
el bastón
la pelota
la bola
el hoyo
el green

ADJETIVOS

playero(a)
acuático(a)
bronceador(a)
protector(a)
plegable

VERBOS

pasar
bucear
nadar
alquilar
echar
golpear
brillar

OTRAS PALABRAS Y EXPRESIONES

hace calor
hay sol
está nublado
hace viento
llueve
ayer
anteayer
anoche
ayer por la tarde
ayer por la mañana
el año pasado
la semana pasada
hoy
esta noche
esta tarde
esta mañana
este año
esta semana

12

ACTIVIDADES
CULTURALES

OBJETIVOS

In this chapter you will learn to do the following:

1. discuss movies, plays, and museums
2. discuss cultural events
3. relate actions or events that took place in the past
4. tell for whom something is done
5. discuss some dating customs in the United States and compare them with those in Spanish-speaking countries
6. talk about cultural activities that are popular in the Spanish-speaking world

PALABRAS 1

EN EL CINE

la pantalla

el film
la película

MARIANELA

la taquilla

la sesión

7:00 P.M.
11:00 P.M.

la entrada
la localidad

el cine

la butaca

la cola   la fila

Independencia

Carlos salió.
Perdió el autobús.

Tomó el metro.
Subió al metro en la estación Independencia.

la fila

EN EL MUSEO

Carlos vio una película en el cine.

el cuadro

el mural

la exposición de arte

la escultora

la estatua

el artista

Los turistas vieron una exposición en el museo.

EN EL CONCIERTO

la orquesta

los músicos

el director de orquesta

Ejercicios

A **Al cine.** Contesten.

1. ¿Salió anoche Carlos?
2. ¿Adónde fue?
3. ¿Compró una entrada en la taquilla?
4. ¿Asistió a la sesión de la tarde o de la noche?
5. ¿Tomó el autobús Carlos?
6. ¿Por qué no tomó el autobús?
7. ¿Qué tomó?
8. ¿En qué estación subió al metro?

B **En la taquilla.** Escojan.

1. La gente hace cola ___.
   a. en las butacas   **b.** en la pantalla   **c.** en la taquilla

2. Compran ___ en la taquilla del cine.
   a. butacas   **b.** entradas   **c.** películas

3. Dan ___ en el cine.
   a. entradas   **b.** novelas
   c. películas

4. La ___ es una silla o un asiento en el cine o en el teatro.
   a. butaca   **b.** entrada
   c. taquilla

5. Proyectan la película en ___.
   a. la butaca   **b.** la pantalla
   c. el metro

C **¿Cuál es la palabra?** Den la palabra correcta.

1. un asiento o una silla en el cine o en el teatro
2. un boleto o billete para entrar en el cine o en el teatro
3. la ventanilla o la boletería de un cine o de un teatro
4. un vehículo con ruedas que es un medio de transporte público
5. un medio de transporte subterráneo
6. lugar donde paran los metros

PALABRAS 2

EL TEATRO

la actriz

el actor

el telón

la escena

en el teatro

Los actores dieron una representación de *Bodas de Sangre*.
Los actores y las actrices entraron en escena.

el autor

la obra

El autor García Lorca escribió la obra teatral.

un espectáculo musical

Los espectadores vieron un espectáculo musical.
El público aplaudió.

la cuenta

el mesero

la propina

el menú

la mesa

Después del teatro, María y sus amigos comieron en un restaurante.
El mesero le dio el menú.
Después de la comida, el mesero le dio la cuenta.
Ella le dio (dejó) una propina.

Ejercicios

A Algunas diversiones. Contesten.

1. Por la tarde, ¿salió María?
2. ¿Fue al museo?
3. ¿Vio una exposición de arte moderno?
4. Después, ¿fue a un restaurante?
5. ¿Comió en el restaurante?
6. ¿Le dio el menú el mesero?
7. Después de la comida, ¿le dio la cuenta?
8. ¿María le dio una propina al mesero?

B En el teatro. Contesten.

1. ¿Quiénes entraron en escena?
2. ¿Qué dieron?
3. ¿Quién escribió la obra?
4. ¿Cuándo aplaudieron los espectadores?

C ¿Dónde? Escojan y escriban en otro papel.

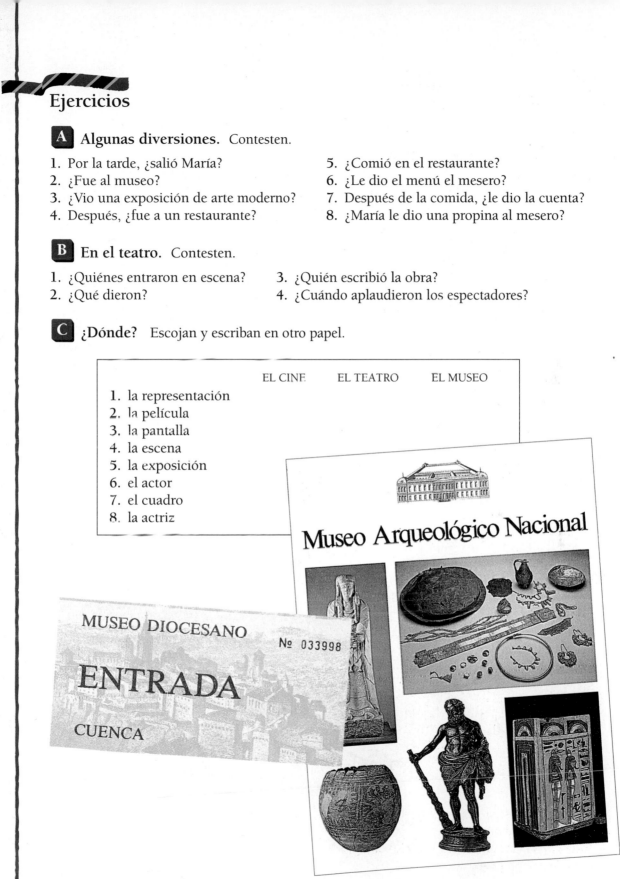

	EL CINE	EL TEATRO	EL MUSEO
1. la representación			
2. la película			
3. la pantalla			
4. la escena			
5. la exposición			
6. el actor			
7. el cuadro			
8. la actriz			

Museo Arqueológico Nacional

MUSEO DIOCESANO
Nº 033998
ENTRADA
CUENCA

Comunicación
Palabras 1 y 2

A **¿Vas al cine?** Form groups of four and determine how often each member goes to the movies and what kinds of movies are the most popular. Use the list below. Report to the class on the average amount of movie-going for the group, who goes to the movies most and least frequently, and the most and least popular kinds of movies for the group.

policíaca	de ciencia ficción
cómica	musical
un espectáculo musical	folklórica
una tragedia	documental
una comedia	del oeste
de horror	

B **El concierto.** Call the theater to order tickets for a concert. Your partner is the ticket agent. Make sure you cover all of the following: name of the musical group; time, day, and date of the concert; price of the the tickets; method of payment—cash or credit card.

C **Los museos.** Compare museum visits with your partner. Find out from each other what museums you went to, when you went there, and what you saw. Below are some useful words for your conversation.

arte moderno
Estudiante 1: ¿A qué museo fuiste?
Estudiante 2: Al museo de arte.
Estudiante 1: ¿Y qué viste allí?
Estudiante 2: Vi unos cuadros de Frida Kahlo.

arte moderno	ciencia
arte clásico	historia
tecnología	aviación
antropología	transporte

MUSEO

Frida Kahlo

LONDRES Nº 247
COL. DEL CARMEN
COYOACAN

ADMISION: N$ 5.00

MFK

ESTRUCTURA

El pretérito de los verbos en *-er* e *-ir*

Describing Past Actions

1. You have already learned the preterite forms of regular *-ar* verbs. Study the preterite forms of regular *-er* and *-ir* verbs. Note that they also form the preterite by dropping the infinitive ending and adding the appropriate endings to the stem. The preterite endings of regular *-er* and *-ir* verbs are the same.

INFINITIVE	COMER	VOLVER	VIVIR	SUBIR	ENDINGS
STEM	com-	volv-	viv-	sub-	
yo	comí	volví	viví	subi	-í
tú	comiste	volviste	viviste	subiste	-iste
él, ella, Ud.	comió	volvió	vivió	subió	-ió
nosotros(as)	comimos	volvimos	vivimos	subimos	-imos
vosotros(as)	comisteis	volvisteis	vivisteis	subisteis	-isteis
ellos, ellas, Uds.	comieron	volvieron	vivieron	subieron	-ieron

2. The preterite forms of the verbs *dar* and *ver* are the same as those of regular *-er* and *-ir* verbs.

INFINITIVE	VER	DAR
yo	vi	di
tú	viste	diste
él, ella, Ud.	vio	dio
nosotros(as)	vimos	dimos
vosotros(as)	visteis	disteis
ellos, ellas, Uds.	vieron	dieron

3. Remember that the preterite is used to tell about an event that happened at a specific time in the past.

> Ellos salieron anoche.
> Ayer no comí en casa. Comí en el restaurante.
> ¿Viste una película anoche?

POSADA FLORENTINA
El Tallarín Gordo

PURISIMA 254 TELEFONO 378567

Ejercicios

A **¿Para dónde salió ella?** Contesten según el dibujo.

1. ¿Qué perdió?

2. ¿Dónde subió al metro?

3. ¿Dónde comió?

4. ¿Qué le dio al mesero?

B **Los amigos salieron juntos.** Contesten.

1. ¿Salieron los amigos anoche?
2. ¿Vieron una función teatral?
3. ¿Dieron una buena representación los actores?

4. ¿Aplaudieron los espectadores?
5. Después, ¿comieron ellos en el restaurante?
6. ¿Le dieron una propina al mesero?

C **Ayer en la clase de español.** Formen oraciones con *yo*.

1. salir de casa a las ocho
2. subir al segundo piso
3. asistir a clase

4. comprender la lección
5. escribir una carta en español
6. ver una película argentina

D **Yo sé que tú no…** Sigan el modelo.

Yo lo vendí.
Pero yo sé que tú no lo vendiste.

1. Yo lo aprendí.
2. Yo lo comprendí.
3. Yo lo escribí.
4. Yo lo recibí.
5. Yo lo vi.

E **¿Ella salió con él?** Completen con el pretérito.

PABLO: José, ¿___ (conocer) tú a Felipe?

JOSÉ: ¿A Felipe? ¿El muchacho nuevo en la clase de español? Sí, lo ___ (conocer). Es un tipo simpático.

PABLO: Sí, lo es. Sabes que él ___ (salir) anoche con Teresa.

JOSÉ: ¿Teresa ___ (salir) con él?

PABLO: Sí, ellos ___ (comer) en el restaurante Sol y luego ___ (ver) una película en el cine Goya.

JOSÉ: ¿Me estás hablando en serio?

PABLO: Pues, hombre. Sí.

JOSÉ: Pero, ¿cómo sabes que ella ___ (salir) con él?

PABLO: Pues, lo sé porque Carmen y yo ___ (salir) con ellos. Nosotros ___ (comer) con ellos en el restaurante pero no ___ (ver) la película porque ___ (volver) a casa.

JOSÉ: ¿Pero es verdad que Uds. ___ (salir) anoche con Teresa y con ese tío Felipe?

PABLO: Sí, José. Pero, ¿qué te pasa, hombre?

JOSÉ: Creo que me estás tomando el pelo.

PABLO: ¡Ja! ¡Ja! No, hombre. No te estoy tomando el pelo. Te estoy hablando en serio.

JOSÉ: Pero, Pablo, ¿no sabes que Teresa es mi novia?

PABLO: ¿Teresa? ¿Es tu novia? ¡Ay, Dios mío! Creo que yo ___ (meter) la pata.

Los complementos indirectos
le, les

Telling What You Do for Others

1. You have already learned the direct object pronouns *lo, la, los,* and *las*. Now you will learn the indirect object pronouns *le* and *les*. Observe the difference between a direct object and an indirect object in the following sentences.

Juan lanzó la pelota.

Juan le lanzó la pelota a Carmen.

In the above sentences, *la pelota* is the direct object because it is the direct receiver of the action of the verb "threw." Carmen is the indirect object because it indicates "to whom" the ball was thrown.

2. Note the following sentences that have indirect object pronouns.

María *le* dio un regalo *a Juan*.　　　**Juan *le* dio un regalo *a María*.**
María *les* dio un regalo *a sus amigos*.　　**Juan *les* dio un regalo *a sus amigas*.**

The indirect object pronoun *le* is both masculine and feminine. *Les* is used for both the feminine and masculine plural. *Le* and *les* can also be used with a noun phrase.

María *le* dio un regalo *a Juan*.
Juan *les* dio un regalo *a sus amigas*.
María y Juan *le* dieron un regalo *a su abuela*.

3. Since *le* and *les* can refer to more than one person, they are often clarified as follows:

	a él.		a ellos.
Le hablé	a ella.	Les hablé	a ellas.
	a Ud.		a Uds.

Ejercicios

A **Los complementos.** Indiquen el complemento directo y el indirecto.

1. Carlos recibió la carta.
2. Les vendimos la casa a ellos.
3. Conocimos a Elena ayer.
4. Le hablamos a Tomás.
5. ¿Quién tiene el periódico? Tomás lo tiene.
6. El profesor nos explicó la lección.
7. Ella le dio una propina al mesero.
8. Ellos vieron la película en el cine.

B **¿Le hablaste?** Contesten.

1. ¿Le hablaste a Carlos?
2. ¿Le hablaste por teléfono?
3. ¿Le diste las noticias?
4. ¿Y él les dio las noticias a sus padres?

5. ¿Les escribió a sus padres?
6. ¿Les mandó la carta ayer?
7. ¿Les escribió en inglés o en español?

C **El pobre Carlos.** Contesten según los dibujos.

1. ¿Qué le duele?

2. ¿Qué más le duele?

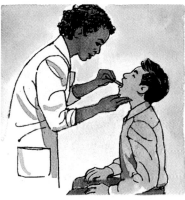

3. ¿Quién le examina la garganta?

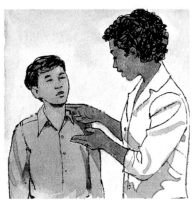

4. ¿Quién le da la diagnosis?

5. ¿Qué le da la médica?

6. ¿Quién le da los medicamentos?

D **En el aeropuerto.** Completen con *le* o *les*.

La señora González llegó al mostrador de la línea aérea en el aeropuerto.

Ella ___ habló al agente. ___ habló en español. No ___ habló en inglés.
    1   2   3

Ella ___ dio su boleto al agente y él lo miró. Ella ___ dio su pasaporte
    4   5

también. El agente ___ dio a la señora su tarjeta de embarque. Abordo del avión
                   6

los asistentes de vuelo ___ hablaron a los pasajeros. ___ dieron la bienvenida
                        7   8

abordo y ___ explicaron el uso del equipo abordo en el caso de una emergencia.
         9

Escenas de la vida *Sarita salió anoche*

PABLO: Sarita, ¿saliste anoche?
SARITA: Sí, ¿por qué me preguntas?
PABLO: Pues, te di una llamada y no contestaste.
SARITA: Sí, salí con un grupo de amigos de la escuela.

PABLO: ¿Adónde fueron?
SARITA: Asistimos a un concierto de rock en el Teatro Municipal. Y luego fuimos a comer en un restaurante.

PABLO: ¿A qué hora volviste a casa?
SARITA: Pues, no volví hasta las once y pico.

Una llamada. Contesten.

1. ¿Quién le dio una llamada telefónica a Sarita?
2. ¿Contestó Sarita?
3. ¿Por qué?
4. ¿Con quiénes salió?
5. ¿Adónde fueron?
6. ¿Dónde comieron?
7. ¿A qué hora volvió Sarita a casa?

Pronunciación   La *h*, la *y*, la *ll*

The **h** in Spanish is silent. It is never pronounced.

h

hambre   hermano
hijo   hotel

Y in Spanish can be either a vowel or a consonant. As a vowel it is pronounced exactly the same as the vowel **i**.

Juan y María
El piano y la guitarra

Y is a consonant when it begins a word or a syllable. As a consonant, **y** is pronounced similarly to the English **y** in the word *yoyo*. This sound has several variations throughout the Spanish-speaking world.

y

ya   playa   playera
uruguayo   ayuda   desayuno

The **ll** is considered a single consonant in Spanish and is a separate letter of the alphabet. In many areas of the Spanish-speaking world it is pronounced the same as the **y**. It too has several variations.

ll

llama   ella   taquilla
pantalla   lleva   llega
calle   lluvia

la llave

Repeat the following sentences

La hermana habla hoy con su hermano en el hospital.
Ella llega al hotel en aquella calle.
Ella llega a la taquilla con el billete.
El hombre lleva el desayuno a la playa bajo la lluvia.

Una llama

Comunicación

A **En Madrid.** Imagine you are in Madrid speaking with a Spanish friend (your partner) who wants to know the following:

1. if you went out last night
2. if you went out alone or with a group
3. if you have a boyfriend or a girlfriend (Use the word *amigo* or *amiga.*)
4. if you saw a movie last night either at the movies or on television
5. at what time you got home

Now you find out the same things from your partner.

B **La última vez.** Find out when was the last time your partner did the following things. Reverse roles.

> ver una película
> Estudiante 1: ¿Cuándo viste una película?
> Estudiante 2: Vi una película anoche.

1. ver una película
2. jugar tenis
3. ir a un concierto
4. tomar el metro
5. cenar en un restaurante
6. dar una fiesta

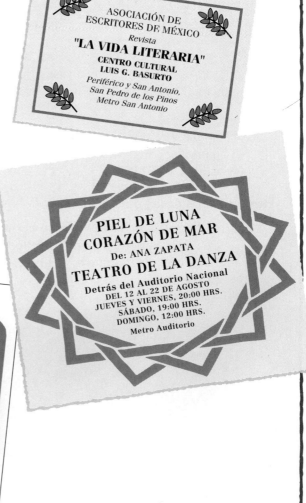

Guernica, de Pablo Picasso

C **Artistas famosos.** You and your partner each write down the name, nationality, and at least one well known work of each of five famous artists or sculptors whose work you have seen in museums, books, TV, etc. Tell your partner the nationality of the artist and the name of a famous work. Your partner has to guess the artist's name. See who gets the most correct answers with the fewest guesses.

Picasso / español / *Guernica*
Estudiante 1: Es español y pintó
   Guernica.
Estudiante 2: ¿Es Salvador Dalí?
Estudiante 1: No.
Estudiante 2: ¿Es Pablo Picasso?

SOLOS O EN GRUPO

*S*arita salió anoche. ¿Con quiénes salió? Salió con un grupo de amigos. Fueron al cine donde vieron una película americana. Las películas americanas son muy populares en España y en Latinoamérica. ¿Comprendió Sarita la película? Sí, la comprendió. Ella la vio en versión original que significa que la vio en inglés, no doblada[1] al español. Pero la vio con subtítulos en español.

En España y en los países latinoamericanos en general, una muchacha joven como Sarita no suele[2] salir con sólo un muchacho. Los jóvenes suelen salir más en grupo. Pero es algo que está cambiando. Hoy los jóvenes están saliendo más y más en parejas[3]. Pero, por lo general, los padres de la joven quieren saber con quién está saliendo su hija. Quieren conocer al muchacho. Pero como aquí, lo que quieren los padres y lo que pasa no es siempre lo mismo, ¿verdad?

En español no hay una palabra equivalente a "dating" o "date". Tampoco existe una traducción exacta de "boyfriend" o "girlfriend". Un novio o una novia es la persona con quien un individuo está saliendo exclusivamente. Algún día piensan contraer matrimonio. Un novio o una novia es más que un amigo o una amiga.

[1] doblada *dubbed*
[2] suele *tends to, is accustomed*
[3] parejas *couples*

Estudio de palabras

¿Cuál es la definición? Escojan la definición.

1. soler (suele)
2. exclusivamente
3. la pareja
4. pasar
5. joven
6. la traducción
7. el individuo

a. ocurrir
b. la equivalencia en otra lengua
c. dos personas
d. la persona
e. tener la costumbre, acostumbrar
f. que no tiene muchos años
g. únicamente

Comprensión

 A **Fue al cine.** Contesten.

1. ¿Con quién salió Sarita anoche?
2. ¿Adónde fue?
3. ¿Qué vio?
4. ¿Vio una película americana o española?
5. ¿La comprendió?
6. ¿Vio la película en la versión original o doblada?

B **¿Sí o no?** Indiquen *sí* o *no*.

1. Aún hoy los jóvenes en España y Latino-américa no pueden salir en parejas.
2. Por lo general, los jóvenes suelen salir con varios compañeros.
3. Los padres de los jóvenes quieren saber con quién están saliendo sus hijos.
4. Un novio es un muchacho con quien sale una joven de vez en cuando.

C **¿Qué es "dating"?** Expliquen.

¿Por qué no existe la palabra "dating" en español?

El pasado 15 de agosto en la elegante residencia del Ing. Juan Carlos Suárez y de su esposa la Dra. María Fernanda Ramírez de Suárez, amigos y familiares celebraron la petición de mano de Rebeca, hija única del matrimonio Suárez, por parte del licenciado Miguel Angel Barrios, hijo del Dr. Antonio Barrios y su distinguida esposa Emilia Acevedo de Barrios. Todos los concurrentes brindaron por la felicidad de la joven pareja que fijó la fecha de la boda para el 17 de julio del año próximo.

DESCUBRIMIENTO CULTURAL

A los jóvenes en Latinoamérica les interesan mucho las películas. Como ya sabemos las películas americanas son muy populares. Pero en varios países ruedan muchas películas de habla española. La industria cinematográfica es importante en España, México y la Argentina.

¿Hay un género teatral exclusivamente español? Sí, hay. Es la zarzuela. La zarzuela es una obra dramática de asunto ligero[1], no profundo. Es un tipo de opereta porque en una zarzuela los actores y las actrices cantan y hablan.

En los países hispanos hay algunos museos de fama mundial. Uno es el Prado en Madrid. En el Prado hay exposiciones permanentes de los cuadros de Velázquez, el Greco y Goya—tres pintores españoles famosos.

El Museo de Antropología en la Ciudad de México es otro museo famoso. En la planta baja del museo hay exposiciones de artefactos, templos, etc., de las civilizaciones indígenas precolombinas—artefactos de los mayas, los toltecas y los aztecas. En el primer piso hay exposiciones de las culturas indígenas que existen en México en la actualidad.

Es imposible hablar de la cultura mexicana y no hablar de los famosos murales de Diego Rivera, José Clemente Orozco y David Alfaro Siqueiros. Los murales de Rivera son de carácter revolucionario. Él pintó para educar al pueblo. Sus murales tienen como tema la vida, la historia y los problemas sociales mexicanos.

Ya sabemos que los españoles viajaron por las Américas en busca de oro y plata. En Bogotá, Colombia y en Lima, Perú, hay museos de oro. La cantidad de objetos de oro en estos dos museos es increíble.

Museo Nacional de Antropología, México, D.F.

El presidente Benito Juárez, mural de José Clemente Orozco

El ballet folklórico de México es famoso. Los domingos hay una presentación en el Palacio de Bellas Artes en la capital.

Varias ciudades hispanas tienen metro, un sistema de transporte subterráneo. Madrid tiene un sistema de metros. Es bastante viejo. Caracas, la ciudad de México y Santiago de Chile tienen sistemas de metro fantásticos. Las estaciones están muy limpias[2] y los trenes no hacen ruido[3]. Son muy modernos.

Una estación de metro en México, D.F.

Y AQUÍ EN LOS ESTADOS UNIDOS

Hace mucho tiempo que los artistas hispanos tienen gran importancia en Broadway y Hollywood. Nuestras abuelas recuerdan a César Romero, hijo de cubanos y descendiente del héroe José Martí; a Desi Arnaz, otro cubano de múltiples talentos; y al puertorriqueño José Ferrer, gran intérprete de Cyrano.

Los puertorriqueños Raúl Julia y Rita Moreno siguen recibiendo aplausos y premios por su gran talento. Rita Moreno es ganadora del Óscar, del Tony, del Emmy y del Grammy. Rubén Blades, panameño, con un título de Harvard, es músico, actor y político. Andy García y María Conchita Alonso, hijos de cubanos, son grandes estrellas. También son estrellas Edward James Olmos, y Vicki Carr, de ascendencia mexicana.

El teatro puede inspirar y enseñar. El director y productor mexico-americano, Luis Valdez es fundador del Teatro Campesino, que lleva obras de teatro a los barrios latinos de California y el suroeste. Miriam Colón Valle, actriz, directora y productora, es la fundadora y presidenta del Puerto Rican Travelling Theater. Ella y su grupo llevan obras de teatro a las calles del barrio latino de Nueva York.

[1] ligero *light*
[2] limpias *clean*
[3] ruido *noise*

Luis Valdez

Andy García

Rita Moreno

E s un modelo de la ciudad de Tenochtitlan, la antigua capital del imperio azteca **1**.

Aquí puedes ver el Palacio de Bellas Artes en la ciudad de México, un teatro donde presentan comedias y ballets **2**.

Es una presentación del Ballet Folklórico de México **3**. Esta compañía de baile es una de las más famosas del mundo. Hacen sus presentaciones en el Palacio de Bellas Artes.

El elegante Teatro Colón en Buenos Aires, Argentina, es uno de los mejores teatros de ópera del mundo **4**.

Son objetos de oro en el Museo del Oro en Lima, Perú **5**. Los españoles encontraron mucho oro y plata en Perú.

CULMINACIÓN

Comunicación oral

A **Los novios.** Work in groups of four. In your group find out: how many have a *novio(a)*; if they do, do they go out with anyone else; do their parents know or want to meet their *novio(a)*.

B **¿Quién es más culto?** You and your partner each prepare a list of favorite activities. Compare your lists and rate the activities as cultural or non-cultural. Decide who is the more "cultured" type.

C **¿Qué hiciste?** Using the cues provided, tell your partner when you usually do the following things, but that yesterday you did something different. Reverse roles.

> comer a las ___
> *Suelo comer a las doce, pero ayer comí a las dos.*

1. comer a las ___
2. beber ___
3. salir para la escuela a las ___
4. llegar a casa a las ___
5. ver ___ a las ocho
6. hablar por teléfono con ___

Comunicación escrita

A **Anoche conocí a…** Make an entry in your diary about a special person you met (*conocer*) last night at a concert. Tell what time you arrived at the concert and exactly where and when you saw the person. Tell the person's age and what school he or she attends. Write down that you gave the person your phone number, and that the person gave you his or hers.

B **Una carta.** Your friend Lupita Delgado lives in Santiago de Chile. She has written to you asking what "dating" means. Write to her explaining the meaning of "dating," and of "boyfriend" and "girlfriend" in the United States.

C **El fin de semana pasado.** Make a list of five things that you did last weekend. Share your list with your partner. Did you do any of the same things? If so, write them down.

D **Tiene que ser…** Write a short paragraph describing an ideal boyfriend or girlfriend. Exchange papers with your partner and correct any errors. Discuss the corrections with each other, rewrite the paragraphs and read them to the class.

Reintegración

A **El año pasado.** Contesten.

1. ¿Esquiaste el invierno pasado?
2. ¿Nadaste el verano pasado?
3. ¿Esquiaste en el agua?
4. ¿Patinaste?
5. ¿Adónde fuiste?
6. ¿Con quién fuiste?
7. ¿Lo pasaron Uds. bien?
8. ¿Jugaste al tenis?

B **¿Qué deporte es?** Identifiquen.

1. El jugador tiró o lanzó el balón con el pie.
2. La pelota pasó por encima de la red.
3. Él tiró el balón y encestó.
4. Marcó un gol.
5. La pelota entró en el hoyo.
6. Es necesario tener una raqueta.
7. Es necesario jugar con palos.
8. Ella bateó un jonrón.

Vocabulario

SUSTANTIVOS

el cine
la película
el film(e)
la pantalla
el teatro
la escena
el telón
el actor
la actriz
el/la autor(a)
la obra
la representación
el espectáculo
la taquilla
la sesión
la cola
la fila
la entrada
la localidad
la butaca

el museo
el arte
la exposición
el/la artista
el/la escultor(a)
el cuadro
el mural

la estatua
el concierto
el/la músico(a)
la orquesta
el/la director(a)

el restaurante
el/la mesero(a)
la mesa
el menú
la cuenta
la propina

el transporte
el metro
la estación

ADJETIVOS

público(a)
artístico(a)
musical
teatral
subterráneo(a)

VERBOS

parar
dejar
asistir
aplaudir

OTRAS PALABRAS Y EXPRESIONES

perder el autobús
entrar en escena
dar (presentar) una película

NUESTRO MUNDO

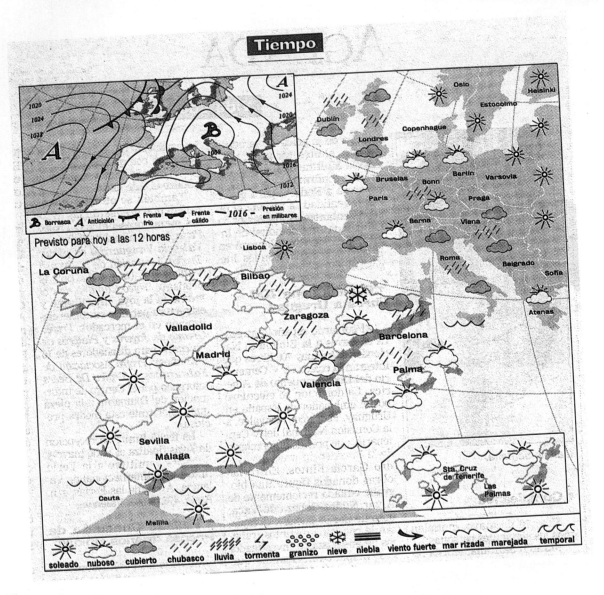

The weather map comes from a Spanish newspaper. The legend beneath the
map shows the symbols for the different phenomena. Study the map and try to
answer the questions.

 El tiempo. Contesten.

1. For what time of day is the weather being predicted?
2. What is the weather like in Barcelona?
3. Name three areas where it will be sunny today.
4. Where will it be partially cloudy?

B ¿Qué quiere decir? Digan en español.

1. rain showers
2. storm
3. hail
4. snow
5. partly cloudy
6. sunny
7. rain
8. choppy seas
9. Stockholm
10. Athens
11. Warsaw
12. London

C El cuadro. Contesten.

1. In the lower right hand corner of the chart there is a box. What is represented in the box?
2. In similar U. S. weather maps, what are represented in boxes like that?

DICIEMBRE – ENERO   Nº 17, Santiago

TRAVELING

El sol brilla en el hemisferio sur. Es época de vacaciones. Playas, lagos, campos y ciudades se ven diferentes. Todo lo entretenido está al aire libre. En Santiago, el teatro y la música invaden los parques, y siempre existe la posibilidad de arrancarse, aunque sea por el día, a las playas del litoral central o a los hermosos lagos de los alrededores. Le invitamos a celebrar con nosotros, bajo el sol del verano, un buen año que termina y deseamos de corazón que el próximo año sea el mejor de su vida.

This is an excerpt from a guide for tourists published in Santiago, Chile.

D ¿Dónde dice? Busquen dónde en el artículo dice lo siguiente:

1. where the sun shines
2. what time of the year it is
3. what it is that "invades" the parks of Santiago
4. where you can get away to "if only for a day"
5. what is ending, what is beginning, and what will be celebrated
6. what "seems different"

E ¿Qué quiere decir? Contesten.

The article says that four things look "different" at this time of the year. What are they?

F ¡Piensen! Contesten.

There seems to be something incongruous about the weather and the activities described, and the months of the year. Why? Explain.

CAPÍTULOS 9–12

Lectura *Fuimos al teatro*

Ayer mis hermanos y yo tomamos el metro y fuimos al teatro. Vimos una comedia excelente. El autor de la comedia es de Francia. La dieron en el Teatro Guerrero. Ese teatro es viejo pero elegante. Está en la Avenida Central. Yo sé que los actores principales son famosos, pero no los conozco. El público les dio una gran ovación al final. Cuando salimos del teatro empezó a nevar y decidimos tomar un taxi para regresar a casa.

■ **En el teatro.** Escojan.

1. La familia fue al teatro ___.
   a. a pie   **b.** en metro   **c.** en taxi
2. Ellos vieron ___.
   a. una película   **b.** un drama   **c.** una comedia
3. El autor es ___.
   a. español   **b.** francés   **c.** norteamericano
4. Guerrero es el nombre del ___.
   a. teatro   **b.** autor   **c.** actor
5. El teatro tiene muchos ___.
   a. años   **b.** actores   **c.** pisos
6. La joven no conoce ___.
   a. el teatro   **b.** al autor   **c.** a los actores

Estructura

Saber y *conocer*

1. Both *saber* and *conocer* mean "to know." *Saber* is used for expressing knowledge of simple facts.

   Yo sé la palabra.

2. *Conocer* means "to know" in the sense of "to be acquainted with." It is also used to express knowledge of abstract or complex issues or topics.

   Conozco al senador. Conocemos la ciudad.
   Ella conoce la historia de México.

Review the present tense forms of *saber* and *conocer*.

INFINITIVE	SABER	CONOCER
yo	sé	conozco
tú	sabes	conoces
él, ella, Ud.	sabe	conoce
nosotros(as)	sabemos	conocemos
vosotros(as)	*sabéis*	*conocéis*
ellos, ellas, Uds.	saben	conocen

A **¿Qué sabes?** Completen con *saber* o *conocer*.

Yo no ___ dónde vive Luis Tovar. Tú ___ a Luis,
     1   2
¿verdad? Pero, ¿tú ___ dónde él vive? Quiero hablar
                           3
con Luis, porque él ___ esquiar muy bien, y quiero
                             4
aprender. También quiero ___ a su hermana Sonia.
                                    5
Sonia ___ a mi hermana, pero no me ___. Ella no
         6   7
___ que yo soy amigo de Luis.
 8

Ser y estar

1. *Ser* is used to denote origin.

   Paco es de México. Los libros son de Chile. Soy de Puerto Rico.

2. *Estar* is used to denote location.

   Ellos están en la playa. El periódico está en la mesa.

3. *Ser* is used to describe characteristics of a person or thing that are relatively permanent.

   La ciudad es grande. Somos altos. Ella es inteligente.

4. *Estar* is used to describe conditions that are temporary or liable to change.

   Estoy cansada. El día está oscuro. La comida está fría.

B **¿Dónde está?** Completen con la forma apropiada de *ser* o *estar*.

1. La Sra. Fernández ___ muy inteligente.
2. Ella ___ de Honduras.
3. Ella ___ en Texas ahora.
4. Ella ___ profesora de español.
5. Hoy ella no ___ bien. Tiene fiebre.
6. Por eso ___ en casa.
7. Su casa ___ en la ciudad y ___ muy bonita.

Los pronombres de complemento directo

1. The object pronouns *me, te,* and *nos* can function as either direct or indirect object pronouns. Note that the object pronouns in Spanish precede the conjugated verb.

> **Juan *me* vio.**   **Juan *me* dio el libro.**

2. *Lo, los, la,* and *las* function as direct object pronouns only. They can replace persons or things.

> **Pablo compró *el boleto*.**   **Pablo *lo* compró.**
> **Pablo compró *los boletos*.**   **Pablo *los* compró.**
> **Elena compró *la raqueta*.**   **Elena *la* compró.**
> **Elena compró *las raquetas*.**   **Elena *las* compró.**
> **Yo vi *a los muchachos*.**   **Yo *los* vi.**

3. *Le* and *les* function as indirect object pronouns only.

> **Yo *le* escribí una carta (a él, a ella, a Ud.).**
> **Yo *les* escribí una carta (a ellos, a ellas, a Uds.).**

C **¿Qué llevas?** Cambien los sustantivos.

1. Llevo *los esquís* a la cancha.
2. También llevo *las botas*.
3. Compro *el boleto* en la taquilla.
4. Veo *a mi hermana* en el telesquí.
5. Doy el boleto *a mi hermana*.
6. Ella da sus esquís *a los muchachos*.

El pretérito de los verbos regulares

Review the preterite tense forms of regular verbs. The preterite is used to express an action completed in the past.

El Camping-Esquí
ARTÍCULOS DEPORTIVOS
ESPECIALISTAS EN: camping, esquí, aire libre, montaña
ALQUILER DE CAMPING Y ESQUÍS
REPARACIONES DE TIENDAS DE CAMPAÑA Y ESQUÍS
C/ Francisco Campos, 25
216 50 93 - 216 36 13
C/ Bravo Murillo,
235 34 78 - 235 3

estudiar	yo estudié, tú estudiaste, él/ella/Ud. estudió, nosotros(as) estudiamos, *vosotros(as) estudiasteis,* ellos/ellas/Uds. estudiaron
comer	yo comí, tú comiste, él/ella/Ud. comió, nosotros(as) comimos, *vosotros(as) comisteis,* ellos/ellas/Uds. comieron
escribir	yo escribí, tú escribiste, él/ella/Ud. escribió, nosotros(as) escribimos, *vosotros(as) escribisteis,* ellos/ellas/Uds. escribieron

D **Esta mañana.** Completen.

Esta mañana yo ___ (tomar) el desayuno a las siete. Después mi hermana y
$\overline{}_{1}$

yo ___ (salir) de casa. Ella ___ (subir) al bus para ir a la escuela, pero yo ___
$\overline{}_{2}$ $\overline{}_{3}$ $\overline{}_{4}$

(decidir) ir a pie. Nosotros no ___ (llegar) a la misma hora. En la escuela
$\overline{}_{5}$

algunos estudiantes ___ (estudiar) y ___ (aprender) un poco de historia.
$\overline{}_{6}$ $\overline{}_{7}$

Yo ___ (leer) un libro. Mi hermana ___ (escribir) unas lecciones. A las tres
$\overline{}_{8}$ $\overline{}_{9}$

yo ___ (meter) mis libros y cuadernos en la mochila, y nosotros ___ (volver)
$\overline{}_{10}$ $\overline{}_{11}$

a casa.

El pretérito de *ir* y *ser*

The preterite tense forms of *ser* and *ir* are identical. Review them.

ser	yo fui, tú fuiste, él/ella/Ud. fue, nosotros fuimos, *vosotros fuisteis*, ellos/ellas/Uds. fueron
ir	yo fui, tú fuiste, él/ella/Ud. fue, nosotros fuimos, *vosotros fuisteis*, ellos/ellas/Uds. fueron

E **Fuimos al cine.** Completen.

1. El sábado pasado nosotros ___ al cine.
2. Las películas no ___ muy buenas.
3. Yo ___ a la taquilla por mi dinero.
4. El taquillero no ___ muy simpático.
5. Entonces Adela ___ a hablar con el dueño del cine.
6. Y tú, ¿adónde ___ el sábado pasado?

Comunicación

■ **Los deportes.** Tell a student from
Latin America what sports you participated
in last summer and last winter, how well
you played them, and which was your
favorite and why. Reverse roles.

MATEMÁTICAS: EL SISTEMA MÉTRICO

Antes de leer

The metric system is used in most of the world for measuring length, mass, and volume; meters, liters, and grams. The English system of measures, traditionally used in Great Britain and the U.S., consists of feet, miles, pounds, and ounces.

1. Review the English names for the major units of measure for length in the metric system.
2. Review the metric equivalents of inches, yards, miles, pounds, and ounces.

Lectura

En la mayoría de los países del mundo se usa el sistema métrico decimal. El sistema métrico decimal emplea las siguientes unidades básicas. Para medir la longitud, el metro; para el peso, el kilogramo; y para los líquidos, el litro.

Longitud: El metro se puede usar para medir la longitud, la anchura[1] y la altura. El metro original se determina en 1796 dividiendo en diez millones de partes iguales la longitud para el cuadrante de

meridiano que va desde Dunkerque en Francia hasta Barcelona en España, pasando por París. En París, en el Museo de Artes y Oficios, conservan la barra de platino[2] que mide[3] el metro original. El metro moderno (1983) es igual a la distancia que viaja la luz en un vacío[4] en 1/299.792.459 de un segundo.

El sistema tradicional inglés se basa en la pulgada[5] y el pie. La tradición dice que el "pie" original es el pie de un rey de Inglaterra. Es obvio que todos no tenemos los pies iguales.

Las medidas tradicionales para peso en los EE. UU. son la onza, la libra y la tonelada. Las medidas para líquidos son la onza, la pinta, el cuarto y el galón. Uds. saben que hay 16 onzas en una libra, y 2.000 libras en una tonelada. En el sistema métrico decimal las medidas de peso se basan en el kilogramo (kg). Un kilogramo es igual a 2.2 libras. Es decir, una libra es un poco menos que medio kilogramo. Las medidas para líquidos se basan en el litro (L). Una botella de vino contiene 750 mililitros o 75 centilitros. Una lata de refresco contiene 354 mililitros. Un litro contiene un poco más que un cuarto; un litro es equivalente a 1,0567 cuarto. Un cuentagotas[6] contiene aproximadamente un mililitro.

Para medir cantidades o distancias inferiores o superiores al kilogramo, litro o metro se usan unidades que se forman con los siguientes prefijos:

kilo × 1000	kilogramo = 1000 gramos
hecta × 100	hectámetro = 100 metros
deca × 10	decalitro = 10 litros
deci: 10	decilitro = 1/10 litro
centi: 100	centímetro = 1/100 metro
mili: 1000	miligramo = 1/1000 gramo

Podemos convertir las unidades de un sistema a otro.

SISTEMA MÉTRICO DECIMAL		SISTEMA INGLÉS
1 m	=	39,37 pulgadas (1,094 yardas)
1 km	=	0,621 millas
1 litro	=	1,0567 cuartos

¹ anchura *width*
² platino platinum
³ mide measures
⁴ vacío vacuum
⁵ pulgada inch
⁶ cuentagotas *eyedropper*

Después de leer

A El sistema métrico. Contesten.

1. ¿Qué podemos medir con el sistema métrico decimal?
2. ¿Qué es lo que dividen para determinar el metro original?
3. ¿En cuántas partes la dividen?
4. ¿Cuáles son las unidades básicas del sistema métrico decimal?
5. ¿En qué se basa el sistema inglés para medir la longitud?
6. ¿Quién es más grande, una persona que pesa 200 libras o 100 kilos?
7. ¿Cuántas onzas son 354 mililitros?
8. ¿Cuál contiene menos líquido, un cuarto o un litro?
9. ¿Más o menos cuántos litros hay en un galón?

B Las medidas. ¿Dónde dice lo siguiente?

1. how the original meter was determined
2. what the most common metric units are
3. the length of the modern meter
4. on what the English system is based
5. the contents of an eyedropper

C Seguimiento. Den la respuesta en unidades métricas.

1. ¿Cuál es la distancia entre la escuela y tu casa?
2. ¿Cuál es tu altura?
3. ¿Cuál es el largo de un campo de fútbol americano?
4. ¿Cuánto mide un jugador profesional de baloncesto?
5. ¿Cuánto pesa un jugador profesional de fútbol americano?

CIENCIAS NATURALES: LA BIOLOGÍA

Antes de leer

All living things, both plants and animals, need nutrients of one sort or another to maintain life. You probably already know something about the "food chain." Review the steps in the food chain prior to reading the following selection.

Lectura

OLIVIER GILLISSEN

LA COCINA VEGETARIANA

cómo alimentarse perfectamente con productos sanos y naturales. 219 recetas prácticas y sabrosas

Un gaucho argentino

Los humanos comemos para vivir. Nada puede vivir sin alguna forma de alimentación[1]. Las plantas producen su propia alimentación con la ayuda de la energía del sol. La cadena[2] alimentaria comienza con una planta verde. Las plantas verdes son los únicos *productores*, y forman la materia orgánica. Los humanos, los animales y todos los otros seres vivos son consumidores. Los consumidores se dividen en dos grupos: los consumidores primarios y los consumidores secundarios. Los consumidores primarios comen las plantas verdes. No comen carne. Los animales herbívoros se alimentan exclusivamente de plantas. Los consumidores secundarios comen los animales herbívoros. Son animales carnívoros o depredadores. Algunos consumidores secundarios comen plantas y animales. Ellos son omnívoros. Los humanos, ¿somos herbívoros u omnívoros? Y tú, ¿eres consumidor primario o secundario? ¿Qué son los vegetarianos?

[1] alimentación food
[2] cadena chain

Las pampas argentinas

Puente romano, Córdoba, España

Después de leer

A **¿Consumidores o productores?** Escojan.

1. Los únicos productores son ___.
   a. los humanos   b. las plantas

2. Los elefantes son consumidores ___.
   a. primarios   b. secundarios

3. Los depredadores son consumidores ___.
   a. primarios   b. secundarios

4. Los animales herbívoros son consumidores ___.
   a. primarios   b. secundarios

5. Los depredadores están al ___ de la cadena alimentaria.
   a. comienzo   b. final

B **La clasificación.** Clasifiquen los siguientes organismos.

PRODUCTORES
CONSUMIDORES PRIMARIOS
CONSUMIDORES SECUNDARIOS

perros	flores	gatos
plantas	humanos	papas
bacterias	amebas	elefantes
tigres	burros	

C **Seguimiento.** Preparen tres cadenas alimentarias lógicas.

grano > ratón > gato

CIENCIAS SOCIALES: ANTROPOLOGÍA E HISTORIA

Antes de leer

Hiram Bingham found the "lost Inca city" of Machu Picchu in 1911. Locate the area inhabited by the Incas and briefly review their history.

Lectura

Los primeros incas viven alrededor del lago Titicaca mucho antes de llegar los españoles. De allí van al norte, al Valle del Cuzco. Allí fundan la ciudad del Cuzco que más tarde es el centro de su imperio. El jefe de los incas se llama el Inca—el jefe o señor. La leyenda dice que el imperio comienza con Manco Capac y su hermana Mama Ocllo durante el siglo XIII. Durante su época más importante, los incas ocupan el Ecuador, Perú, Bolivia y el norte de Chile y la Argentina, un territorio de más de un millón de km^2 con más de 12 millones de personas. La economía se basa en la agricultura. Cultivan maíz[1], papas y otras plantas, y crían[2] llamas, alpacas y vicuñas. La leyenda dice que el Inca desciende del Sol. Su imperio se

Una calle en Cuzco, Perú

Vista panorámica de Cuzco

Alpacas

divide en cuatro *suyos*. Los suyos se dividen en *provincias*, las provincias en *distritos* y cada distrito en varios *ayllúes*. Cada ayllú se forma de un grupo de familias que son parientes. Los incas construyen templos, puentes[3], carreteras y acueductos. La ciudad de Machu Picchu es un magnífico ejemplo de construcción incaica. La lengua de los incas es el *quechua*.

[1] maíz   *corn*   [3] puentes   *bridges*
[2] crían   *raise*

La ciudad de Machu Picchu, Perú

Después de leer

A   Los incas.   Contesten.

1. ¿Cuál es el territorio del imperio inca?
2. ¿Dónde viven los incas al principio?
3. ¿Qué animales crían, y qué plantas cultivan?
4. ¿Por qué son importantes Manco Capac y Mama Ocllo?
5. ¿Cuántos habitantes tiene el imperio inca?

B   Un gran imperio.   ¿Dónde dice lo siguiente?

1. what the Incas built
2. from whom or what their leader descended
3. where they went when they left their original home

C   Seguimiento.   Describan, en español, la organización política del imperio inca.

CAPÍTULO

13

LA ROPA Y
LA MODA

OBJETIVOS

In this chapter you will learn to do the following:

1. identify and describe articles of clothing
2. state color and size preferences
3. shop for clothing
4. express interest, surprise, and boredom
5. express your likes and dislikes
6. make negative statements
7. compare teen fashions in the United States and the Hispanic World

359

PALABRAS 1

DE COMPRAS

el escaparate

el traje

la gabardina

la camisa

la chaqueta
el blusón

el T shirt
la camiseta

la talla
el tamaño

el precio

el abrigo

el saco

la corbata

el blue jean

los calcetines

los pantalones

la tienda de ropa para caballeros (señores)

el sombrero

la vitrina

el cinturón

la blusa

el suéter
el jersey

las medias

el vestido

la falda

la tienda de ropa para damas (señoras)

las sandalias

los tenis

los zapatos

las sandalias

el dependiente   la dependiente

la caja

el mostrador

el cliente

Juan va de compras.
Habla con el dependiente en la tienda de ropa.

¿Te gustan estos zapatos?
¿Te sientan bien?
¿Cómo te sientan?

Sí, me gustan y me sientan bien.

Los zapatos no cuestan mucho.
No son caros.
Son baratos.
¿Cuánto cuestan?
Cuestan 1.000 pesos.
Juan paga en la caja.
Paga con una tarjeta de crédito.

el número

Pero a José no le interesa nada.
Nunca le gusta nada.

Ejercicios

A **Está comprando zapatos.** Contesten según se indica.

1. ¿Quién trabaja en la tienda? (el dependiente)
2. ¿Dónde están los zapatos? (en el escaparate)
3. ¿Qué compra el cliente? (un par de zapatos)
4. ¿Cuál es su número? (43)
5. ¿Cuál es el precio de los zapatos? (600 pesos)
6. ¿Cuánto cuestan? (600 pesos)
7. ¿Son demasiado caros? (no)
8. ¿Cómo son? (bastante baratos)
9. ¿Qué más quiere el señor? (una camisa)
10. ¿Cuál es su talla? (38)
11. ¿Quiere algo más? (No, nada)
12. ¿Dónde paga el cliente? (en la caja)

B **En la tienda de ropa para caballeros.** Contesten según la foto.

¿Qué venden en la tienda de ropa para señores?

1.

2.

3.

4.

5.

6.

C **En la tienda de ropa para señoras.** Contesten según la foto.

¿Qué venden en la tienda de ropa para señoras?

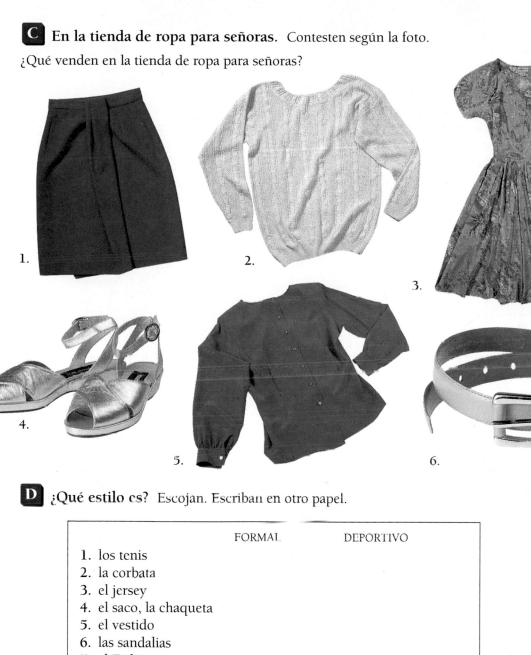

1.

2.

3.

4.

5.

6.

D **¿Qué estilo es?** Escojan. Escriban en otro papel.

	FORMAL	DEPORTIVO
1. los tenis		
2. la corbata		
3. el jersey		
4. el saco, la chaqueta		
5. el vestido		
6. las sandalias		
7. el T shirt		
8. el blue jean		

E **Sí, me sienta(n) bien.** Contesten.

1. Los zapatos que llevas, ¿te sientan bien?
2. La camisa o la blusa que llevas, ¿cómo te sienta?
3. El blue jean que compraste ayer, ¿te sienta bien?
4. El blusón que compraste, ¿te sienta bien o no?
5. Los tenis que compraste, ¿cómo te sientan?

PALABRAS 2

LA ROPA Y LOS COLORES

la manga corta

la manga larga

el tacón alto

el tacón bajo

estrecho

pequeño

ancho

grande

una blusa a rayas

un saco a cuadros

el botón

el zíper

la cremallera

Esta camisa me queda bien.
Sí, sí. Me gusta mucho.

Este saca hace juego
con esta camisa.

Estos zapatos no me sientan bien.
Son demasiado estrechos.
Me aprietan.

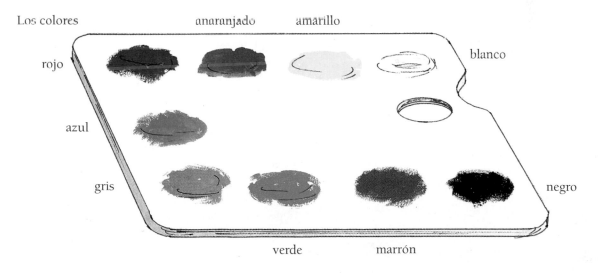

Los colores

rojo anaranjado amarillo blanco

azul

gris negro

verde marrón

Nota: There are many nouns in Spanish that are used to describe a color. They are the names of fruits, gems, etc. Some of these words are: *crema, vino, café, oliva, marrón,* and *turquesa*. These words do not agree with the noun they accompany because they are not adjectives. They don't change form. For example, *zapatos color café,* or simply, *zapatos café*.

Ejercicios

A **¿Cómo es?** Contesten según el dibujo.

1. ¿Esta camisa tiene mangas largas o mangas cortas?

2. ¿Esta blusa tiene mangas largas o cortas?

3. ¿Estos zapatos tienen tacón alto o bajo?

4. ¿Esta falda es larga o corta?

5. ¿Este saco es a rayas o a cuadros?

6. ¿Este blusón tiene botones o cremallera?

B **Juan quiere esta camisa.** Contesten.

1. ¿Juan quiere comprar la camisa?
2. ¿Le gusta?
3. ¿Le queda bien?
4. ¿De qué color es?
5. ¿Tiene mangas largas o cortas?
6. ¿Hace juego con la corbata?

C **Mi color favorito.** ¿Cuál es su color favorito para cada prenda?

1. una camisa
2. un traje
3. un vestido
4. zapatos
5. un abrigo
6. una gabardina

GRATIS

ADELANTATE
A LA MODA
OTOÑO-INVIERNO
CON VENCA

Comunicación
Palabras 1 y 2

A **Mis prendas favoritas.** You and your partner have to buy clothes for four people you know. Take turns describing what you will buy for each person.

B **¿Qué me pongo?** With a partner prepare a list of articles of clothing. For each article indicate the season during which you would wear it and whether it is formal or informal.

C **¿Qué ropa llevo?** You and your partner are going to San Juan, Puerto Rico for a few days. You plan to go out one evening to a fancy restaurant and salsa club. You will also go to the beach and do a little sight-seeing. List all the clothes you're going to take. Compare your list with your partner's list and tell each other if you think each item is necessary and appropriate.

D **Sí, señor(a).** You are working this summer in a local clothing store. A South American millionaire (your partner) comes in to get a completely new wardrobe. Find out what the customer wants and sell as much as you can.

Verbos como *interesar* y *aburrir*

How to Express Interest and Boredom

Interesar "to interest," *aburrir* "to bore," *sorprender* "to surprise," *enojar, enfadar* "to annoy," and *molestar* "to bother" function the same in Spanish as in English. They are always used with an indirect object.

Aquel libro me interesa. *That book interests me.*
Aquellos libros me interesan. *Those books interest me.*
A Juan le aburre la historia. *History bores John.*
A Juan le aburren las ciencias. *The sciences bore John.*
Me sorprendió la noticia. *The news surprised me.*
Me sorprendieron sus reacciones. *Their reactions surprised me.*
Nuestra reacción les molestó. *Our reaction bothered them.*

Ejercicios

A ¿Te interesa o te aburre? Sigan el modelo.

> la biología
> *La biología me interesa. No me aburre.*

1. el álgebra
2. la geometría
3. la historia
4. el español
5. la geografía

B ¿Te interesan o te aburren? Sigan el modelo.

> Las películas policíacas
> *Las películas policíacas me aburren. No me interesan.*

1. las ciencias
2. las matemáticas
3. las lenguas
4. las ciencias sociales
5. las ciencias naturales

C **¿Te enoja o no?** ¿Quién te enoja?

1. ¿El profesor?
2. ¿Mamá?
3. ¿Tu hermano?
4. ¿Papá?
5. ¿Tu hermana?
6. ¿Tus hermanos?
7. ¿Tus amigos?

D **En la tienda de ropa.** Contesten.

1. ¿A Roberto le interesa la camisa?
2. ¿Le sienta bien la camisa?
3. ¿Le sorprende el precio?
4. ¿A Roberto le interesan los zapatos también?
5. ¿Le sientan bien?
6. ¿Le aprietan?

El verbo *gustar* — *Expressing Likes and Dislikes*

1. The verb *gustar* is used in Spanish to convey the meaning "to like." Its literal meaning is "to be pleasing to." It takes an indirect object the same as verbs like *interesar, sorprender*, etc. Note the following sentences.

> ¿Te gusta esta camisa?
> Sí, me gusta mucho.
> Y me gustan estas corbatas también.
> ¿A Juan le gusta el estilo formal o informal?
> Le gusta el "look" informal.
> Le gustan mucho los blue jeans.
> A mis amigos les gusta el blue jean con un suéter.

2. The verb *gustar* is used with an infinitive to tell what you like to do.

> Me gusta esquiar.
> ¿Te gusta comer?
> A los alumnos no les gusta estudiar.

> *Me gusta más* means "I prefer."

> Me gusta más esa camisa que la otra.

3. *Encantar* "to love" (inanimate things), is used the same as *gustar*.

> ¿Te gusta esta camisa? Ah, sí. Me encanta.

Ejercicios

A **¿Te gusta o no te gusta?** Sigan el modelo.

la historia
Me gusta mucho la historia. (No me gusta la historia.)
Me interesa. (Me aburre.)

1. la música   4. la ópera
2. el arte   5. el cine
3. el ballet

B **¿Te gustan o no?** Preparen una mini-conversación según el modelo.

las ciencias
Estudiante 1: Rodolfo, ¿te gustan las ciencias?
Estudiante 2: Sí, me gustan las ciencias. (No, no me gustan.)

1. las ciencias   4. las bellas artes
2. las lenguas extranjeras   5. los deportes
3. las matemáticas

C **Sí, le gusta.** Contesten según el modelo.

¿Juan va a comprar estos
    zapatos?
Sí, le gustan mucho.

1. ¿María va a comprar estas sandalias?
2. ¿Juan va a comprar este bañador?
3. ¿María va a comprar este blue jean?
4. ¿Juan va a comprar esta gabardina?
5. ¿María va a comprar estos tenis?

D A tus amigos, ¿qué les gusta hacer? Contesten según el dibujo.

1.

2.

3.

4.

5.

E Me gusta comer. Digan todo lo que les gusta hacer.

F Me gusta la música rock. Digan lo que les gusta.

Las palabras negativas y afirmativas

Expressing Affirmative and Negative Ideas

1. The words *nada*, *nunca*, and *nadie* are negative words. Note how they are used.

AFIRMATIVAS	NEGATIVAS
Él tiene algo en la mano.	Él no tiene nada en la mano.
Ella siempre esquía.	Ella nunca esquía.
Ella ve a alguien.	Ella no ve a nadie.
Él también estudia alemán.	Él tampoco estudia alemán.

Alguien and *nadie* always refer to people. Therefore, you usually use the personal *a* when they are the direct object of the verb.

2. Unlike English, in Spanish you can use more than one negative word in the same sentence.

> Nunca hablo francés con nadie.
> No compro nada nunca.
> Yo no quiero nada tampoco.

3. *También* is used to confirm an affirmative statement.

> Siempre estudio después de las clases. Y yo también.

Tampoco is used to confirm or agree with a negative statement.

> No estudié para el examen de química. Ni yo tampoco
>   *or* Yo tampoco.

Ejercicios

A **¿Nada, nunca o nadie?** Contesten con *no*.

1. ¿Hay algo en la mochila?
2. ¿Tienes algo en la mano?
3. ¿Ves a alguien en la sala?
4. ¿Hay alguien en la cocina?
5. ¿Siempre cantas con tus amigos?
6. ¿Siempre lees algo?
7. ¿Siempre le escribes a tu abuelita?

B **¿Y tú?** Indiquen si están de acuerdo.

> **Yo no compro en esa tienda.**
> *Yo tampoco.*

1. Yo siempre prefiero ir en avión.
2. Yo juego mucho al fútbol.
3. Yo no canto mucho.
4. Yo no conozco a Juan.
5. Yo estudio mucho.
6. Yo nunca toco la guitarra.

Nunca es demasiado lejos.

CAMPER

Escenas de la vida *En la tienda de ropa para señores*

DEPENDIENTE: Sí, señor.
CLIENTE: Quisiera una camisa, por favor.
DEPENDIENTE: Su talla, por favor.
CLIENTE: Cuarenta y dos.

DEPENDIENTE: ¿Qué color le gusta?
CLIENTE: Blanco.
DEPENDIENTE: De acuerdo. ¿Le gustan más las mangas largas o cortas?
CLIENTE: Largas, por favor.
DEPENDIENTE: ¿Qué tal le gusta esta camisa a rayas?

CLIENTE: Mucho. ¿Cuánto es?
DEPENDIENTE: Ocho mil pesos.
CLIENTE: Ocho mil. Me sorprende. No es muy cara.

Quisiera… Contesten.

1. ¿Con quién está hablando el cliente?
2. ¿Dónde está?
3. ¿Qué quiere?
4. ¿Cuál es su talla?
5. ¿Qué color quiere?
6. ¿Quiere mangas largas o cortas?
7. ¿Qué tal le gusta la camisa a rayas?
8. ¿Cuánto es la camisa?
9. ¿Le sorprende el precio al cliente?
10. ¿Por qué le sorprende?

Pronunciación   *Las consonantes ñ y ch*

The **ñ** is a separate letter of the Spanish alphabet. The mark over it is called a
tilde. Note that it is pronounced similarly to the **ny** in the English word *canyon*.
Repeat the following.

ñ

señora	señor	pequeño	montaña
año	otoño	España	cumpleaños

una chaqueta
color chocolate

Ch is also considered a separate letter of the Spanish alphabet.
It is pronounced much like the **ch** in the English word *church*.
Repeat the following.

ch

chaqueta	estrecho	ancho
chocolate	muchacho	chileno

Repeat the following sentences.

El señor español sube las montañas cada año en el otoño.
El muchacho chileno lleva una chaqueta ancha color chocolate.

Comunicación

A **En la tienda.** You are in the clothing department of Galerías Preciados, a
large Madrid department store. A classmate will play the salesperson.

1. Describe the things you want.
2. Tell the clerk your size.
3. Try on each item and tell the clerk how it fits.
4. Find out the price and if you can pay with a credit card.

B **No me sienta bien.** You are the salesperson and your partner is the
customer, inside the dressing room. Ask your partner if he or she likes each item
and how it fits. Your partner likes them all, but none fits quite right.

pantalones
Estudiante 1: ¿Le gustan los pantalones?
Estudiante 2: Sí, me gustan.
Estudiante 1: ¿Cómo le quedan?
Estudiante 2: Son un poco grandes.

zapatos	camiseta	chaqueta	tenis
blue jean	camisa	sandalias	pantalones

C **¿Y qué compraste?** A Mexican exchange student (your partner) won a
$1000 gift certificate at the local mall. Find out the following.

1. what he or she bought
2. how much each item costs
3. where he or she shopped
4. where he or she ate

LA MODA

¿Cómo es la moda en España y en Latinoamérica? ¿Qué estilo está en onda[1]? Pues, es difícil saber. ¿Por qué? Porque la moda cambia rápidamente como aquí en los Estados Unidos. Lo que hoy está de moda, mañana está pasado de moda.

Pero podemos generalizar un poco y decir que ahora el estilo favorito de los jóvenes es informal y dinámico. Para los muchachos un blue jean con una camisa amplia. Y para ocasiones más formales—el estilo clásico—el versátil saco azul marino con una camisa azul y pantalones color crema.

Y para las jóvenes hay más variedad y flexibilidad aunque los estilos cambian de un día para otro. En un grupo de tres o cuatro chicas una puede llevar un traje pantalón con un cinturón sofisticado; otra lleva una falda con una blusa con cuello sin espalda, abotonada como un saco; y otra lleva blue jean con un blusón.

¿Cuál es el estilo que te gusta más ahora? ¿Te gusta el estilo deportivo o clásico? ¿Qué opinas? ¿Hay mucha diferencia entre la moda de los jóvenes en los Estados Unidos y los jóvenes en España o Latinoamérica?

[1] onda   *in*

Estudio de palabras

A **Palabras afines.** Busquen diez palabras afines en la lectura.

B **¿Cuál es la palabra?** Busquen una expresión equivalente.

1. está en onda
2. en este momento
3. versátil
4. favorito
5. una ocasión
6. el saco

a. un evento
b. un tipo de chaqueta
c. muy popular
d. ahora, actualmente
e. predilecto
f. que sirve para muchas ocasiones

Comprensión

A **¿Verdad o no?** Contesten con *sí* o *no.*

1. Es fácil describir la moda entre los jóvenes españoles y latinoamericanos.
2. La moda no cambia mucho en los países latinos.
3. En este momento el estilo que está de moda es más bien formal y clásico.
4. Hay muy poca diferencia entre lo que llevan los jóvenes aquí y lo que llevan en los países de habla española.

B **Un conjunto.** Describan un conjunto bonito, atractivo para ir a los siguientes lugares: el colegio, el cine, una fiesta

VOGUE
MÉXICO

Empacando para un crucero
Tijuana, la frontera inquieta

LO QUE ESTÁ IN

ARETES
Largos
En forma de botones
Dorados mate
Formas geométricas
En forma de gotas

BRAZALETES
Grandes
De metal

DETALLES
Tonos metálicos
Con diseños de animales selváticos
Cintas
Antigüedades

COLLARES
Gargantillas
Collares pegados al cuello
Antiguos
Perlas falsas o reales

PRENDEDORES
Formas abstractas
Broches

RELOJES
De brazalete
Deportivos
Con personajes de caricaturas

LO QUE ESTÁ OUT

Los accesorios pequeños
Aretes minúsculos
Varios collares

DESCUBRIMIENTO CULTURAL

*E*n Latinoamérica o en España, como aquí, hay muchos tipos de tiendas diferentes adonde va la gente a comprar ropa. Hay grandes almacenes o tiendas de departamentos. En las ciudades hay también pequeñas tiendas elegantes, donde los precios son bastante altos. En estas tiendas venden la ropa de los grandes modistas (diseñadores) como Cartier, Balenciaga, etc.

Hay también tiendas que tienen precios bajos porque siempre tienen ofertas especiales, rebajas (precios reducidos) y gangas[1]. Tienen muchos saldos o liquidaciones[2].

En algunos países hay mercados al aire libre. En estos mercados venden muchos productos indígenas. Tienen suéteres de lana, sarapes, ponchos, etc. que son fantásticos y muy razonables.

Hoy en día hay también muchos centros comerciales. Los centros comerciales se encuentran por lo general en las afueras de una ciudad. Un centro comercial tiene una aglomeración de tiendas diferentes. También los grandes hoteles tienen centros comerciales.

Un centro comercial en Buenos Aires, Argentina

Un mercado al aire
libre en Guatemala

Los tamaños de aquí y de Europa no son los mismos. Aquí tiene Ud. las diferencias.

TALLAS EN ESTADOS UNIDOS Y EN EUROPA

BLUSAS Y SUÉTERES

Estados Unidos		32	34	36	38	40	42	44
Europa		40	42	44	46	48	50	52

VESTIDOS Y TRAJES DE SEÑORA

Estados Unidos		10	12	14	16	18	20
Europa		38	40	42	44	46	48

TRAJES Y ABRIGOS DE CABALLERO

Estados Unidos		36	38	40	42	44	46
Europa		46	48	50	52	54	56

CAMISAS

Estados Unidos	14	$14\frac{1}{2}$	15	$15\frac{1}{2}$	$15\frac{3}{4}$	16	$16\frac{1}{2}$	17
Europa	36	37	38	39	40	41	42	43

CALCETINES

Estados Unidos		$9\frac{1}{2}$	10	$10\frac{1}{2}$	11	$11\frac{1}{2}$
Europa		38-39	39-40	40-41	41-42	42-43

ZAPATOS DE SEÑORA

Estados Unidos	4	5	6	7	8	9	10	11
España	32	34	36	38	40	42	44	46

MEDIAS

Estados Unidos		8	$8\frac{1}{2}$	9	$9\frac{1}{2}$	10	$10\frac{1}{2}$
Europa		0	1	2	3	4	5

Y AQUÍ EN LOS ESTADOS UNIDOS

Carolina Herrera, venezolana y Oscar de la Renta, dominicano, son modistos famosos que viven y diseñan en los Estados Unidos. Herrera diseñó el vestido de boda de Caroline Kennedy, hija del presidente John F. Kennedy.

Paloma Picasso, hija del famoso pintor español Pablo Picasso, nació en Francia pero se considera una diseñadora hispana. Ella diseña joyas (*jewelry*) para la famosa casa Tiffany. También diseña perfumes y cosméticos.

[1] gangas *bargains*
[2] liquidaciones *sales*

Paloma Picasso

La calle Serrano en Madrid **1**. ¿Es una calle muy bonita, verdad?

Es un mercado al aire libre en Chichicastenango, Guatemala **2**. Los colores de la ropa son muy brillantes.

Es el famoso mercado del Rastro en Madrid **3**. Este mercado tiene lugar todos los domingos.

Es la portada de la revista "Eres", una revista para jóvenes muy popular en México **4**.

Es una liquidación, una venta en una tienda en Buenos Aires **5**. ¿Qué vas a comprar?

Comunicación oral

A **Una blusa por favor.** You sell clothing in a boutique. A Latin American tourist (your partner) comes in and wants to buy a blouse. The tourist wants to see a variety of styles before making a decision. Help by asking questions and offering advice.

B **El Oscar.** You and your partner are covering the Oscars for a Colombian radio station. Take turns describing in detail what each of the following stars is wearing.

1. Michael Jackson
2. Tom Selleck
3. Cher
4. Andy García
5. Denzel Washington
6. Jodie Foster

C **Le voy a comprar…** With your partner make a list of family members and the gifts you would buy for each one. Explain why you chose each gift.

Comunicación escrita

A **¿Qué está "in"?** With your partner make a list of clothing styles you think are "in" and "out" for high school students. Write down a description of each style and report to the class.

B **Lo que está en onda.** You are covering a fashion show in New York for a Spanish fashion magazine. Write an article of at least two paragraphs decribing the show. Include what's "in," what's "out," and what the new "look" is for next season according to the top designers.

C **Por catálogo.** Last week you ordered several items of clothing from a mail order house in Mexico. When you received the items and tried them on you discovered that some were too short, too long, the wrong color, too tight, too big, etc. Write a letter to the mail order house that includes: a brief description of the events leading to the problem; a statement of the problem; what you think the company should do about it.

Muy señores míos:
La semana pasada compré una blusa y un blusón. El color de la blusa no me gusta y el blusón me queda muy grande. Quiero cambiar (exchange) la blusa por otro color y el blusón por una talla más pequeña.

Atentamente,
Mariela García

Reintegración

 Al cine. Contesten con *sí.*

1. ¿Fuiste al cine anoche?
2. ¿A qué cine fuiste?
3. ¿Qué película viste?
4. ¿Cuántas entradas compraste en la taquilla?
5. ¿Te gustó la película?
6. ¿Fuiste al cine con tus amigos?
7. Después, ¿fueron Uds. a tomar una merienda?
8. ¿Qué tomaste?
9. ¿Comiste?
10. ¿Qué comiste?
11. ¿Quién pagó, tú o tu amigo(a)?
12. ¿A qué hora volviste a casa?

Vocabulario

SUSTANTIVOS

la tienda de ropa
  para caballeros
  (señores)
  para damas (señoras)
el escaparate
la vitrina
el mostrador
el/la dependiente
el/la cliente
la caja
la tarjeta de crédito
la camisa
la corbata
el traje
los pantalones
la chaqueta
el saco
las medias
los calcetines
el blue jean
el T shirt
la camiseta
el suéter
el jersey
la blusa
la falda
el vestido
el sombrero
el cinturón
el abrigo
la gabardina
el blusón

los zapatos
las sandalias
los tenis
el precio
el color
el número
el tamaño
la talla

la manga
el tacón
el botón
la cremallera
el zíper

ADJETIVOS

corto(a)
largo(a)
ancho(a)
estrecho(a)
caro(a)
barato(a)

blanco(a)
rojo(a)
verde
negro(a)
amarillo(a)
gris
anaranjado(a)
azul

VERBOS

interesar
aburrir
enojar

Oscar de la Renta, diseñador dominicano que vive en los Estados Unidos

enfadar
sorprender
molestar
gustar
encantar

OTRAS PALABRAS Y
EXPRESIONES

demasiado
bastante
a rayas
a cuadros
de color
  crema
  vino
  café
  oliva
  marrón

hacer juego con
me sienta bien
me queda bien
me aprieta

¿cuánto cuesta?
nada
nadie
nunca
ni yo tampoco
algo
alguien
siempre
también

OBJETIVOS

In this chapter you will learn to:

1. use words and expressions related to train travel
2. purchase a train ticket and request information about arrival, departure, etc.
3. talk about events or activities that took place at a definite time in the past
4. identify various types of trains and rail services in Spain
5. describe some interesting train trips in Latin America

PALABRAS 1

EN LA ESTACIÓN DE FERROCARRIL

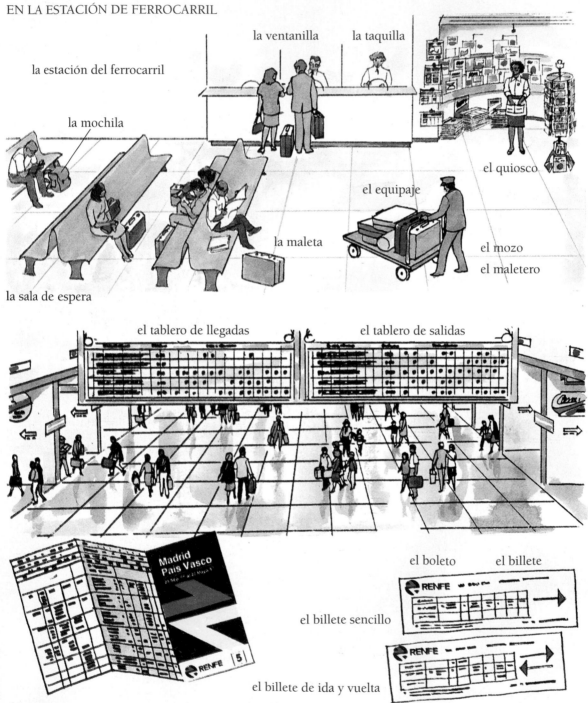

la ventanilla

la taquilla

la estación del ferrocarril

el quiosco

la mochila

el equipaje

la sala de espera

la maleta

el mozo

el maletero

el tablero de llegadas

el tablero de salidas

Madrid País Vasco

RENFE 5

el horario

el boleto

el billete

el billete sencillo

RENFE

el billete de ida y vuelta

RENFE

el tren   el vagón

el andén

la vía

La señora hizo un viaje.
Hizo el viaje en tren.
Tomó el tren (fue en tren) porque no quiso
    ir en carro.

El mozo vino con el equipaje.
Otro mozo puso el equipaje en el tren.

El tren salió del andén número tres.
Los pasajeros estuvieron en el andén.

La estación de ferrocarril El Retiro, Buenos Aires, Argentina

Ejercicios

A En la estación de ferrocarril. Contesten según se indica.

1. ¿Cómo vino la señora a la estación? (en taxi)
2. ¿Dónde puso sus maletas? (en la maletera del taxi)
3. En la estación, ¿adónde fue? (a la ventanilla)
4. ¿Qué compró? (un boleto)
5. ¿Qué tipo de boleto compró? (de ida y vuelta)
6. ¿En qué clase? (segunda)
7. ¿Dónde puso su billete? (en su bolsa)
8. ¿Qué consultó? (el horario)
9. ¿Adónde fue? (al andén)
10. ¿De qué anden salió el tren? (del número tres)
11. ¿Por qué hizo la señora el viaje en el tren? (no quiso ir en coche)

B **Antes de abordar el tren.** Escojan.

1. ¿Dónde espera la gente el tren?
   a. en la ventanilla   **b.** en la sala de espera   **c.** en el quiosco

2. ¿Dónde venden o despachan los billetes?
   a. en la ventanilla   **b.** en el equipaje   **c.** en el quiosco

3. ¿Qué venden en el quiosco?
   a. boletos   **b.** maletas   **c.** periódicos y revistas

4. ¿Qué consulta el pasajero para verificar la hora de salida del tren?
   a. la llegada   **b.** la vía   **c.** el horario

5. ¿Quién ayuda a los pasajeros con el equipaje?
   a. el mozo   **b.** el tablero   **c.** el andén

6. ¿De dónde sale el tren?
   a. de la ventanilla   **b.** del andén
   c. del tablero

C **El billete del tren.** Contesten.

1. ¿De qué estación sale el tren?
2. ¿Adónde va el tren?
3. ¿Cuál es la fecha del billete?
4. ¿A qué hora sale el tren?
5. ¿A qué hora llega el tren?
6. ¿Está el asiento en la sección de fumar o de no fumar?
7. ¿Qué clase de billete es?
8. ¿Con qué pagó el/la pasajero(a)?

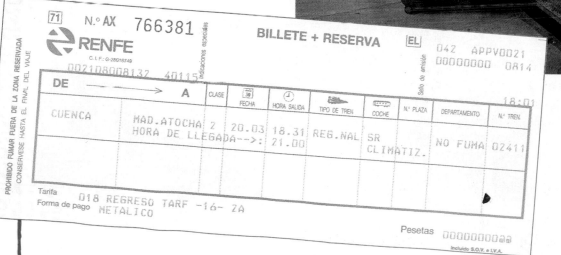

PALABRAS 2

EN EL TREN

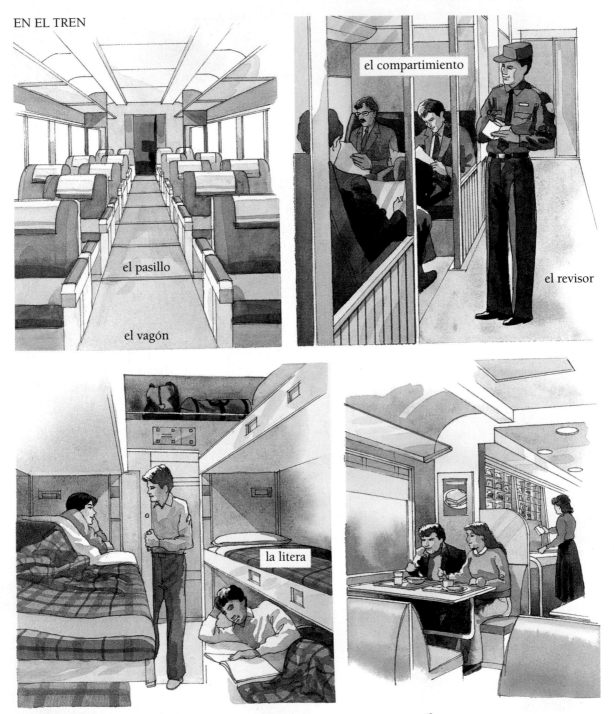

el compartimiento

el revisor

el pasillo

el vagón

la litera

el coche-cama

el coche-comedor

el asiento

ocupado   libre

reservado

bajar del tren

subir al tren

transbordar

Los pasajeros subieron al tren.
El tren salió a tiempo.
No salió tarde.
No salió con retraso (con una demora).

Los pasajeros van a transbordar en la próxima
estación, la próxima parada.

Ejercicios

A **En el tren.** Contesten.

1. Cuando llegó el tren a la estación, ¿subieron los pasajeros a bordo?
2. ¿El tren salió tarde?
3. ¿Con cuántos minutos de demora salió?
4. ¿Vino el revisor?
5. ¿Revisó él los boletos?

B **El tren.** Contesten según la foto.

1. ¿Tiene este tren compartimientos?
2. ¿Tiene el coche o vagón un pasillo central o lateral?
3. ¿Cuántos asientos hay a cada lado del pasillo?
4. ¿Hay asientos libres o están todos ocupados?
5. ¿Está completo el tren?
6. ¿Hay pasajeros de pie en el pasillo?

C **Un viaje en tren.** Completen.

1. Entre Granada y Málaga el tren local hace muchas ___.
2. El expreso o el rápido no hace muchas ___.
3. No hay un tren directo a Benidorm. Es necesario cambiar de tren. Los pasajeros tienen que ___.
4. Los pasajeros que van a Benidorm tienen que ___ en la próxima ___ o ___.
5. ¿Cómo lo sabes? El ___ nos informó que este tren no es directo.

Comunicación

Palabras 1 y 2

A **El Talgo.** You are an exchange student in Spain. You have just returned to Madrid from a trip to Paris. You travelled from Madrid to Paris on the luxury train El Talgo. The train left Madrid at 6:15 p.m. The trip took fifteen hours but the train arrived in Paris one hour late. The train had a dining car and a sleeping car with sleeping berths. It made only two stops: in Burgos and at the French border in the town of Hendaye. You have been asked to tell the class about your trip. Include in your talk:

1. the price of the ticket
2. what time you boarded the train
3. when the train left the station
4. the number of stops and where
5. when and how well you slept
6. what time you arrived in Paris
7. what you think of El Talgo
8. if you recommend it or not, and why

B **¿A qué hora…?** With your group study a map of Spain. One member of the group will be the RENFE (Red Nacional de Ferrocarriles Españoles) ticket agent in Madrid. Each member will choose two cities from the map. Take turns asking the ticket agent the price of a round trip second class ticket; if there is a dining car; the time the train leaves Madrid; the time it arrives at the city; if the train is always on time.

C **Quiero ir a…** You are planning a train trip from Santiago to Puerto Montt in Chile. Get as much information as you can from the travel agent (your partner). Make sure you cover such things as:

la estación de donde sale	el coche cama	la litera
la estación a donde llega	la hora que sale	la hora que llega
el número de paradas	la tarifa de ida y vuelta	el coche comedor

D **En tren o en avión.** With a classmate, compare train and air travel. For each fact that you state about train travel, your partner will state the corresponding fact about air travel.

Estudiante 1: El tren sale de la
    estación.
Estudiante 2: El avión sale del
    aeropuerto.

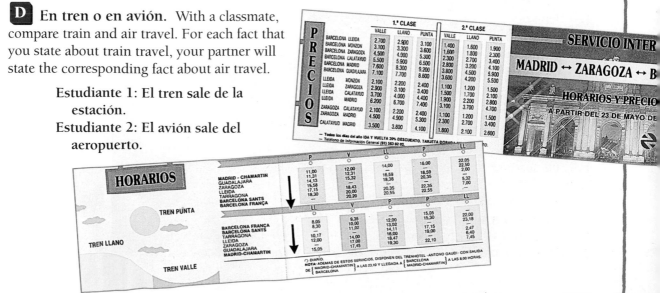

El pretérito de los verbos *hacer, querer* y *venir*

Relating Past Actions

1. The verbs *hacer, querer* and *venir* are irregular in the preterite. Note that they all have an *-i* in the stem and the endings for the *yo* and *él, ella,* and *Ud.* forms are different from the endings of the regular verbs.

INFINITIVE	HACER	QUERER	VENIR
yo	hice	quise	vine
tú	hiciste	quisiste	viniste
él, ella, Ud.	hizo	quiso	vino
nosotros(as)	hicimos	quisimos	vinimos
vosotros(as)	*hicisteis*	*quisisteis*	*vinisteis*
ellos, ellas, Uds.	hicieron	quisieron	vinieron

2. The verb *querer* has a special meaning in the preterite.

Quise ayudar.	*I tried to help.*
No quise ir en carro.	*I refused to go by car.*

Ejercicios

A **¿Cómo viniste?** Contesten.

1. ¿Viniste a la estación en taxi?
2. ¿Viniste en un taxi público o privado?
3. ¿Hiciste el viaje en tren?
4. ¿Hiciste el viaje en el expreso o en el rápido?
5. ¿Lo hiciste en tren porque no quisiste ir en coche?

B **¿Por qué no quisieron?** Completen las conversaciones.

1. —Ellos no ___ (hacer) el viaje
   —¿No lo ___ (querer) hacer?
   —No, de ninguna manera.
   —Pues, ¿qué pasó entonces? ¿Lo ___ (hacer) o no lo ___ (hacer)?
   —No, no lo ___ (hacer).
2. —¿Por qué no ___ (venir) Uds. esta mañana?
   — Nosotros no ___ (venir) porque no ___ (hacer) las reservaciones.
3. —Carlos no ___ (querer) hacer la cama.
   —Entonces, ¿quién la ___ (hacer)?
   —Pues, la ___ (hacer) yo.
   —¡Qué absurdo! ¿Tú la ___ (hacer) porque él no la ___ (querer) hacer?

CONDUZCASE CON PRUDENCIA

ZONA DE SERVICIO

Comida, café, copa y vídeo.
Estos son los ingredientes de un viaje apetecible.
Mézclelos a su gusto. En tren.
En su próximo viaje estamos para servirle.
Sin parar.

ESTACIONAMIENTO RESERVADO

Al salir de viaje aparque bien su coche
En tren. En Auto-expreso alcanzará los 160 Km/h, sin tocar el acelerador.
Llegará a su destino,
sin cambiar la marcha.

TRANSPORTE ESCOLAR

Si tienes menos de 11 años, juega a los trenes en la guardería.
Si tienes más, disfruta de las ventajas que tiene el tren mientras tus hijos juegan.

VISTA PANORAMICA

Con vistas al campo o con vistas a la playa.
Usted elige.
Sólo tiene que asomarse a la ventanilla y disfrutar.
Sólo tiene que viajar en tren.

VELOCIDAD RECOMENDADA

160 Km/h.

Viaje sin límites. En tren.
A 160 Km/h, cuando menos lo espere, llegará a su destino.
Haga cálculos.

VIA LIBRE

Reservada para usted.
En el tren dispone de una vía exclusiva, sin atascos.
La única vía donde usted tiene preferencia siempre.

OBRAS

Obras públicas para disfrutar en privado. Cómodamente.
No pare hasta llegar al final.
Hasta su destino.

AFLOJENSE LOS CINTURONES

Así viajará más cómodo.
Sin aprietos. Sin agobios.
Sin molestias de ninguna clase.
Así viajará en el tren.

HOTEL

Tenemos plazas para todos.
Para que viaje con toda comodidad, en coche-cama o literas.
No se pierda el tren.

RENFE
MEJORA TU TREN DE VIDA

El pretérito de otros verbos irregulares

Describing Past Actions

1. The verbs *estar, andar* and *tener* are irregular in the preterite. They all have a -*u* in the stem.

INFINITIVE	ESTAR	ANDAR	TENER
yo	estuve	anduve	tuve
tú	estuviste	anduviste	tuviste
él, ella, Ud.	estuvo	anduvo	tuvo
nosotros(as)	estuvimos	anduvimos	tuvimos
vosotros(as)	estuvisteis	anduvisteis	tuvisteis
ellos, ellas, Uds.	estuvieron	anduvieron	tuvieron

2. The verb *andar* means "to go" but not to a specific place. The verb *ir* is used with a specific place. Note the following.

   Fueron a Toledo. *They went to Toledo.*

   Anduvieron por las plazas pintorescas de Toledo.
   They wandered through (walked around) the picturesque squares of Toledo.

3. The verbs *poder, poner,* and *saber* are also irregular in the preterite. Like the verbs *estar, andar,* and *tener,* they all have a -*u* in the stem.

INFINITIVE	PODER	PONER	SABER
yo	pude	puse	supe
tú	pudiste	pusiste	supiste
él, ella, Ud.	pudo	puso	supo
nosotros(as)	pudimos	pusimos	supimos
vosotros(as)	pudisteis	pusisteis	supisteis
ellos, ellas, Uds.	pudieron	pusieron	supieron

4. Like *querer,* the verbs *poder* and *saber* have special meanings in the preterite.

   Pude parar. *(After trying hard) I managed to stop.*
   No pude parar. *(I tried but) I couldn't stop.*
   Yo lo supe ayer. *I found it out (learned it) yesterday.*

UNIVERSIDAD COMPLUTENSE DE MADRID

Año académico 1.982 - 1.983

CENTRO

FACULTAD C. POLÍTICAS Y SOCIOLOGÍA

LÓPEZ DE TEJADA CABEZA

(Nombre) *Mª DEL CARMEN*

El Rector,

NUM. DE MATRÍCULA
00835

D. N. I. O PASAPORTE
15.126.429

Ejercicios

A ¿Estuviste en la estación? Contesten según se indica.

1. ¿Estuviste ayer en la estación de ferrocarril? (sí)
2. ¿Tuviste que tomar el tren a Toledo? (sí)
3. ¿Pudiste comprar un billete reducido? (no)
4. ¿Tuviste que mostrar tu tarjeta de identidad estudiantil? (sí)
5. ¿Dónde la pusiste? (no sé)
6. ¿La perdiste? (sí, creo)
7. ¿Cuándo supiste que la perdiste? (cuando llegué a en la estación)

B Estuve en el mercado. Completen.

El otro día yo ____ (estar) en el mercado de
$\overline{1}$
Chichicastenango, en Guatemala. Ramón ____
$\overline{2}$
(estar) allí también. Nosotros ____ (andar) por el
$\overline{3}$
mercado pero no ____ (poder) comprar nada.
$\overline{4}$
No es que no ____ (querer) comprar nada, es
$\overline{5}$
que no ____ (poder) porque ____ (ir) al
$\overline{6}$ $\overline{7}$
mercado sin un quetzal.

Serie «E»

27 ENE 242

RECIBO
Tesorería Municipal de
CHICHICASTENANGO
DEPT. DE EL QUICHE
Guatemala, C. A.
INGRESOS
PISO DE PLAZA Y OTROS
Cobrada en centavos de Quetzal
la cantidad Mayor indicada aba-
jo a la izquierda.

FECHA

	Comple- mentos
1 UN CENTAVO	
2 DOS CENTAVOS	1 C.
3 TRES CENTAVOS	2 C.
4 CUATRO CENTAVOS	3 C.
5 CINCO CENTAVOS	4 C.
10 DIEZ CENTAVOS	5 C.
15 QUINCE CENTAVOS	10 C.
20 VEINTE CENTAVOS	15 C.
25 VEINTICINCO CENTS.	20 C.

Escenas de la vida   *En la ventanilla*

PASAJERA: Un billete para Madrid, por favor.
AGENTE: ¿Sencillo o de ida y vuelta?
PASAJERA: Sencillo, por favor.
AGENTE: ¿Para cuándo, señorita?
PASAJERA: Para hoy.

AGENTE: ¿En qué clase, primera o segunda?
PASAJERA: En segunda. ¿Tiene Ud. una tarifa reducida para estudiantes?
AGENTE: Sí. ¿Tiene Ud. su tarjeta de identidad estudiantil?

PASAJERA: Sí, aquí la tiene Ud.
AGENTE: Con el descuento son tres mil pesetas.
PASAJERA: ¿A qué hora sale el próximo tren?
AGENTE: Sale a las veinte y diez del andén número ocho.
PASAJERA: Gracias.

De viaje.   Contesten.

1. ¿Dónde está la señorita?
2. ¿Adónde va?
3. ¿Qué tipo de billete quiere?
4. ¿Para cuándo lo quiere?
5. ¿En qué clase quiere viajar?
6. ¿Es estudiante la señorita?
7. ¿Hay una tarifa reducida para estudiantes?
8. ¿Qué tiene la señorita?
9. ¿Cuánto es el billete con el descuento estudiantil?
10. ¿A qué hora sale el tren?
11. ¿De qué andén sale?

Pronunciación *La consonante x*

An **x** between two vowels is pronounced much like the English **x** but a bit softer.

exacto	conexión	éxito
examen	flexible	próximo

When **x** is followed by a consonant, it is often pronounced like an **s**.

extranjero	explicar	exclamar
Extremadura	extraordinario	excusar

Repeat the following sentence.

El extranjero tomó el examen en Extremadura.

un examen
extraordinario

Comunicación

A **¿Por qué no quieres...?** Recently your best friend (your partner) has been turning down all your invitations to do things together. Ask him or her why. Your partner should give some interesting excuses.

> **ir a patinar**
> Estudiante 1: ¿Por qué no quisiste ir a patinar?
> Estudiante 2: No quise porque la gente que patina no me gusta.

1. ir a patinar
2. jugar al tenis
3. ir al cine
4. venir a la fiesta de ___
5. ir a la piscina
6. asistir al concierto de música clásica

B **¿Qué hiciste?** Ask your partner what he or she did last Saturday, last Sunday, and last night. Reverse roles.

C **¿Dónde estuviste?** Find out if your partner was at the following places or events. He or she will answer "yes" or "no" and give a reason. Reverse roles.

> **el centro comercial**
> Estudiante 1: ¿Estuviste en el centro comercial?
> Estudiante 2: No, porque tuve que estudiar.

1. el concierto de Bach
2. la fiesta de cumpleaños de ___
3. el partido de baloncesto
4. la reunión del club de español
5. la biblioteca

D **En Buenos Aires.** You are at the train station in Buenos Aires, Argentina. You want to buy a ticket for Mar del Plata. Your partner is the ticket agent.

1. Tell the ticket agent what you want.
2. Get the price.
3. Find out at what time the next train leaves.
4. Ask for the track number.

UNA EXCURSIÓN EN TREN

*U*n grupo de alumnos de la señora Rivera hicieron un viaje a España durante las vacaciones de primavera. La señora Rivera los acompañó. Pasaron unos ocho días en Madrid e hicieron excursiones a las cercanías[1] de la capital.

Un día fueron a Toledo. Hicieron el viaje de Madrid a Toledo en tren. Salieron del hotel y tomaron el autobús a la estación de Atocha. Los trenes para Toledo salen de esta estación. La señora Rivera fue a la ventanilla, donde compró o como dicen los madrileños, "sacó", un billete para cada alumno. Luego, verificó[2] la hora de salida del próximo tren en el tablero "Cercanías". Hay también trenes de

El entierro del conde de Orgaz, de El Greco

largo recorrido que van a ciudades lejanas. Pero Toledo está en las cercanías de Madrid, a sólo 100 kilómetros de la capital.

Después de una hora en el tren, los alumnos llegaron a Toledo. Todos los alumnos pusieron su billete de vuelta en su mochila y salieron a conocer esta ciudad histórica. Anduvieron por las callejuelas y plazas pintorescas. Visitaron la catedral, una de las sinagogas y la pequeña iglesia de Santo Tomé. ¿Por qué fueron a esta iglesia pequeña? Para ver el famoso cuadro *El entierro del Conde de Orgaz* de El Greco. El famoso pintor, El Greco, nació en Creta, Grecia, pero pasó la mayor parte de su vida en Toledo. Los alumnos estuvieron muy impresionados por la belleza[3] extraordinaria de esta obra maestra que el artista pintó en 1585, en honor del Conde de Orgaz.

[1] cercanías *outskirts* [3] belleza *beauty*
[2] verificó *checked*

La iglesia de Santo Tomé

La sinagoga Nuestra Señora del Tránsito, Toledo, España

Estudio de palabras

A **Palabras afines.** Busquen diez palabras afines en la lectura.

B **¿Cuál es la otra palabra?** Pareen.

1. hicieron un viaje
2. siete días
3. excursión
4. el lugar
5. la vuelta
6. de largo recorrido
7. fabuloso
8. la callejuela
9. la sinagoga
10. el pintor

a. el sitio
b. calle estrecha
c. fantástico
d. viajaron
e. una semana
f. el regreso
g. viaje
h. el templo judío
i. de larga distancia
j. el artista

Comprensión

Una calle en Toledo, España

A **En Toledo.** Contesten.

1. ¿Dónde pasaron las vacaciones de primavera los alumnos de la señora Rivera?
2. ¿Cuántos días estuvieron en Madrid?
3. ¿Adónde hicieron excursiones?
4. ¿Cómo fueron a Toledo?
5. ¿De qué estación salió el tren?
6. ¿Qué compró (sacó) la señora Rivera?
7. ¿Dónde pusieron los alumnos su billete de vuelta?
8. ¿Por dónde anduvieron los alumnos?
9. ¿Qué lugares turísticos visitaron?
10. ¿Qué vieron en la iglesia de Santo Tomé?

B **Datos.** Identifiquen.

1. el nombre de un pintor español
2. la ciudad donde pasó la mayor parte de su vida el pintor
3. el año en que el pintor pintó el cuadro
4. el nombre de uno de sus cuadros más famosos
5. el nombre de la iglesia donde está este cuadro

C **El Greco.** Decidan.

1. Si el pintor pintó este cuadro en 1585, ¿en qué siglo vivió?
2. El pintor tiene el apodo de El Greco. Su verdadero nombre es Doménikos Theotokópoulos. La lectura dice que este pintor pasó la mayor parte de su vida en Toledo. ¿Qué opina Ud.? ¿Por qué tiene el apodo El Greco?

DESCUBRIMIENTO CULTURAL

¿*T*e gusta viajar en tren? A muchos les gusta hacer una excursión en tren de vez en cuando. Mientras viajan, pueden observar el paisaje.

Y si te interesa el paisaje, hay tres viajecitos que tienes que hacer en Latinoamérica. El primero es el viaje de Cuzco a Machu Picchu en el Perú. Cada día, a las siete de la mañana un tren de vía estrecha[1] sale de la estación de San Pedro en Cuzco y llega a las diez y media a Machu Picchu. Cuzco está a 3.469 metros sobre el nivel del mar[2]. El tren tiene que bajar a 2.300 metros para llegar a Machu Picchu —¡tiene que bajar 1.100 metros! En Machu Picchu están las ruinas fabulosas de los incas. Es una ciudad entera, totalmente aislada[3], en un pico andino al borde de un cañón. Un dato histórico increíble es que los españoles nunca descubrieron a Machu Picchu durante su conquista del Perú. Los historiadores creen que Machu Picchu fue el último refugio de los nobles incas que se escaparon de los españoles. Si los españoles no encontraron a Machu Picchu, ¿quien lo encontró? Hiram Bingham, el explorador y senador de los Estados Unidos, lo encontró en 1911. ¿Cómo llegó Bingham a Machu Picchu? ¡A pie! Hoy, hay solamente dos maneras de ir a Machu Picchu. ¿Cuáles son? A pie, como llegó Bingham, o en el tren que sale de Cuzco a las siete de la mañana.

Otro viaje interesante es el de San José, Costa Rica, a Puntarenas. San José, la capital, está a una altura de 1.135 metros y Puntarenas está al nivel del mar, en una región tropical de la costa del Pacífico. El pequeño tren con bancos de madera tiene que bajar las montañas como una víbora[4]. Para los naturalistas es fascinante ver que en sólo dos horas cambia la vegetación entre la zona fresca montañosa y la zona tórrida tropical.

[1] estrecha *narrow gauge*
[2] nivel del mar *sea level*
[3] aislada *isolated*
[4] víbora *snake*

Machu Picchu

El canal de Panamá

noreste. Colón, en el Caribe, está al noroeste de Panamá que está en el Pacífico. Si Uds. no lo creen, tienen que mirar el mapa.

Entre 1880 y 1900 se construyeron líneas de ferrocarril por todo el suroeste de los EE. UU., Texas, Nuevo México, Arizona, California, el norte y después, todo México. Las vías cruzaron la frontera en Nogales, El Paso y Laredo.

Las compañías trajeron a miles de mexicanos para trabajar en la construcción y el mantenimiento de las vías. Muchos de ellos se quedaron en el suroeste.

El tercer viaje es el de la ciudad de Panamá a Colón. El tren cruza el istmo de Panamá. Durante algunas partes del recorrido, los pasajeros pueden ver el canal. ¡Una cosa muy interesante! El tren sale de Panamá, en la costa del Océano Pacífico, y termina en Colón, en la costa del Caribe. El Pacífico está al oeste y el Caribe está al este, ¿no? Sí, es verdad. Pero, a causa de la forma del istmo, este tren viaja hacia el noroeste para llegar al

Al principio los mexicanos que vinieron a trabajar vinieron del norte de México. Pero cuando las líneas se extendieron más al sur de Zacatecas, vinieron a los EE. UU. mexicanos de toda la república. Así, la primera gran migración de mexicanos a los EE. UU. fue uno de los resultados de la construcción de los ferrocarriles.

Trabajadores mexicanos

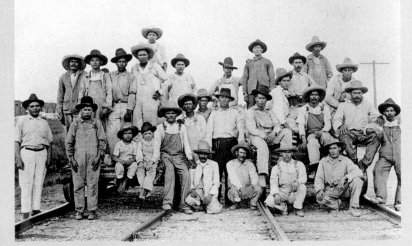

REALIDADES

Es una muralla de la fabulosa ciudad de Cuzco en los Andes del Perú **1**. Si quieres visitar las famosas ruinas incai-cas de Machu Picchu, puedes tomar el tren de Cuzco.

Es el cuadro de El Greco, *Vista de Toledo* **2**.

Es el horario de El Talgo **3**. El Talgo es un tren de lujo con coches elegantes, aire acondicionado, comidas riquísimas y buen servicio.

Este joven espera el tren en la estación de Málaga en el sur de España **4**. ¿Viajas mucho en tren? ¿Adónde vas?

1

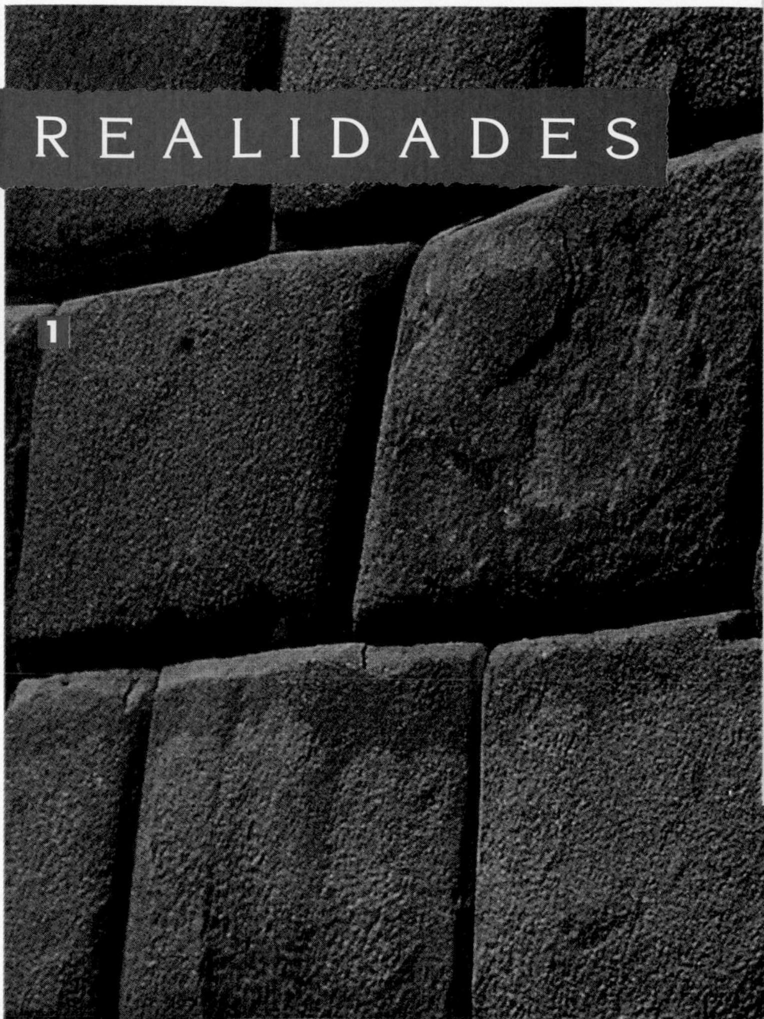

2

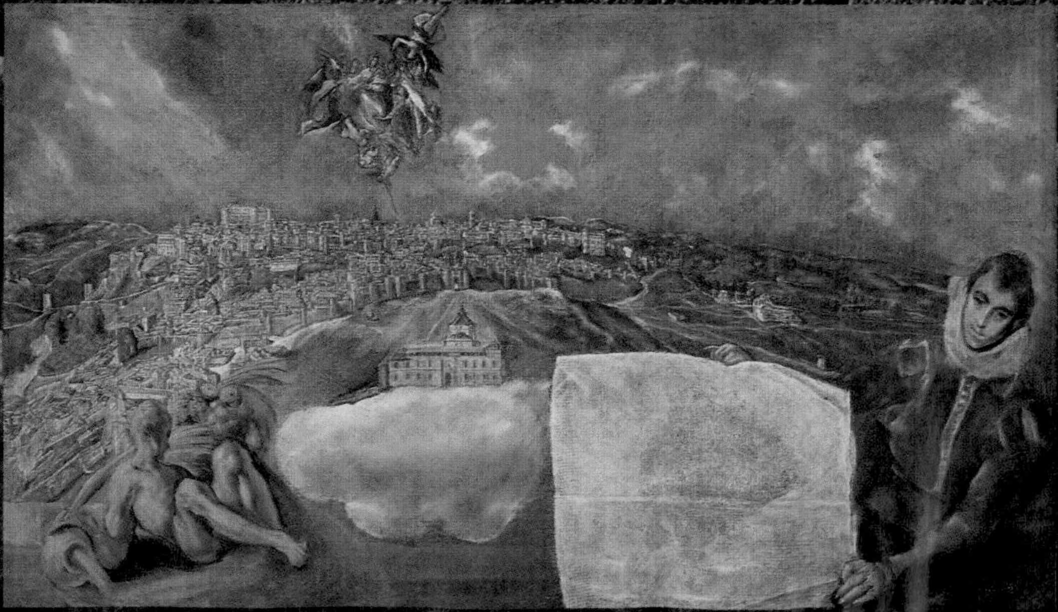

3

Talgo 200
MADRID • MALAGA

TIPO DE TREN (*)	MALAGA · MADRID		
NUMERO DE TREN OBSERVACIONES	VALLE	LLANO	LLANO
	9141	9143	9145 (b)
MALAGA	9.45	16:10	19:40
BOBADILLA	10:29	10:53	20:37
PUENTE GENIL	10:57	17:21	-
MONTILLA	11:16	-	-
CORDOBA	12:05	-	-
PUERTOLLANO	12:57	18:30	22:15
CIUDAD REAL	13:14	19:22	-
MADRID Puerta de Atocha	14:25	19:41	-
		20:55	00:30

(8), todos los servicios se prestan con trenes TALGO 200.
el 31/07, el 16/08 y el 31/08.

TALGO 200 PUNTA

A efectos de precios, se consideran en todo su trayecto con denominación TALGO 200 PUNTA los siguientes:

DIAS	MESES	TALGO 200 con salida de origen a las:
1	JULIO	10:00, 14:10 y 15:20 de MADRID
15	JULIO	9:45 y 16:10 de MALAGA
16	JULIO	10:00 y 15:20 de MADRID
31	JULIO	9:45 ,16:10 y 19:40 de MALAGA
1 y 16	AGOSTO	10:00 y 15:20 de MADRID
15	AGOSTO	9:45 y 16:10 de MALAGA
31	AGOSTO	9:45 ,16:10 y 19:40 de MALAGA
1	SEPTIEMBRE	10:00 y 15:20 de MADRID

4

Comunicación oral

A **Su pasaporte.** You are the *revisor* on the train from Madrid to Paris and your partner is the *viajero*. You knock on the compartment door, greet your partner, and ask if you can see his or her ticket and passport. Your partner shows them to you and asks if the train is going to arrive in Paris on time. You say that it is going to arrive one hour late because it stopped in Burgos too long.

B **De paseo.** You have been away on a study tour for ten days and have just returned to school after missing two days of classes. Find out from the exchange student from Venezuela (your partner) what has been going on and what you've missed. Reverse roles. Some things you might want to know are:

1. what he or she did during vacation
2. how the school's teams did
3. any parties you missed (*perder*)
4. what went on in different classes
5. any tests you may have missed

C **El tren, el bus o el avión.** Work in groups of four. With your group compile a list of advantages and disadvantages (*ventajas y desventajas*) for each of three methods of transportation. Make sure you include such things as: speed, price, location of terminals or stations, and anything else you consider important. Polish your list and have one person present it to the class.

Comunicación escrita

A **En Segovia.** Mrs. Rivera's class visited Ávila and Segovia, two famous historic cities near Madrid. Get information about these cities in an encyclopedia or other source, and describe what Mrs. Rivera's students saw and did there.

B **Machu Picchu.** You have just taken the train from Cuzco to Machu Picchu. Write an entry in your diary about the trip. Include your impressions of the scenery, the weather conditions, etc.

Acueducto romano en Segovia, España

C **Las listas.** You plan to take an overnight train trip and need to get organized. Write a list of everything you need to do. Include such things as going to the travel agent, buying train tickets, making reservations for a berth, packing your suitcase, buying items you will need, etc. Make as complete a list as possible. Compare your list with a classmate's. Did you forget anything?

Reintegración

A **Preparaciones para un viaje.** Contesten.

1. ¿Hiciste la maleta?
2. ¿Qué pusiste en la maleta?
3. Antes de hacer el viaje, ¿compraste ropa nueva?
4. ¿Dónde la compraste?
5. ¿Qué compraste?
6. ¿Te costó mucho?
7. ¿Le diste el dinero a la empleada en la tienda?
8. El viaje que hiciste, ¿lo hiciste en tren?
9. ¿A qué hora salió el tren de la estación de ferrocarril?

B **Los cursos que me interesan.** Contesten.

1. ¿Cuáles son los cursos que te interesan?
2. ¿Cuáles son los cursos que no te interesan, que te aburren?
3. ¿Cuáles son los deportes que te interesan?
4. ¿Cuáles son los deportes que no te interesan, que te aburren?
5. ¿Cuáles son los cursos que te gustan más?

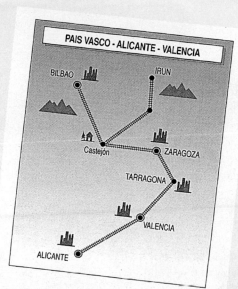

Vocabulario

SUSTANTIVOS

la estación de ferrocarril
la ventanilla
la taquilla
el billete de ida
   y vuelta
el billete sencillo
el horario
la sala de espera
el quiosco
el tablero de llegadas
el tablero de salidas
el mozo
el maletero
la maleta
la mochila
el equipaje
el andén
la vía
el tren

el vagón
el coche
el pasillo
el compartimiento
el asiento
el coche-cama
la litera
el coche-comedor
el revisor

la estación
la parada
el retraso
la demora

ADJETIVOS

libre
ocupado(a)
reservado(a)
sencillo(a)
próximo(a)

VERBOS

esperar
bajar(se) del tren
transbordar
subir al tren

**OTRAS PALABRAS
Y EXPRESIONES**

tarde
a tiempo
con retraso
con una demora

15

EN EL RESTAURANTE

OBJETIVOS

In this chapter you will learn to do the following:

1. order food or beverage at a restaurant
2. identify some food
3. identify eating utensils and dishes
4. explain how you like certain foods prepared
5. talk about present and past events and activities
6. describe some of the many cuisines of the Hispanic world
7. compare some U.S. and Hispanic dining habits

409

PALABRAS 1

EL RESTAURANTE

el menú

el mesero

el cocinero

la mesa

la tarjeta de crédito

la cuenta

la propina

Tengo hambre. Quiero comer.
Tengo sed. Voy a beber algo.

la pimienta
la sal
el vaso
la taza
el platillo
el cuchillo
la cuchara
la servilleta
el plato
la cucharita
el tenedor
el mantel

pedir

freír

La señorita pide el menú.

El cocinero fríe (está friendo) las papas.

servir

El mesero le sirve la comida.

Ejercicios

A **En el restaurante.** Contesten.

1. ¿Cuántas personas hay en la mesa?
2. ¿Pide María el menú?
3. ¿Le trae el menú el mesero?
4. ¿María pide?
5. ¿El mesero le sirve?
6. ¿El mesero le sirve bien?
7. Después de la comida, ¿le pide la cuenta al mesero?
8. ¿Le trae la cuenta el mesero?
9. ¿Paga con su tarjeta de crédito María?
10. ¿María le da (deja) una propina al mesero?
11. ¿Tiene hambre María?
12. Después de la comida, ¿tiene hambre María?

B **El mesero pone la mesa.** Completen.

1. Para comer los clientes necesitan ___, ___, ___ y ___ .
2. Dos condimentos son la ___ y la ___ .
3. El mesero cubre la mesa con ___.
4. En la mesa el mesero pone una ___ para cada cliente.
5. El niño pide un ___ de leche y sus padres piden una ___ de café.
6. Ellos tienen ___ y piden una botella de agua mineral.

EN MEXICO
COMO EN EL EXTRANJERO

¡Qué bueno es pagar con Banamex!

TARJETAS
❀ Banamex

TODO CON EL PODER DE SU FIRMA

C **¿Qué necesitas?** Contesten según el modelo.

> **¿Para tomar leche?**
> *Para tomar leche, necesito*
> *un vaso.*

1. ¿Para tomar agua?
2. ¿Para tomar café?
3. ¿Para comer la ensalada?
4. ¿Para comer el postre?
5. ¿Para cortar la carne?

D **Palabras relacionadas.** Busquen una palabra relacionada..

1. la mesa   a. la cuenta
2. la cocina   b. el servicio
3. costar   c. la bebida
4. servir   d. el cocinero
5. freír   e. la comida
6. comer   f. el mesero
7. beber   g. frito

Cada quien su gusto...

pero La Fina a todos da gusto

100% Sal.
Refinada-Limpia-Yodatada.

La Fina razón del sazón

La Fina
Sal de Mesa
Refinada, Yodatada y Fluorurada.
Con Antihumectante

PALABRAS 2

LAS COMIDAS

la carne

el pollo

el pescado

los mariscos

las frutas

las legumbres
los vegetales
las verduras

la tortilla

el pan

el jamón

el huevo

el aceite

el queso

la papa

los frijoles
las habichuelas

la lechuga

el arroz

¿Cómo le gusta el biftec?

casi crudo

a término medio

bien hecho (cocido)

María pidió un biftec.
El mesero le sirvió el biftec.
Él le sirvió el biftec como lo pidió.
La comida está deliciosa, muy rica.
No está mala.

Nota: En los Estados Unidos hay muchos restaurantes mexicanos. ¿Sabes lo que son los tacos, las enchiladas, las tostadas, las flautas, las fajitas, el guacamole?

Ejercicios

A **Cenó en el restaurante.** Contesten.

1. ¿Fue María al restaurante anoche?
2. ¿Quién le sirvió?
3. ¿Pidió María un biftec?
4. ¿Cómo lo pidió?
5. ¿Pidió también una ensalada?
6. ¿Le sirvió el mesero una ensalada de lechuga y tomate?
7. ¿Le sirvió una comida deliciosa o una comida mala?

B **Sí, me gusta.** Preguntas personales.

1. ¿Te gusta la ensalada?
2. ¿Te gusta la ensalada con aceite y vinagre?
3. ¿Te gusta el biftec?
4. ¿Te gusta el biftec casi crudo, a término medio o bien hecho?
5. ¿Te gusta el sándwich de jamón y queso? ¿Te gusta más tostado?
6. ¿Te gusta la tortilla de queso?
7. ¿Te gusta el jamón con huevos?

C **¿Te gusta o no te gusta?** Contesten según la foto.

1.

2.

3.

4.

5.

6.

Comunicación

Palabras 1 y 2

A **¿Qué comen?** The home economics class at the school in Honduras where you are an exchange student wants to know all about eating habits in the United States. Tell the class:

1. where people eat each meal
2. at what time Americans eat each meal
3. some things people eat
4. what people drink with their meals

B **¿Qué quieres?** You and your partner go out to a restaurant for breakfast, lunch, and dinner. You never know what to order. Your partner will give you a few suggestions. You turn down each suggestion and then you order something totally different. Reverse roles.

> el desayuno
> Estudiante 1: No sé qué pedir para el desayuno.
> Estudiante 2: ¿Por qué no pides huevos fritos?
> Estudiante 1: No me gustan los huevos.
> Estudiante 2: ¿Por qué no pides cereal?
> Estudiante 1: No, quiero otra cosa.
> Estudiante 2: ¿Por qué no pides jamón?
> Estudiante 1: No, voy a pedir pan y café.

C **En el restaurante.** You go to a restaurant in Caracas. Your partner is the server. Do the following:

1. Ask for the menu.
2. Find out what the specialties of the house are.
3. Give the server your order.
4. Ask what there is to drink and order something.
5. Ask for the bill.

Mesón Restaurante "EL TABLON"

PATIO ANDALUZ (REFRIGERADO)

Cardenal González, 75 - Teléfono 47 60 61 - CORDOBA

COMBINADOS

1 Chuleta, huevo, tomate y patatas.

2 Flamenquín, calamares, paella y tomate.

3 Paella, pescado, ensalada y tomate.

4 Pescado, carne, tomate y patatas.

565 pesetas.

MENU
Sopa - Pescado ó Carne - Pan Vino y Fruta
725 Ptas.

MENU
Paella - Pescado ó Carne - Pan Vino y Fruta
750 Ptas.

MENU
Gazpacho con guarnición - Pescado ó Carne
Pan Vino y Fruta
725 Ptas.

RESTAURANTE
CASA FABAS
Plaza Herradores, 7 y 8
Tels. 541 11 03 - 248 32 22

Nº 03258

Sr.

MESA N.° _____

		Fecha	N.° orden	Importe	Concepto
SO = Sopas	1				
VE = Verduras	2				
HU = Huevos, Tortillas	3	10 V	*062	*00007	N°
PE = Pescados	4	10 V	*063	*0900	PB
CA = Carnes, aves	5	10 V	*064	*01700	PB
PO = Postres	6	10 V	*065	*0900	PB
BO = Bodega	7	10 V	*066	*01400	VE
VA = Varios	8	10 V	*067	*00775P	BO
BA = Bar	9	10 V	*068	*05675	To
PD = Plato del día	10				
CJ = Caja	11	IVA 6%		340	
CR = Correcciones	12				
RT = Retour	13		6,015		
TO = Total	14				
	15				
	16				

IVA 6%

El presente de los verbos con el cambio *e > i*

Describing People's Activities

1. The verbs *pedir, servir, repetir, freír,* and *seguir* "to follow" are stem-changing verbs. The *e* of the infinitive stem, *pedir, servir,* changes from *e* to *i* in all forms of the present tense except the *nosotros* and *vosotros* forms. Note the following.

INFINITIVE	PEDIR	SERVIR	FREÍR
yo	pido	sirvo	frío
tú	pides	sirves	fríes
él, ella, Ud.	pide	sirve	fríe
nosotros(as)	pedimos	servimos	freímos
vosotros(as)	*pedís*	*servís*	*freís*
ellos, ellas, Uds.	piden	sirven	fríen

2. Note the spelling of the verb *seguir.*

SEGUIR	
yo	sigo
tú	sigues
él, ella, Ud.	sigue
nosotros(as)	seguimos
vosotros(as)	*seguís*
ellos, ellas, Uds.	siguen

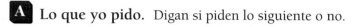

Ejercicios

 **Lo que yo pido.** Digan si piden lo siguiente o no.

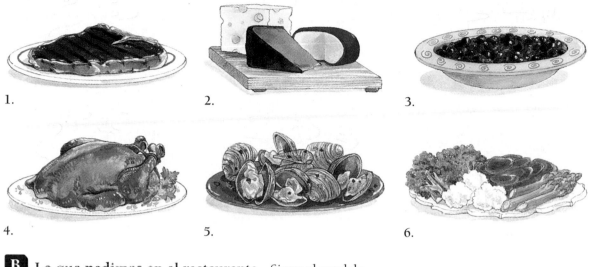

1.

2.

3.

4.

5.

6.

B **Lo que pedimos en el restaurante.** Sigan el modelo.

> A Juan le gusta el pescado. ¿Qué pide él?
> Él *pide pescado.*

1. A Teresa le gustan los mariscos. ¿Qué pide ella?
2. A Carlos le gusta el biftec. ¿Qué pide él?
3. A mis amigos les gustan las legumbres. ¿Qué piden ellos?
4. A mis padres les gusta mucho la ensalada. ¿Qué piden ellos?
5. Nos gusta el postre. ¿Qué pedimos?
6. Nos gustan las tortillas. ¿Qué pedimos?

C **Vamos al restaurante.** Completen.

Cuando mi amiga y yo ___ (ir) al restaurante, nosotros ___ (pedir) casi
                        1   2
siempre un biftec. Yo lo ___ (pedir) casi crudo y ella lo ___ (pedir) bien
                          3   4
hecho. A mi amiga le ___ (gustar) mucho las papas fritas. Ella ___ (decir) que
                      5   6
le ___ (gustar) más cuando el cocinero las ___ (freír) en aceite de oliva.
    7   8

D **Cuando voy a un restaurante.** Preguntas personales.

1. Cuando vas a un restaurante, ¿qué pides?
2. ¿Cómo pides la carne?
3. ¿Y cómo pides las papas? Si no pides papas, ¿pides arroz?
4. ¿Qué más pides con la carne y las papas o el arroz?
5. ¿Quién te sirve en el restaurante?
6. Si te sirve bien, ¿qué le dejas?

El pretérito de los verbos con el cambio *e > i, o > u*

1. The verbs *pedir, repetir, freír, servir,* and *seguir* have a stem change in the preterite also. The *e* of the infinitive stem changes to *i* in the *él* and *ellos* forms.

INFINITIVE	PEDIR	REPETIR	SEGUIR
yo	pedí	repetí	seguí
tú	pediste	repetiste	seguiste
él, ella, Ud.	pidió	repitió	siguió
nosotros(as)	pedimos	repetimos	seguimos
vosotros(as)	*pedisteis*	*repetisteis*	*seguisteis*
ellos, ellas, Uds.	pidieron	repitieron	siguieron

2. The verbs *preferir* and *dormir* "to sleep" also have a stem change in the preterite. The *e* in *preferir* changes to *i* and the *o* in *dormir* changes to *u* in the *él* and *ellos* forms.

INFINITIVE	PREFERIR	DORMIR
yo	preferí	dormí
tú	preferiste	dormiste
él, ella, Ud.	prefirió	durmió
nosotros(as)	preferimos	dormimos
vosotros(as)	*preferisteis*	*dormisteis*
ellos, ellas, Uds.	prefirieron	durmieron

Other verbs conjugated like *preferir* and *dormir* are *sugerir* "to suggest" and *morir* "to die."

Ejercicios

A **¿No te sirvieron bien?** Contesten.

1. ¿Qué pediste en el restaurante? (un biftec)
2. ¿Cómo lo pediste? (casi crudo)
3. ¿Cuántas veces repetiste "casi crudo"? (dos veces)
4. ¿Y cómo sirvió el mesero el biftec? (bien hecho)
5. ¿Qué hiciste? (pedí otro biftec)
6. ¿Qué pidió tu amigo? (puré de papas)
7. ¿Y qué pasó? (el cocinero frió las papas)
8. ¿Qué sirvió el mesero? (papas fritas)
9. ¿Pidieron Uds. una ensalada? (sí)
10. ¿Qué pidieron para la ensalada? (aceite y vinagre)
11. ¿Y con qué sirvió las ensaladas el mesero? (con mayonesa)
12. ¿Le dieron Uds. una propina al mesero? (no)

B **Yo preparé la comida.** Completen con el pretérito.

1. Anoche mi hermano y yo ___ la comida para la familia. (preparar)
2. Yo ___ el pescado. (freír)
3. Mi hermano ___ las papas. (freír)
4. Mamá ___ la mesa. (poner)
5. Y papá ___ la comida. (servir)
6. Todos nosotros ___ muy bien. (comer)
7. A todos nos ___ mucho el pescado. (gustar)
8. Mi hermano y mi papá ___ el pescado. (repetir)
9. Luego yo ___ el postre, un sorbete. (servir)
10. Después de la comida mi hermano echó (tomó) una siesta. Él ___ media hora. (dormir)
11. Yo no ___. No me gusta dormir inmediatamente después de comer. (dormir)

Escenas de la vida *En el restaurante*

RAQUEL: El menú, por favor.
MESERO: ¡Cómo no! ¡En seguida!
RAQUEL: Gracias.

MESERO: Esta noche le recomiendo
el biftec. Está muy bueno.
RAQUEL: De acuerdo, el biftec, por
favor.
MESERO: ¿Y cómo le sirvo el biftec?
¿Cómo le gusta?
RAQUEL: A término medio, por
favor.

(Después de la comida)
RAQUEL: La cuenta, por favor.
MESERO: En seguida, señorita.
RAQUEL: ¿Está incluido el servicio?
MESERO: Sí, está incluido.

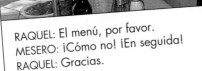

El mesero. Completen.

1. El mesero me trae ____ .
2. Él me recomienda ____.
3. Yo pido ____.
4. El mesero me sirve el biftec ____.
5. Después de comer, yo le pido ____.
6. Él me trae ____.
7. Él dice que el servicio ____.

Pronunciación   *La acentuación*

1. The rules of stress or accentuation in Spanish are simple. Words ending in a vowel, **n**, or **s** are accented on the next-to-last syllable.

   > seño**ri**ta   *Car***men**   pre**pa**ras

2. Words ending in a consonant (except **n** or **s**) are accented on the last syllable.

   > se**ñor**   ca**lor**   Ma**drid**   universi**dad**

3. Words that do not follow the above rules must have a writ accent mark over the stressed syllable.

   > **ár**bol   **Ló**pez   capi**tán**

4. A word of one syllable (monosyllabic) does not take an accent unless the same word can have two different meanings. The written accent mark distinguishes between words that are spelled alike but have different meanings.

   > tú   *you*   sí   *yes*   él   *he*
   >
   > tu   *your*   si   *if*   el   *the*

el árbol del capitán López

Comunicación

A **En el restaurante.** You are having dinner in a small restaurant near the Ramblas in Barcelona, Spain. Your partner will be the server.

1. Ask for the menu.
2. One of the specialties of the restaurant is charcoal-broiled chicken, *pollo al carbón*. Order the chicken.
3. Decide what you want with the chicken and order it.
4. Order a dessert.
5. Ask for the check.
6. Find out if the service is included.

B **Una reservación.** You have just heard a commercial on the radio about a great Mexican restaurant, *El Charro*. You call the restaurant to make reservations for Saturday night. Your partner is the restaurant manager.

1. Request a table for two for Saturday night.
2. Tell what time you want it for.
3. Give your name (*A nombre de…*).
4. Ask if you can pay with a credit card.
5. Thank the manager and say goodbye.

C **¿Qué preparamos?** Work in groups of three. You need to create three special menus for RENFE: a vegetarian menu (*vegetariano*), a low-fat menu (*bajo en grasas*), and an exotic "gourmet" menu. Discuss your recommendations, prepare the menus, and present them to the class.

LA COMIDA EN UN RESTAURANTE HISPANO

¿Qué es la cocina hispana? La cocina "hispana" no existe porque hay una gran variedad de cocinas. La cocina varía de un país a otro. La cocina española no es la comida mexicana y ésta no es la comida argentina. Vamos a ver algunos ejemplos.

La comida mexicana es muy popular en los Estados Unidos. Hay muchos restaurantes mexicanos en este país. Algunos sirven comida típicamente mexicana y otros sirven variaciones que vienen del sudoeste de los EE. UU. donde vive mucha gente de ascendencia mexicana. La base de muchos platos mexicanos es la tortilla que es un tipo de panqueque de maíz. Con las tortillas los mexicanos preparan tostadas, tacos, enchiladas, etc. Rellenan[1] las tortillas con pollo, carne de res, queso, y frijoles.

En España comen tortillas también, pero no son de maíz. Los españoles preparan las tortillas con huevos. La tortilla a la española es una tortilla con patatas y cebollas[2]. La cocina española es muy buena y variada. Los cocineros preparan muchos platos con el aceite de oliva.

En la Argentina reina el biftec, o como dicen los argentinos, "el bife". En las pampas argentinas hay mucho ganado[3] y en los restaurantes argentinos sirven mucho bife. Cuando pides bife, le tienes que decir al mesero cómo lo quieres, casi crudo, a término medio o bien hecho.

En el Caribe, en Puerto Rico, la República Dominicana y Cuba, la gente come mucho pescado y muchos mariscos. Una carne favorita es el puerco o lechón. Sirven el pescado o la carne con arroz, frijoles (habichuelas) y tostones. Para hacer tostones el cocinero corta plátanos en rebanadas[4] y las fríe.

Lechón asado

Tapas

[1] rellenan *fill*
[2] cebollas *onions*
[3] ganado *cattle*
[4] rebanadas *slices*

Un restaurante en México

Estudio de palabras

 A **Palabras afines.** Busquen diez palabras afines en la lectura.

B **Más palabras.** Busquen una palabra relacionada.

1. comer	a. la variedad, la variación
2. cocinar	b. la base, básico
3. variar	c. la comida, el comedor
4. servir	d. la preparación
5. basar	e. la cocina, el cocinero
6. preparar	f. el servicio, el servidor, el sirviente

Comprensión

A **¿Sí o no?** Contesten.

1. La cocina es la misma en casi todos los países de Latinoamérica.
2. Hay mucha diferencia entre la cocina de un país y otro.
3. A veces hay una diferencia entre un plato mexicano en México y el mismo plato mexicano del sudoeste de los EE. UU.
4. Hay una gran diferencia entre una tortilla mexicana y una tortilla española.
5. Las pampas están en España.

B **¿Qué cocina es?**
Identifiquen la cocina.

1. el aceite de oliva
2. tortillas de maíz
3. carne de res
4. enchiladas
5. arroz y frijoles
6. el lechón

C **¿Qué les parece?**
¿Qué opina Ud.? De las cocinas mencionadas, ¿cuáles son sus favoritas? ¿Pueden Uds. decir por qué?

RESTAURANTE "EL ARRABAL"
C/REAL ARRABAL, 9 ∘ TOLEDO

PRIMER GRUPO: Entremeses y Sopas

1. - Entremeses Variados	400. - Ptas.
2. - Ensalada Mixta	300. - "
3. - Sopas de Pasta	300. - "
4. - Sopa de Verduras	300. - "
5. - Jugo de Frutas	150. - "
6. - Gazpacho Andaluz	250. - "
7. - Consomé	250. - "

SEGUNDO GRUPO: Verduras y Huevos

8. - Guisantes Salteados	400. Ptas.
9. - Alcachofas Salteadas	450. - "
10. - Judías Verdes Salteadas	400. - "
11. - Espárragos con Mayonesa	800. - "
12. - Fabada Asturiana	400. - "
13. - Paella Valenciana (Personas)	1.500. - "
14. - Tortilla Francesa	300. - "
15. - Huevos Fritos con Jamón	450. - "
16. - Espagueti	400. - "

TERCER GRUPO: Carnes y Pescados

17. - Filete de Ternera	500. - Ptas.
18. - Entrecott a la Plancha	1.200. - "
19. - Chuletas de Cordero	700. - "
20. - Chuletas de Cerdo	400. - "
21. - Carne de Ternera en Salsa	700. - "
22. - Pollo Asado	400. - "
23. - Lenguado a la Romana	900. - "
24. - Merluza a la Romana	600. - "
25. - Trucha a la Navarra	600. - "
26. - Perdiz Estofada (1/2)	800. - "
27. - Cordero Estofado	900. - "

CUARTO GRUPO: Postres

28. - Piña	300. - Ptas.
29. - Pijama	500. - "
30. - Flan	150. - "
31. - Melocotón en Almíbar	250. - "
32. - Helado	200. - "
33. - Fruta del Tiempo	200. - "
34. - Queso	300. - "
35. - Tarta Helada	400. - "

MENU DE LA CASA

SE COMPONE DE DOS PLATOS, POSTRE, PAN Y VINO.

Precio
900. Ptas

ESPECIALIDAD DEL DÍA

ZARZUELA DE MARISCOS

 IVA NO INCLUIDO

DESCUBRIMIENTO CULTURAL

Cuando la gente va a un restaurante en un país hispano suele pedir más de un plato. Empiezan con un entremés como un cóctel de camarones o una sopa. En España, sirven las legumbres o verduras en un plato aparte. Nunca beben café con la comida. Toman el café después de la comida.

Tampoco es muy común beber agua con la comida. Pero si alguien quiere agua, pide con frecuencia una botella de agua mineral. Si tú vas a un restaurante y pides una botella de agua mineral, el mesero te va a preguntar si quieres el agua con gas o sin gas. ¿Cómo le vas a contestar? ¿Cuál prefieres?

Y AQUÍ EN LOS ESTADOS UNIDOS

Podemos probar platos de todas las cocinas hispanas sin tener que salir de los Estados Unidos. Hace muchos años[1] que restaurantes españoles y mexicanos en todas las grandes ciudades norteamericanas sirven comidas típicas y tradicionales. La comida mexicana también es popular hoy como una opción entre las variedades de comida rápida.

Los restaurantes hispanos en los EE. UU. son elegantes y humildes, grandes y pequeños. Los más interesantes, quizás[2], son aquéllos que se establecieron para servir a sus clientes en los barrios hispanos. La Calle 8, en Miami, por ejemplo, tiene extraordinarios restaurantes cubanos. En Nueva York, en Queens, hay restaurantes colombianos, peruanos, argentinos y puertorriqueños que sirven a sus clientes los platos que les hacen recordar a su patria. En Newark, New Jersey, en la Calle Ferry, hay restaurantes españoles fundados por emigrantes gallegos[3] hace cincuenta años. Y en San Francisco, California, hay hoteles con restaurantes que se establecieron para los pastores vascos[1]. Los pastores pasaban meses en la sierra con sus ovejas[5]. En San Francisco podían recibir su pago[6], dormir en una cama limpia, comer una buena comida vasca y hablar en vascuence.

Y en todo el suroeste de los EE. UU. hay lugares en donde se puede comer una comida hispana, nativa de los EE. UU., preparada por norteamericanos de ascendencia mexicana, comida hispana y al mismo tiempo tan americana como cualquiera.

[1] hace muchos años   *it's been many years*
[2] quizás   *perhaps*
[3] gallegos   *from Galicia, Spain*
[4] pastores vascos   *Basque shepherd*
[5] la oveja   *sheep*
[6] el pago   *pay*

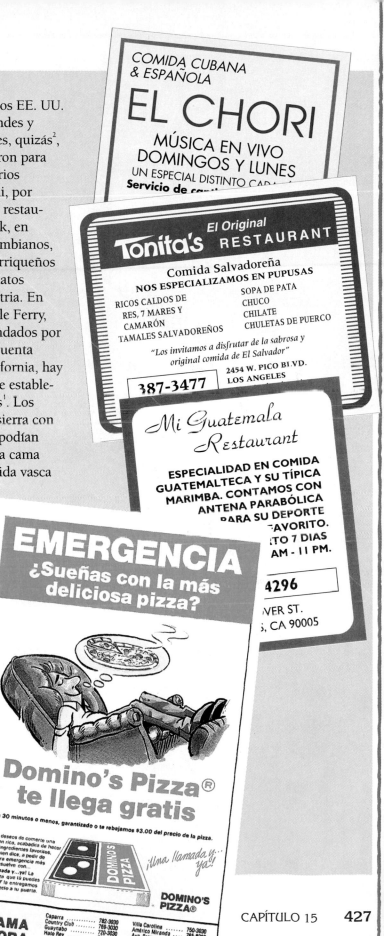

REALIDADES

Es un restaurante en Buenos Aires, Argentina. **1**. ¿Qué puedes pedir en este restaurante?

El famoso restaurante Casa Botín está en Madrid **2**. Es un restaurante muy antiguo y famoso. La especialidad es el cochinillo asado.

Una tortilla española y una tortilla mexicana son diferentes **3**. Las dos son deliciosas, ¿verdad?

Es un restaurante al aire libre en la Ciudad de México **4**. ¿Quieres comer aquí? ¿Qué vas a pedir?

El cochinillo asado es un plato típico de España **5**. ¿Quieres comer cochinillo? ¡Buen provecho!

Comunicación oral

A **Mi restaurante favorito.** Work with a classmate. Find out the following about each other's favorite restaurant.

1. the kind of restaurant
2. where it is
3. what foods they specialize in
4. what each of you likes to order
5. if it is expensive or inexpensive
6. what the service is like
7. if the restaurant is big or small
8. with whom you like to go

B **¡Qué comida!** You have just spent a year traveling in Spain, Mexico, Argentina, and Puerto Rico. The president of a local cooking club (your partner) asks you to come to its meeting to discuss the food and restaurants of the countries you have visited and to answer a list of questions about your culinary experience in each country. Explain what is eaten in each of the countries you visited, what are the ingredients in some typical dishes, and what you ate and drank while traveling. Also answer your partner's questions.

C **La cocina japonesa.** There are ethnic restaurants almost everywhere in the United States. A visitor from Guatemala (your partner) asks you if there are different ethnic restaurants nearby. For each one, tell whether or not you like that kind of cooking (*la cocina*), whether you go to the restaurant or not, and if you do, what you order there.

chino	cubano	francés
mexicano	italiano	argentino
japonés	español	

Comunicación escrita

A **El menú.** You and your partner have been hired by an airline to plan the menus for the passengers in first class. Write a dinner menu for the flight from New York to Buenos Aires. Then present your menu to the class. The class will vote on the best menu.

B **Y ahora, un anuncio.** You and your group have been hired by *El Charro* to do a new radio commercial. Write an ad that will encourage people to go to the restaurant. Name some of the dishes and tell how delicious they are. Indicate whether the restaurant is expensive or not. Include the address and phone number, the days it opens, and the hours of operation. Polish the ad and assign one person to "broadcast" the ad to the class.

C **Puede pedir...** You and your partner own a travel agency in Montevideo. Since your clients have many questions about American food and eating customs in the U.S., prepare some guidelines about American food and customs for them. Then make suggestions about what they can order for breakfast, lunch, and dinner and describe typical dishes.

Reintegración

A **En el pasado.** Cambien al pretérito.

1. Voy a la escuela.
2. Llego a las ocho.
3. Le digo "buenos días" al profesor.
4. Aprendo algo nuevo.
5. Tomo un examen.
6. Saco una nota buena en el examen.
7. Escribo una composición.
8. Salgo de la escuela.
9. Voy al campo de fútbol.
10. Juego (al) fútbol.
11. Vuelvo a casa.
12. Como.

B **Yo no, Juan.** Cambien *yo* en *Juan* en las oraciones del Ejercicio A.

Vocabulario

SUSTANTIVOS
el restaurante
la mesa
el/la mesero(a)
el menú
la cuenta
la tarjeta de crédito
la propina

el tenedor
el cuchillo
la cuchara
la cucharita
el plato
el vaso
la taza
el platillo
el mantel

la servilleta
la comida
la carne
el biftec
el pollo
el jamón
los mariscos
el pescado
las legumbres
las verduras
los vegetales
las habichuelas
los frijoles
las frutas
la papa
la lechuga
el huevo

la tortilla
el queso
el pan
el arroz
la sal
la pimienta
el aceite

ADJETIVOS
delicioso(a)
rico(a)
malo(a)
crudo(a)

VERBOS
pedir (i,i)
servir (i,i)
freír (i,i)

repetir (i,i)
seguir (i,i)
preferir (ie, i)
dormir (ue, u)
morir (ue, u)

OTRAS PALABRAS Y
EXPRESIONES

casi crudo
a término medio
bien cocido (hecho)
tener hambre
tener sed

CAPÍTULO

16

EL CAMPING

OBJETIVOS

In this chapter you will learn to do the following:

1. describe your personal grooming habits
2. talk about your daily routine
3. describe a camping trip
4. tell some things you do for yourself
5. discuss the popularity of camping in Spain

PALABRAS 1

LA RUTINA

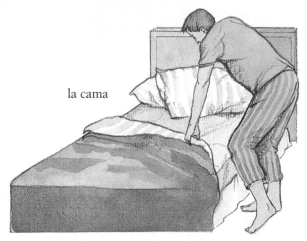

la cama

El muchacho se acuesta. Él se duerme enseguida.

El muchacho se llama José.

el espejo

El muchacho se peina.
Se mira en el espejo.

La muchacha se despierta.
Ella se levanta.

El muchacho se lava la cara.
Él se afeita. Se afeita con la navaja.

La muchacha se lava las manos.

La muchacha se cepilla (se lava) los dientes.

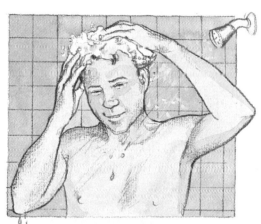

El muchacho se lava el pelo.

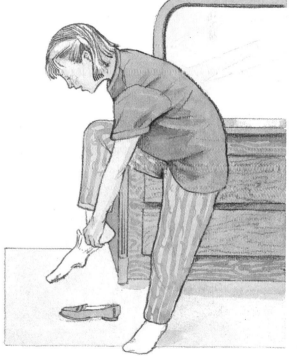

La muchacha se viste. Se pone la ropa.

La muchacha se sienta a la mesa.
Ella se desayuna.
Toma el desayuno.

Ejercicios

A **Las actividades diarias de José.** Contesten.

1. ¿Cómo se llama el muchacho?
2. ¿Se levanta temprano el muchacho?
3. ¿Se lava la cara en el cuarto de baño?
4. ¿Se lava las manos?
5. ¿Se cepilla (se lava) los dientes?
6. ¿Se peina?
7. ¿Baja al comedor donde se sienta a la mesa?
8. ¿Dónde se desayuna (toma el desayuno)?
9. ¿Se afeita antes del desayuno o después?
10. ¿Con qué se afeita?
11. ¿Se pone la gabardina?

B **Las actividades de Elena.** Completen.

1. Elena ___ por la mañana.
2. Ella ___ la cara y las manos.
3. Ella ___ los dientes.
4. Ella ___ el pelo.
5. Ella se pone la ropa. Ella ___.
6. Esta mañana ella ___ una blusa y una falda.
7. Ella ___ a la mesa.
8. Ella ___ en la cocina.

C ¿Qué hace el muchacho? Describan.

1.

2.

3.

4.

D ¿Qué hace la muchacha? Describan.

1.

2.

3.

4.

PALABRAS 2

EL CAMPING

el campamento

la carpa

el hornillo la linterna

la cantimplora

la tienda
de campaña el saco de dormir

el botiquín

acampar

el tubo
la pasta dentífrica

la navaja

la crema de afeitar

el papel higiénico
el rollo

el champú

el desodorante

una barra de jabón
el jabón (la pastilla)

el peine el cepillo

el albergue juvenil

la colina

el bosque

las orillas del río

dar una caminata

Los jóvenes levantan (arman)
una tienda de campaña.

Los amigos dan una caminata.
Se divierten mucho.
Lo pasan muy bien.

la ducha

Los jóvenes se bañan en el mar.
Luego, toman una ducha.

Ejercicio

A De camping. Contesten.

1. ¿Van de camping los amigos?
2. ¿Levantan una tienda de campaña?
3. ¿Preparan la comida en el hornillo?
4. ¿Se acuestan en un saco de dormir?
5. ¿Duermen en la carpa?
6. Cuando se levantan, ¿se visten?
7. ¿Qué se ponen?
8. ¿Se desayunan?
9. Luego, ¿dan una caminata por el bosque?
10. ¿Se divierten? ¿Lo pasan bien?

B La mochila. Contesten según la foto.

¿Qué ponen en la mochila?

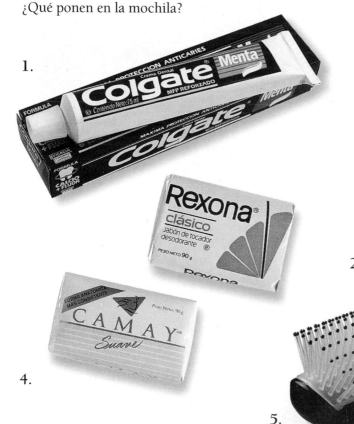

1.

2.

3.

4.

5.

C En el cuarto de baño. Completen.

1. La muchacha va a tomar una ducha. Necesita una barra de ___.
2. El muchacho va a afeitarse. Necesita ___.
3. La muchacha quiere peinarse, pero ¿dónde está el ___?
4. Juanito quiere lavarse los dientes. ¿Dónde está ___?
5. No hay más pasta dentífrica. Tengo que comprar otro ___.
6. No hay más jabón. Tengo que comprar otra ___.
7. Siempre uso ___ para lavarme el pelo.

Comunicación

Palabras 1 y 2

A **De camping.** You and a Spanish friend (your partner) are getting ready for a camping trip in the Pyrenees. Make up a list of things you think you need to pack. Then while one reads the items on the list, the other has to decide which ones you should or shouldn't take and why.

B **La rutina diaria.** With your group, develop a series of questions about people's daily routines from morning until night. Ask what they do and at what time. After you have made up your questions, polish them and exchange your list with another group. Answer the questions given to you. When everyone has answered, get your list back and report to the class the typical time for each routine, and the "oddest" time.

C **De vacaciones.** Work with a classmate. Ask one another questions to find out what types of things you like to do on vacation. Decide if you think you would like to take a vacation together.

Los verbos reflexivos

Telling What People Do for Themselves

1. Compare the following pairs of sentences.

Elena baña al bebé.

Elena se baña.

Elena peina al bebé.

Elena se peina.

Elena mira al bebé.

Elena se mira.

In the sentences on the left, Elena performs the action. The baby receives it. In the sentences on the right, Elena both performs and receives the action of the verb. For this reason the pronoun *se* must be used. *Se* refers to Elena and is called a reflexive pronoun. It indicates that the action of the verb is reflected back to the subject.

2. Each subject pronoun has its corresponding reflexive pronoun. Study the
following.

INFINITIVE	LAVARSE	LEVANTARSE
yo	me lavo	me levanto
tú	te lavas	te levantas
él, ella, Ud.	se lava	se levanta
nosotros(as)	nos lavamos	nos levantamos
vosotros(as)	*os laváis*	*os levantáis*
ellos, ellas, Uds.	se lavan	se levantan

3. In the negative form, *no* is placed before the reflexive pronoun.

> Tú *no* te lavas las manos.
> La familia Martínez *no* se desayuna en el comedor.
> *No* nos cepillamos los dientes con esa pasta dentífrica.

4. In Spanish when you refer to parts of the body and articles of clothing, you
use the definite article, not the possessive adjective.

> Él se lava *la* cara.
> Me lavo *los* dientes.
> Ella se pone *la* ropa.

"¿Por qué nos cepillamos siempre con Crest, mami?"

"Porque nos ayuda a tener dientes sanos y una sonrisa bonita."

Ejercicios

A **¿A qué hora se levanta?** Contesten.

1. ¿A qué hora se levanta Madela?
2. ¿Se baña por la mañana?
3. ¿Se desayuna en casa?
4. ¿Se lava los dientes?
5. ¿Se pone una gabardina cuando llueve?

B **El aseo.** Preguntas personales.

1. ¿A qué hora te levantas?
2. ¿Te bañas por la mañana o tomas una ducha?
3. ¿Te lavas los dientes?
4. ¿Te peinas?
5. ¿Te miras en el espejo cuando te peinas?
6. ¿Te desayunas en casa?

C **¿Y tú?** Formen una mini-conversación según el modelo.

¿Te lavas los dientes?
Sí, me lavo los dientes.

1.

2.

3.

4.

5.

¿Y Uds.? Preparen una mini-conversación según el modelo.

> **Ellos se levantan a las siete.**
> *Ah, sí. ¿Y a qué hora se levantan Uds. ?*
> *Nos levantamos a las siete también.*

1. Ellos se levantan a las siete.
2. Ellos se desayunan a las siete y media.
3. Ellos se bañan a las nueve.

E **¿Cómo se llaman todos?** Contesten.

1. ¿Cómo te llamas?
2. Y tu hermano(a), ¿cómo se llama?
3. ¿Cómo se llama tu profesor(a) de español?
4. ¿Y cómo se llaman tus abuelos?
5. Una vez más, ¿cómo te llamas?

F **La apariencia.** Completen según la foto.

1. Yo
   Él
   Tú
   Ud.

2. Nosotros
   Ellos
   Uds.
   Él y yo

Los verbos reflexivos de cambio radical

Telling What People Do for Themselves

1. The reflexive verbs *acostarse*, *sentarse*, *despertarse* are stem-changing verbs. Study the following forms.

INFINITIVE	SENTARSE	ACOSTARSE	DESPERTARSE
yo	me siento	me acuesto	me despierto
tú	te sientas	te acuestas	te despiertas
él, ella, Ud.	se sienta	se acuesta	se despierta
nosotros(as)	nos sentamos	nos acostamos	nos despertamos
vosotros(as)	*os sentáis*	*os acostáis*	*os despertáis*
ellos, ellas, Uds.	se sientan	se acuestan	se despiertan

2. The verbs *dormirse*, *divertirse*, and *vestirse* are also stem-changing verbs. These verbs have a stem change in both the present and the preterite.

DORMIRSE (O > UE, U)	
me duermo	me dormí
te duermes	te dormiste
se duerme	se durmió
nos dormimos	nos dormimos
os dormís	*os dormisteis*
se duermen	se durmieron

DIVERTIRSE (E > IE, I)	
me divierto	me divertí
te diviertes	te divertiste
se divierte	se divirtió
nos divertimos	nos divertimos
os divertís	*os divertisteis*
se divierten	se divirtieron

VESTIRSE (E > I, I)	
me visto	me vestí
te vistes	te vestiste
se viste	se vistió
nos vestimos	nos vestimos
os vestís	*os vestistéis*
se visten	se vistieron

3. Many verbs in Spanish can be used with a reflexive pronoun. Often the reflexive pronoun gives a different meaning to the verb. Study the following examples.

María pone la blusa en la mochila.	*Mary puts the blouse in the knapsack.*
María se pone la blusa.	*Mary puts on her blouse.*
María duerme ocho horas.	*Mary sleeps eight hours.*
María se duerme en seguida.	*Mary falls asleep immediately.*
María llama a Carlos.	*Mary calls Carlos.*
Ella se llama María.	*She calls herself Mary. (Her name is Mary.)*
María divierte a sus amigos.	*Mary amuses her friends.*
María se divierte.	*Mary amuses herself. (Mary has a good time.)*

Ejercicios

A **Me duermo en seguida.** Preguntas personales.

1. ¿Duermes en una cama o en un saco de dormir?
2. Cuando te acuestas, ¿te duermes en seguida?
3. Y cuando te despiertas, ¿te levantas en seguida?
4. ¿Te sientas a la mesa para tomar el desayuno?
5. Luego, ¿te vistes?
6. ¿Qué te pones?
7. ¿Te diviertes en la escuela?

B **Duermo ocho horas.** Completen.

1. Cuando yo ___, yo ___ en seguida. (acostarse, dormirse)
2. Cada noche yo ___ ocho horas. (dormir)
3. Yo ___ a las once y ___ a las siete de la mañana. (acostarse, levantarse)
4. Cuando yo ___, ___ en seguida. (despertarse, levantarse)
5. Pero cuando mi hermana ___, ella no ___ en seguida. (despertarse, levantarse)
6. Y mi hermano, cuando él ___, él no ___ en seguida. Él se pasa horas dando vueltas en la cama. (acostarse, dormirse)
7. Así él ___ solamente unas seis horas. (dormir)
8. Cuando nosotros ___, todos ___ en seguida. (levantarse, vestirse)

C **Anoche también.** Den el pretérito.

1. Él se viste elegantemente.
2. Ellos se divierten.
3. Nosotros nos divertimos también.
4. Yo me acuesto tarde.
5. Y yo me duermo en seguida.
6. ¿Te duermes en seguida cuando te acuestas?

Escenas de la vida   *¿A qué hora te despertaste?*

CARLOS: Mariluz, ¿a qué hora te despertaste esta mañana?
MARILUZ: ¿Quieres saber a qué hora me desperté o a qué hora me levanté?

CARLOS: Pues, ¿cuándo te levantaste?
MARILUZ: Me levanté tarde, a las siete y media. Me vestí y no me desayuné antes de salir para la escuela.

CARLOS: ¿Llegaste tarde a la escuela?
MARILUZ: No, llegué a tiempo porque me di mucha prisa.

■ **Me di prisa.** Contesten.

1. ¿A qué hora se despertó Mariluz?
2. ¿Se levantó en seguida?
3. ¿Se vistió rápido?
4. ¿Se desayunó antes de salir para la escuela?
5. ¿Se dio prisa?
6. ¿Llegó a tiempo o tarde a la escuela?

Pronunciación *Los diptongos*

1. The vowels **a**, **e**, and **o** are considered strong vowels in Spanish; **u** and **i** (and **y**) are weak vowels. When two strong vowels occur together, they are pronounced separately as two syllables. Note the following.

real	re-al
paseo	pa-se-o
caer	ca-er
leer	le-er

2. When two weak vowels or one weak and one strong vowel occur together, they blend together and are pronounced as one syllable. These are called diphthongs. Repeat the following words.

a	e	i	o	u
*ai*re	v*ei*nte	med*ia*	h*oy*	c*ua*tro
*au*la	*Eu*ropa	d*ie*z	v*oy*	p*ue*blo
h*ay*		c*ui*dado		
		c*iu*dad		

Repeat the following sentences.

H*ay* s*ei*s *au*tores en el *au*la.   **L*ui*s tiene m*ie*do.**
Jul*ia* pronunc*ia* b*ie*n.   **L*ui*sa tiene c*ui*dado c*ua*ndo v*ia*ja por *Eu*ropa.**
V*oy* a la c*iu*dad h*oy*.   **L*ue*go v*oy* al p*ue*blo antig*uo*.**

Comunicación

A ¿Por qué no vas a...? Tell your partner what you want to do. Your partner will suggest where you should go for each one. Reverse roles.

> ir de camping
> Estudiante 1: Quiero ir de camping.
> Estudiante 2: ¿Por qué no vas a un camping en las montañas?

1. comer pizza
2. ver una película
3. nadar
4. jugar tenis
5. ir de compras
6. hablar por teléfono

B Todos los días. You and your partner will each make a list of your daily activities. Then put them in a logical order. Compare your lists and see how many activities you do at the same time. Report to the class.

EN UN CAMPING DE ESPAÑA

¡Hola! Me llamo Eduardo Bastida Iglesias. Soy de Pamplona, en el norte de España. Hace frío en Pamplona en el invierno. Aun en el verano hace un poco de fresco. En agosto mis padres tienen vacaciones y como muchas familias españolas de la clase media vamos de camping. En comparación con las tarifas de los hoteles, el camping es bastante económico y divertido al mismo tiempo[1].

Para pasar las vacaciones nosotros vamos al sur donde hace más calor. Por todo lo largo de la costa del Mediterráneo hay campings o campamentos. Pero el camping es muy popular y es necesario hacer una reservación, sobre todo en agosto.

Cuando llegamos al camping cerca de Alicante en la costa oriental, levantamos una tienda de campaña. El camping está en una colina. Desde la colina hay una vista magnífica del mar, el cual no está muy lejos. Por la mañana me levanto temprano, me desayuno con una taza de chocolate y unos churros[2] que compramos en el "supermercado" del camping. Me pongo un T shirt, un pantalón corto y los tenis y salgo a dar una caminata por los pinares o bosques de pinos. A veces voy en mi bicicleta a Elche donde hay un bosque de palmeras que dan dátiles. Los dátiles de Elche son famosos en el mundo entero.

Por la tarde, cuando hace mucho calor me baño en el Mediterráneo. De noche me preparo una buena tortilla de gambas[3]. Luego voy a la plaza con mis amigos donde nos sentamos en la terraza de un café y miramos a la gente que pasa.

[1] al mismo tiempo   *at the same time*
[2] churros   *a type of doughnut*
[3] gambas   *shrimp (in Spain)*

Churros y chocolate

Una playa en Alicante, España

Estudio de palabras

A **¿Cuál es la palabra?** Busquen en la lectura la palabra que quiere decir lo siguiente.

1. ni mucho calor ni mucho frío
2. el precio de una habitación en un hotel
3. que le permite divertirse
4. las orillas del mar
5. del este
6. una elevación en la tierra
7. una fruta
8. un bosque de pinos

B **Lo contrario.** Busquen lo contrario.

1. hola
2. el verano
3. el frío
4. económico
5. el norte
6. occidental
7. cerca
8. temprano
9. ceno
10. nos levantamos

a. el sur
b. nos sentamos
c. el invierno
d. oriental
e. me desayuno
f. adiós
g tarde
h. el calor
i. lejos
j. caro, costoso

Comprensión

A **Eduardo Bastida.** Contesten.

1. ¿Cómo se llama el muchacho que nos habla?
2. ¿De dónde es él?
3. ¿Qué tienen sus padres?
4. ¿Adónde van?
5. ¿Dónde está el camping?
6. ¿Cómo es el camping en España?
7. ¿Desde dónde hay una vista del mar?
8. ¿Qué toma Eduardo para el desayuno?
9. ¿Qué se pone?
10. Y luego, ¿qué hace?

B **Informes.** Identifiquen.

1. el nombre de una ciudad del norte y una ciudad del sur de España
2. el nombre de la familia del padre y de la madre de Eduardo
3. el nombre de una región de España famosa por sus dátiles
4. dos tipos de árboles

C **Un descubrimiento.** In this reading selection a very popular Spanish pastime is referred to. What is it?

DESCUBRIMIENTO CULTURAL

*E*n los Estados Unidos, cuando queremos comprar artículos de tocador o cosméticos, por lo general, vamos a una farmacia. En muchas farmacias de los países hispanos, no venden cosméticos. En la farmacia sólo venden o despachan medicamentos. Para comprar desodorante, talco, jabón, perfume o agua de colonia la gente va a una perfumería o droguería. Pero hoy día, sobre todo en las grandes ciudades, hay más y más farmacias que venden artículos de tocador. Igual que nuestros *"drug stores"* tienen también una sección farmacéutica.

En España hay más de 550 campings. El camping es muy popular, sobre todo entre familias con niños y entre los jóvenes que viajan por el país con su mochila o en bicicleta.

En España hay también albergues juveniles[1] donde pasan o pueden pasar la noche los turistas jóvenes. Pero la verdad es que los albergues juveniles son menos populares en España que en otros países europeos. ¿Por qué? Porque en España hay muchas pensiones, casas de huéspedes[2] o pequeños hoteles que son bastante económicos, es decir no muy caros. Pero la verdad es que los precios están subiendo mucho. Hoy en día España no es un destino turístico muy económico.

Eduardo nos dice que por la mañana él se desayuna. Toma una taza de chocolate y unos churros que son un tipo de *"doughnut"* español frito. En España, el desayuno no es una comida grande—sólo se toma chocolate o café con leche con pan y se come con mermelada o churros. Para describir el desayuno que tomamos muchos de nosotros, los españoles dicen, "desayuno americano o inglés". El desayuno americano incluye jugo, o como dicen en España zumo de naranja, huevos, jamón o tocino[3], pan tostado y café. Y los huevos, ¿cómo? ¿Fritos, revueltos[4], pasados por agua o duros?

UTILIZA LOS CAMPINGS AUTORIZADOS

CUIDA TU ENTORNO ES DE TODOS

PROHIBIDO EL CAMPISMO LIBRE

La fiesta de San Fermín

Y AQUÍ EN LOS ESTADOS UNIDOS

En los barrios latinos de los Estados Unidos mucha gente visita a los herbolarios. Los herbolarios son personas que hacen preparaciones de hierbas para curar una variedad de males o enfermedades. Para cada enfermedad preparan una hierba específica. La gente generalmente hace un tipo de té con las hierbas y lo toma. La palabra "herbolario" se refiere a la persona y a la tienda. A los herbolarios también se llaman botánicas.

Eduardo nos dice que es de Pamplona. Pamplona es una ciudad famosa de España. ¿Por qué? Porque sus ferias y fiestas de San Fermín tienen mucha fama. Los jóvenes corren delante de los toros por las calles de Pamplona. El día de San Fermín es el siete de julio. Ernest Hemingway escribió mucho sobre los "sanfermines". San Fermín es el santo patrón de la ciudad de Pamplona.

Botanica Perez
DRUG STORE
433-9001

[1] albergues juveniles   *youth hostels*
[2] casas de huéspedes   *guest houses*
[3] tocino   *bacon*
[4] revueltos   *scrambled*

REALIDADES

1

Es un camping en España **1**. ¿Te gusta el camping? ¿Te diviertes cuando vas de camping?

El camino Tepui de Venezuela **2**. ¿Quieres dar una caminata por ese camino?

Es un hostal en España **3**. Los hostales son bastante económicos.

Estas palmeras de Elche dan unos dátiles deliciosos **4**.

La Dama de Elche es un famoso busto representativo del arte iberofenicio **5**. Lo encontraron en Elche en 1897.

2

3

HOSTAL

* *

454

CULMINACIÓN

Comunicación oral

A **¿Siempre o nunca?** When or where do your always (or never) do these things? Tell your partner and then your partner will tell you.

> lavarse las manos
> **Siempre me lavo las manos antes de comer.**

1. mirarse en el espejo
2. cepillarse los dientes
3. ponerse el traje de baño
4. vestirse elegantemente
5. acostarse tarde
6. levantarse temprano

B **En el camping.** Discuss with a classmate the routine for a camping trip. Take turns deciding at what time the two of you will do the following.

despertarse	tomar el almuerzo
levantarse	dar una caminata
desayunarse	estudiar
cenar	acostarse

C **¡Ridículo!** Ask your partner why he or she did or did not do the following things. See who can come up with the weirdest reasons. Reverse roles.

> vestirse elegantemente
> Estudiante 1: ¿Por qué te vestiste
>   elegantemente?
> Estudiante 2: Porque voy a jugar al fútbol.

1. levantarse tarde
2. cepillarse los dientes
3. mirarse en el espejo
4. sentarse a la mesa
5. desayunarse
6. lavarse las manos
7. acostarse temprano

> *Hostal Maestre*
>
> * *
>
> **HABITACIONES CON Y SIN BAÑO**
>
> ROMERO BARROS, 16
> (JUNTO A PLAZA DEL POTRO)
> TELÉF. 475395
>
> 14003 CÓRDOBA

Comunicación escrita

A **Un anuncio.** Your group has been asked to do another radio ad. This time it's for a toy doll (*muñeca*) that can do all these things:

1. wake up in the morning
2. wash its face and hands
3. brush its teeth
4. dress itself
5. comb its own hair
6. say "mama"

In your ad give the price and say where the doll can be bought. Polish the ad and appoint an "announcer" to broadcast it to the class.

B **Una vez fui…** Did you ever go to camp or spend a night at a friend's house? Try to remember how you spent that one day or invent it. Write an entry for your diary telling in detail what you did from morning to night, and include the time that you did it.

> El sábado en casa de Daniel.
> A las siete de la mañana, Daniel me despertó.
> Nos cepillamos los dientes y nos vestimos.
> A las siete y media nos desayunamos.
> Comí huevos y pan. A las…

C **Fuimos de camping.** Susana and her friends love to take vacations. Once they went together to the beach, once they took a ski trip, and once they went camping. Write a paragraph about each one of their vacations.

Reintegración

En el coche-comedor. Contesten con sí.

1. ¿Hizo Elena un viaje en tren?
2. ¿Fue un viaje largo?
3. ¿Comió Elena en el tren?
4. ¿Fue al coche-comedor?
5. ¿Le dio el menú el mesero?
6. ¿Qué pidió Elena?
7. ¿Le sirvió el mesero?
8. ¿Le gustó la comida a Elena?
9. ¿Le dio buen servicio el mesero?
10. ¿Le dejó una propina Elena?

Vocabulario

SUSTANTIVOS

el botiquín
el tubo
la pasta dentífrica
la barra
la pastilla
el jabón
el champú
el desodorante
la crema de afeitar
la navaja
el rollo
el papel higiénico
el peine
el cepillo
el espejo

el cuarto de baño
la ducha
los dientes
el pelo
la cara
el camping
el campamento
la tienda de campaña
la carpa
el saco de dormir
la cama
el hornillo
la linterna
la cantimplora
el bosque
la colina

la orilla
el río
el mar
el albergue juvenil
la pensión

VERBOS

llamarse
despertarse (ie)
levantarse
lavarse
bañarse
afeitarse
peinarse
cepillarse
vestirse (i,i)
ponerse

sentarse (ie)
desayunarse
acostarse (ue)
dormirse (ue, u)
divertirse (ie, i)
mirarse
acampar

OTRAS PALABRAS Y
EXPRESIONES

ir de camping
armar una tienda
dar una caminata
tomar una ducha

NUESTRO MUNDO

This article comes from *MÁS*, a Spanish language magazine published in the United States.

SABOR

AL DIA CON Mas SABOR

TRUCOS CULINARIOS

Si a su hijo no le gustan los vegetales pruebe a convertirlos en puré. La zanahoria, las espinacas o los puerros son mucho más apetitosos si se convierten en cremas, mezclados con papas, y se colocan en moldecitos.

◆ Acostumbre a su hijo a beber jugos naturales de frutas y de vegetales. Además de la naranja, es saludable que aprenda a tomar jugo de tomate, zanahoria o pepino sin asombrarse.
◆ La pasta es ideal para engañar visualmente al niño, porque puede complementarla con alimentos que de otra forma no comería, como brócolis, zanahorias, guisantes, pimientos, etc.

Los trucos. Contesten.

1. What section of the magazine do you think it comes from?
2. To whom is it directed?
3. The following words are almost the same in English: *puré, moldecitos (moldes), cremas, pastas.* What do you think they mean?
4. Why are they suggesting that you put *zanahorias y espinacas en cremas con papas, y en moldecitos*?
5. Whom are they trying to trick?
6. What are the less common juices that they suggest serving?
7. In what category do almost all the foods mentioned belong?
8. What do most of these foods have in common, aparently everywhere?
9. How many of the foods can you identify?
10. What is the main message of the article?

This article about railroads is from the Madrid newspaper ABC.

La estadounidense Amtrak interesada en la compra de varias unidades del Talgo pendular

La empresa estatal de ferrocarriles norteamericanos, Amtrak, está interesada en la compra de entre 10 y 20 unidades del Talgo pendular para realizar la conexión Boston-Nueva York, según informaron directivos de la compañía americana. En una prueba entre Boston y Nueva York un Talgo cubrió los 364 kilómetros de distancia en dos horas y cincuenta minutos, frente a las cuatro horas que se requieren actualmente.

Los trenes. Escojan.

1. What is the name of the potential buyer?
   a. Talgo
   b. The Boston and New York Co.
   c. Amtrak

2. What is the company interested in buying?
   a. the entire Spanish Railroad system
   b. 10-20 shares in Spanish Railroads
   c. a number of special trains

3. How long does the Boston-New York run take at present?
   a. 2 hours and 50 minutes
   b. 3 hours and 14 minutes
   c. 4 hours

4. About how much time could be cut from the schedule with the new equipment?
   a. 24 minutes
   b. 1 hour and 10 minutes
   c. 3 hours and 14 minutes

5. What does *una empresa estatal* probably refer to?
   a. government pressure
   b. a state-owned corporation
   c. a stationary object

6. What is it most likely that the Talgo is?
   a. a railroad company
   b. a high-speed train
   c. an investment company

CAPÍTULOS 13–16

Conversación   *De compras*

SEÑORITA: Hice este viaje a la ciudad para comprar equipo de camping. No
me gusta perder el tiempo. Estuve aquí el año pasado y no pude
encontrar nada.

VENDEDOR: Es verdad. Yo le serví.

SEÑORITA: Pues, tuve que venir otra vez porque en mi pueblo no pude
encontrar lo que necesito.

 En la tienda. Contesten.

1. ¿Dónde está la señorita?
2. ¿Dónde vive ella?
3. ¿Para qué hizo el viaje a la ciudad?
4. ¿Cuándo estuvo ella en la tienda?
5. ¿Qué no le gusta hacer?
6. ¿Por qué tuvo que venir otra vez?

CAMPING, EL

El Camping

Exposición, venta y alquiler
Equipos completos de camping
Remolques y tiendas - Accesorios
Taller de reparaciones

28020 MADRID
Bravo Murillo, 118
☎ **235 48 67 - 235 96 45**
28002 - Francisco Campos, 25
☎ **260 03 93 - 260 61 33**

Estructura

Los verbos *interesar, gustar, molestar, encantar*

1. Remember that the verbs *interesar, molestar,* and *enojar,* are usually used with
an indirect object pronoun.

> Ese libro *me* interesa.
> Juan *nos* molesta.
> Esos vestidos *te* encantan, ¿verdad?

2. *Gustar* is also used with an indirect object pronoun.

> **Me gusta la película.** *The movie pleases me. (I like the movie.)*

A **¿Qué te gusta?** Completen.

1. A mis amigos no ___ jugar golf. (gustar)
2. A ellos ___ más el tenis. (interesar)
3. Yo creo que el tenis es aburrido. ___ tener que jugar todos los días.
(molestar)
4. A mi hermana y yo ___ la plancha de vela. (encantar)
5. ¿Cuál es tu deporte favorito? ¿ ___ más el tenis o el golf? (gustar)

El pretérito de los verbos irregulares

Review the preterite forms of these irregular verbs.

hacer	hice, hiciste, hizo, hicimos, *hicisteis*, hicieron
querer	quise, quisiste, quiso, quisimos, *quisisteis*, quisieron
venir	vine, viniste, vino, vinimos, *vinisteis*, vinieron
estar	estuve, estuviste, estuvo, estuvimos, *estuvisteis*, estuvieron
andar	anduve, anduviste, anduvo, anduvimos, *anduvisteis*, anduvieron
tener	tuve, tuviste, tuvo, tuvimos, *tuvisteis*, tuvieron
poder	pude, pudiste, pudo, pudimos, *pudisteis*, pudieron
poner	puse, pusiste, puso, pusimos, *pusisteis*, pusieron
saber	supe, supiste, supo, supimos, *supisteis*, supieron

B **De viaje.** Completen.

Ramón y Teresa ⎯⎯ (querer) venir anoche,
pero no ⎯⎯ (poder). Así es que Paco y
yo ⎯⎯ (hacer) el viaje al pueblo de Ramón
y Teresa. No ⎯⎯ (poder) viajar juntos.
Yo ⎯⎯ (tener) que viajar en tren y Paco
⎯⎯ (tener) que tomar un bus. Yo ⎯⎯
(estar) en la estación muy temprano. Yo
me ⎯⎯ (poner) un poco nervioso porque
no vi a nadie en el andén. Pero el tren
llegó a tiempo.

El pretérito de los verbos con el cambio *e > i* y del verbo *dormir*

1. Certain verbs undergo a stem change *e > i*, *o > u* in the third person—*él/ella/Ud.* and *ellos/ellas/Uds.*—forms in the preterite.

pedir	pedí, pediste, pidió, pedimos, *pedisteis*, pidieron

dormir	dormí, dormiste, durmió, dormimos, *dormisteis*, durmieron

2. Other verbs like *pedir* are: *reír, repetir, servir, seguir,* and *preferir.*

C **Les servimos.** Cambien *yo* en *Ud.* y *nosotros* en *Uds.*

1. Yo pedí un biftec.
2. Yo freí el biftec.
3. Yo serví el biftec al cliente.
4. Nosotros les servimos a todos los clientes.
5. Seguimos trabajando en el comedor hasta las once.
6. Preferimos terminar temprano.

D **En el restaurante mexicano.** Contesten.

1. ¿Quién pidió tacos, tú o tu amigo?
2. ¿Quién pidió enchiladas?
3. ¿Sirvieron las enchiladas con mucho queso?
4. ¿Pediste arroz y frijoles también?
5. ¿Frió el cocinero los frijoles?
6. ¿Sirvió el mesero ensalada con la comida?
7. Después de comer, ¿dormiste?
8. ¿Durmió tu amigo?

Los verbos reflexivos

1. Remember, with reflexive verbs, the subject and the object are the same person.

   Yo me lavo.   **Ella se peina.**

2. Review the reflexive pronouns with their corresponding subject pronoun.

vestirse	me visto, tú te vistes, se viste, nos vestimos, *os vestís*, se visten
lavarse	me lavo, te lavas, se lava, nos lavamos, *os laváis*, se lavan

E **¿Cuándo se levantan?** Preguntas personales.

1. ¿A qué hora te levantas?
2. ¿Quién(es) en tu familia se afeita(n)?
3. ¿Cómo se llaman tus padres?
4. ¿Dónde te cepillas los dientes?
5. ¿A qué hora se desayunan Uds.?

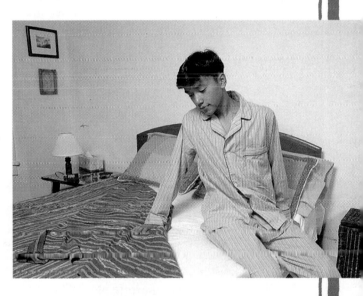

F **La rutina.** Preguntas personales.

1. ¿Te acostaste tarde o temprano anoche?
2. ¿Te dormiste en seguida?
3. ¿A qué hora te despertaste esta mañana?
4. ¿Te vestiste antes de desayunar?
5. ¿Quiénes se sentaron a la mesa para comer?

Comunicación

A **De camping.** Tell the class what you prepared and ate on a camping trip, real or imagined. The class will ask you questions about your trip.

B **No tengo ropa.** You and a classmate play the roles of a clothing store clerk and a client in to buy a new wardrobe. Tell the clerk what items you want to buy, the color, and how much you want to spend.

C **¿Quién soy?** Divide the class in groups of four. Each of you has a turn pretending you are a world famous athlete. The rest of the group has to guess who you are. They will ask questions about what sport you played; where and when you played; your family; your education; your travels; other things you did. Take turns so that everyone has a chance to play "superstar."

CIENCIAS: LA MEDICINA

Antes de leer

The advances in medical science in the last hundred years have resulted in a life expectancy and quality of life undreamed of before the 19th century. The study and practice of medicine, however, goes back thousands of years. In the reading that follows you will learn about some major figures in the early history of medicine. In preparation, please familiarize yourself with:

1. the Hippocratic oath
2. Claudius Galeno
3. William Harvey
4. André Vesalio

Lectura

Hasta la Edad Media, la medicina se basaba casi exclusivamente sobre los preceptos de los médicos griegos Hipócrates y Galeno. Hoy, en español, es común referirse a un médico como un "galeno".

Hipócrates vivió entre 460 y 377 antes de Cristo. Él viajó por toda Grecia y Asia Menor, y finalmente se instaló en Cos. Él recomendaba los tratamientos simples que permiten obrar a la naturaleza. Él practicaba la cirugía, una de las ramas[1] de la medicina más avanzada en Grecia. La patología de Hipócrates se basaba en la alteración de los humores, teoría que subsistía hasta la Edad Media: el equilibrio entre la sangre, la linfa, la bilis amarilla y la bilis negra, constituía la salud; la falta o el exceso de una de ellas constituía la enfermedad. Hipócrates escribió el *Corpus Hippocraticum*. Hoy los médicos siguen tomando el juramento hipocrático que remonta siglos.

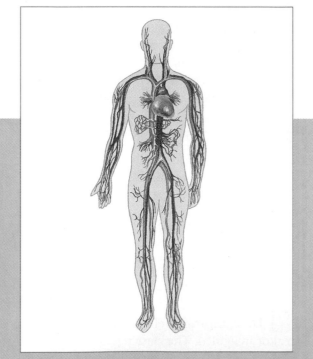

El sistema circulatorio

Claudio Galeno vivió en el siglo II antes de Cristo. Es un médico griego que ejerce la medicina en Pérgamo y en Roma. Él también, como Hipócrates, se subscribe a la teoría de los humores. Gracias a las disecciones de animales, él hace importantes hallazgos[2] en anatomía, en particular sobre el sistema nervioso y el corazón.

La medicina moderna se debe a un anatomista belga, André Vesalio, médico de Carlos V y Felipe II. Vesalio estudia la medicina en Lovaina y en Italia. En 1544 pasa al servicio de Carlos V. Vesalio ataca las teorías de los antiguos en un tratado titulado *De Corporis Humani Fabrica, La estructura del cuerpo humano.* Lo acusaron de haber hecho una desección sobre un hombre agonizante y, por eso, lo obligaron a hacer un peregrinaje[3] a Tierra Santa. Murió durante una tempestad en el viaje de regreso. Es a Vesalio a quien se deben las ciencias de la anatomía—el estudio de la estructura del cuerpo humano—y de la fisiología—el estudio de las funciones del organismo humano, tales como la nutrición, la motricidad, la sensación y la percepción.

Un español, Miguel Servet, en el siglo XVI, expone la teoría de la circulación de la sangre[4]. En 1628, el médico británico William Harvey escribe un tratado en el que describe en detalle la circulación sistémica y la circulación pulmonar de la sangre. Más tarde, la anatomía y la fisiología progresan dramáticamente gracias a técnicas modernas, tales como el endoscopio, que permite examinar el cuerpo.

William Harvey

[1] ramas *branches*
[2] hallazgos *findings*
[3] peregrinaje *pilgrimage*
[4] sangre *blood*

Después de leer

A Hipócrates. Contesten.

1. ¿De dónde son Hipócrates y Galeno?
2. ¿Qué es un "galeno"?
3. ¿Qué clase de tratamientos recomendaba Hipócrates?
4. ¿Cuáles son tres funciones del organismo humano?

B Los médicos. Escojan.

1. Una de las especialidades de Hipócrates fue ___.
   a. la patología   b. la cirugía
   c. la bilis
2. En tiempos de Hipócrates la sangre, la linfa y la bilis se llamaban ___.
   a. humores   b. tratamientos
   c. enfermedades
3. El estudio de la estructura del cuerpo humano es ___.
   a. la disección   b. la anatomía
   c. enfermedades
4. El "padre" de la anatomía y fisiología modernas es ___.
   a. Hipócrates   b. Galeno
   c. Vesalio
5. El médico que expone, inicialmente, la idea de la circulación de la sangre es ___.
   a. español   b. griego   c. inglés
6. El que describió precisamente la circulación pulmonar de la sangre es ___.
   a. español   b. griego   c. inglés

C Seguimiento. Contesten.

1. ¿Qué dice el *Juramento hipocrático*?
2. Explique por qué Vesalio tuvo que ir a Tierra Santa.
3. Describa el "endoscopio" y lo que hace.

LA SOCIOLOGÍA

Antes de leer

Look up the definitions of culture and subculture.

Lectura

Los sociólogos identifican variedades dentro de una cultura. A estas variedades les damos el nombre de subcultura. Una subcultura es un segmento de la sociedad que tiene unas costumbres y unos valores diferentes de los de la sociedad mayor. Los miembros de una subcultura forman parte de la cultura dominante. Pero al mismo tiempo muestran un comportamiento distinto y especial.

Una de las subculturas más importantes es la subcultura de los adolescentes. En los EE. UU., por razones educacionales y económicas, los adolescentes no entran en el estado de adulto hasta más tarde que en otras sociedades. La sociedad segrega a los adolescentes en escuelas superiores y universidades. Como todo el mundo, ellos están buscando una identidad. Adoptan la última moda de su grupo: la música, los ídolos de la canción o del cine, una ropa particular, una forma de peinarse, un habla especial, hasta las preferencias en la comida. La moda "punk", que se vio en Europa igual que en América, es un ejemplo. Los T shirt, los jeans y las camisas de deporte, especialmente las que llevan emblemas de universidades norteamericanas, son el uniforme de los jóvenes en todas partes. Nadie se pone zapatos. Los jóvenes se ponen tenis o zapatillas de baloncesto. El "rock", el "heavy metal" y el "rap" se oyen igual en Madrid que en Roma, Londres o Nueva York. Y allí también sirven pizza, hamburguesas, Coca Cola y papas fritas a los clientes jóvenes en restaurantes norteamericanos de comida rápida.

Otras subculturas se basan en la etnicidad, en la región geográfica, en la profesión, o en los intereses de los miembros.

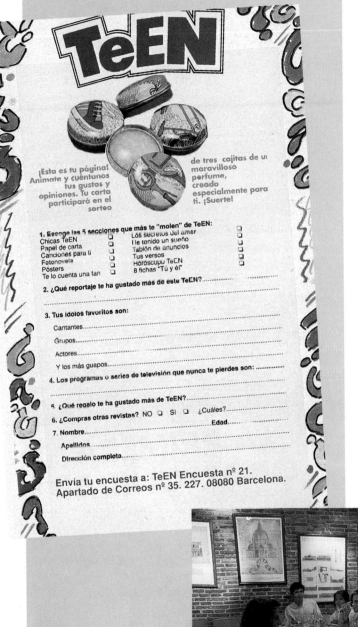

Después de leer

A **Los adolescentes.** Completen.

1. Una subcultura es un ___ de la cultura dominante.
2. Las costumbres de una subcultura son ___ de las del grupo dominante.
3. Los adolescentes entran en el mundo adulto más tarde en los EE. UU. por razones ___ y ___.
4. La sociedad segrega a los adolescentes y adultos jóvenes en ___ y ___.
5. Los jóvenes buscan una ___.
6. La moda "punk" existió en ___ y en ___.
7. Tres clases de música que escuchan los jóvenes son el ___, el ___ y el ___.
8. En lugar de zapatos, los jóvenes se ponen ___.
9. Algunas subculturas se basan en la ___ o la ___.

B **Seguimiento.** Contesten.

1. Describa la ropa y otras características de una subcultura de los EE. UU.
2. ¿Cuál es un ejemplo del habla especial de una subcultura?
3. ¿Cuál es un ejemplo de una cultura que se basa en una profesión u ocupación? Explique.

LITERATURA

Antes de leer

Epic poetry deals with the adventures, conquests and exploits of national heroes. Epic poems constitute the first European literature: Homer's *Iliad* and *Odyssey*, the *Sagas* of the Norse peoples, England's *Beowulf*, the *Chanson de Roland* of France. The authors of most of the early epic poems are unknown. Not so with *La Araucana*, the epic of Spanish America. In preparation, please read a brief biography of Alonso de Ercilla y Zúñiga, and the major events in the conquest of Chile by Pedro de Valdivia.

Lectura

El poema épico de la literatura hispano-americana es *La Araucana*. Ya sabemos que la mayoría de los autores de los poemas épicos europeos son anónimos. No es así con *La Araucana*. Lo escribió Alonso de Ercilla, un soldado español que luchó en la conquista de Chile durante el siglo XVI contra los araucanos, una raza de indios fuerte y valiente. Al principio los españoles fueron victoriosos, pero los araucanos no quisieron aceptar la idea de vivir bajo el dominio de un poder extranjero[1].

Un día habló Colocolo, su jefe[2]:
—Soy un hombre viejo. La lucha contra los españoles es difícil. Necesitamos otro jefe, no un viejo como yo. Necesitamos un joven fuerte. Aquí tengo el tronco de un árbol. El hombre que por más tiempo soporte el tronco en los hombros va a ser nuestro nuevo jefe.

Se levantaron algunos jóvenes. Cada uno levantó el tronco y lo puso en sus hombros. Luego se levantó Lincoya. Él soportó el tronco por veinte y cuatro horas. ¡Tiene que ser Lincoya el nuevo jefe! Pero después se presentó Caupolicán, un joven fuerte y severo. Levantó el tronco. Anduvo, anduvo, anduvo. Pasaron más de veinte y cuatro horas, y finalmente tiró el tronco al suelo con gran ceremonia. Todos vinieron a recibir a su nuevo jefe.

Alonso de Ercilla

Empezó de nuevo la batalla con los españoles. Los campos verdes se pusieron rojos. Los araucanos ganaron una gran victoria. Capturaron a Valdivia, el capitán español. Pero continuaron las batallas, y por fin los españoles capturaron a Caupolicán y también a su esposa, Fresia. Fresia, con su infante en los brazos, le gritó a su marido que no quería ser la esposa de un hombre cautivo[3]. Así el gran jefe de los indios sufrió un insulto severo. Unos días después, los españoles lo torturaron, y por fin lo mataron. Así terminó otra guerra cruel.

[1] extranjero   *foreign power*
[2] jefe   *leader*
[3] cautivo   *captured*

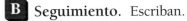

AMÉRICA
DEL SUR

CHILE

Después de leer

A **Los araucanos.** Contesten.

1. ¿Quién fue el viejo jefe de los araucanos?
2. Describa a los araucanos.
3. ¿Qué no quisieron aceptar los araucanos?
4. ¿En qué consistió la prueba para elegir un nuevo jefe?
5. ¿Por cuánto tiempo llevó el tronco Lincoya?
6. ¿Quién llevó el tronco por más tiempo?
7. ¿A quién capturaron los araucanos?
8. ¿Quiénes capturaron a Caupolicán?
9. ¿Qué le hicieron a Caupolicán?
10. ¿Qué no quería Fresia?

B **Seguimiento.** Escriban.

1. Write, in Spanish, a biographical sketch of Pedro de Valdivia.
2. Tests of strength or valor are common in epics. What others can you think of?
3. Describe the "severe insult" suffered by Caupolicán.
4. Discuss the treatment of Caupolicán by his captors.

APÉNDICES

MAPAS

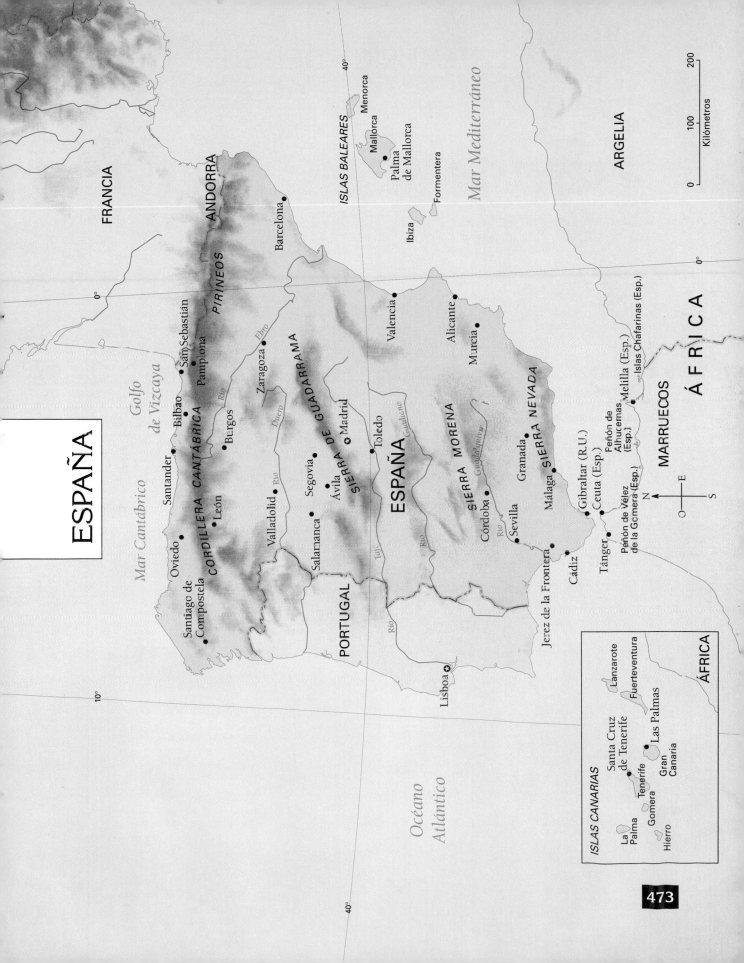

ESPAÑA

FRANCIA

ANDORRA

PIRINEOS

Barcelona

ISLAS BALEARES

Menorca

Mallorca

Palma de Mallorca

Formentera

Ibiza

Mar Mediterráneo

ARGELIA

Golfo de Vizcaya

San Sebastián

Pamplona

Ebro

Zaragoza

Río

Valencia

Alicante

Murcia

ÁFRICA

Mar Cantábrico

Santander

Bilbao

CORDILLERA CANTÁBRICA

Burgos

Duero

Río

SIERRA DE GUADARRAMA

Segovia

Madrid

Toledo

ESPAÑA

Guadiana

SIERRA MORENA

Guadalquivir

SIERRA NEVADA

Granada

Melilla (Esp.)

Islas Chafarinas (Esp.)

MARRUECOS

Oviedo

León

Valladolid

Ávila

Córdoba

Río

Sevilla

Málaga

Peñón de Alhucemas (Esp.)

Santiago de Compostela

Salamanca

Río

Guadiana

Gibraltar (R.U.)

Ceuta (Esp.)

Tánger

Peñón de Vélez de la Gomera (Esp.)

N

E

O

S

PORTUGAL

Tajo

Río

Jerez de la Frontera

Cádiz

Lisboa

Océano Atlántico

ISLAS CANARIAS

Lanzarote

Santa Cruz de Tenerife

Fuerteventura

La Palma

Tenerife

Las Palmas

Gran Canaria

Gomera

Hierro

ÁFRICA

40°

0°

0°

10°

40°

200

100

0

Kilómetros

LA AMÉRICA DEL SUR

20°
90°
80°
20°
30°

Mar Caribe

10°
Maracaibo • ⊛ Caracas
VENEZUELA
GUYANA
Georgetown ⊛
SURINAM
Medellín •
⊛ Cayena
Bogotá •
Paramaribo ⊛
GUAYANA
COLOMBIA
FRANCESA

Océano
Atlántico

Islas
Galápagos
(Ecuador)
Quito • ⊛
0°
ECUADOR
Río Amazonas
Guayaquil •
Iquitos •

10°
PERÚ
BRASIL
Lima •
Cuzco •
Brasilia
• ⊛

BOLIVIA
La Paz • ⊛ Sucre

Océano
Pacífico

20°
PARAGUAY
São Paulo •
• Río de Janeiro
Asunción ⊛

Córdoba •
URUGUAY
Rosario •
Valparaíso •
Buenos Aires ⊛ ⊛ Montevideo
Santiago •
ARGENTINA

30°
• Mar del Plata
CHILE
Puerto Montt • • Bariloche

CORDILLERA DE LOS ANDES

0   500   1000
Kilómetros

Islas
Malvinas
(R.U.)

N
O E
S

40°
Punta Arenas • ⊛

474

110°
100°
90°
80°
70°
60°
50°
40°
30°
20°
10°

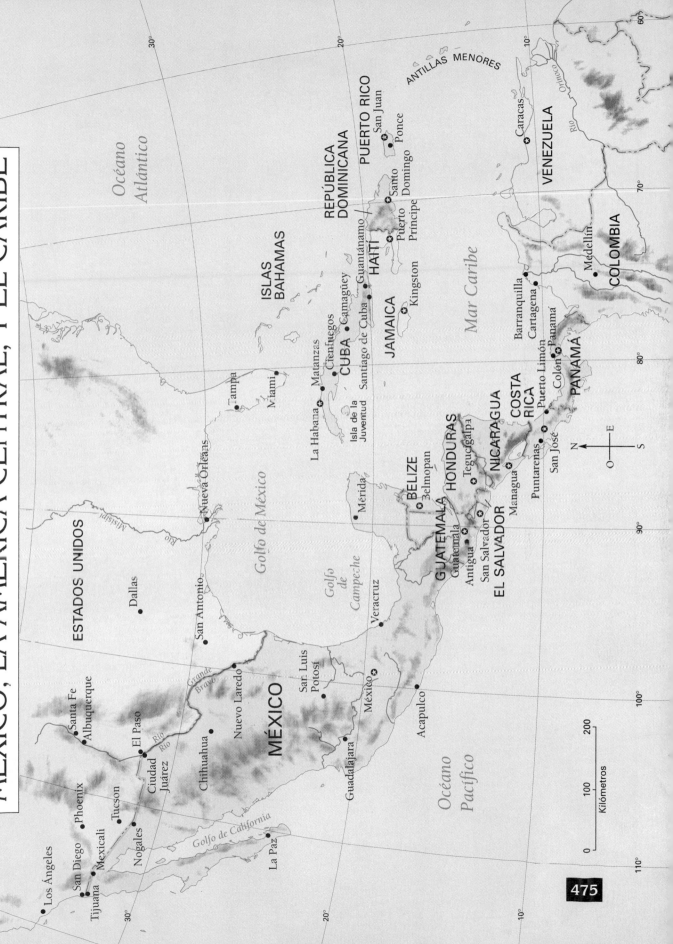

MÉXICO, LA AMÉRICA CENTRAL, Y EL CARIBE

VERBOS

A. Verbos regulares

INFINITIVO	**hablar** *to speak*	**comer** *to eat*	**vivir** *to live*
PRESENTE PROGRESIVO	estar hablando	estar comiendo	estar viviendo
PRESENTE	yo hablo tú hablas él, ella, Ud. habla nosotros(as) hablamos *vosotros(as) habláis* ellos, ellas, Uds. hablan	yo como tú comes él, ella, Ud. come nosotros(as) comemos *vosotros(as) coméis* ellos, ellas, Uds. comen	yo vivo tú vives él, ella, Ud. vive nosotros(as) vivimos *vosotros(as) vivís* ellos, ellas, Uds. viven
PRETÉRITO	yo hablé tú hablaste él, ella, Ud. habló nosotros(as) hablamos *vosotros(as) hablasteis* ellos, ellas, Uds. hablaron	yo comí tú comiste él, ella, Ud. comió nosotros(as) comimos *vosotros(as) comisteis* ellos, ellas, Uds. comieron	yo viví tú viviste él, ella, Ud. vivió nosotros(as) vivimos *vosotros(as) vivisteis* ellos, ellas, Uds. vivieron

B. Verbos regulares con cambio en la primera persona singular
(Regular verbs with stem change in the first person singular)

INFINITIVO	**conocer** *to know*	**salir** *to leave*	**ver** *to see*
PRESENTE PROGRESIVO	estar conociendo	estar saliendo	estar viendo
PRESENTE	yo conozco	yo salgo	yo veo

C. Verbos con cambio radical
(Stem-changing verbs)

INFINITIVO	**preferir[1] (e>ie)** *to prefer*	**volver[2] (o>ue)** *to return*	**pedir[3] (e>i)** *to ask for*
PRESENTE PROGRESIVO	estar prefiriendo	estar volviendo	estar pidiendo
PRESENTE	yo prefiero tú prefieres él, ella, Ud. prefiere nosotros(as) preferimos *vosotros(as) preferís* ellos, ellas, Uds. prefieron	yo vuelvo tú vuelves él, ella, Ud. vuelve nosotros(as) volvemos *vosotros(as) volvéis* ellos, ellas, Uds. vuelven	yo pido tú pides él, ella, Ud. pide nosotros(as) pedimos *vosotros(as) pedís* ellos, ellas, Uds. piden
PRETÉRITO	yo preferí tú preferiste él, ella, Ud. prefirió nosotros(as) preferimos *vosotros(as) preferisteis* ellos, ellas, Uds. prefirieron	yo volví tú volviste él, ella, Ud. volvió nosotros(as) volvimos *vosotros(as) volvisteis* ellos, ellas, Uds. volvieron	yo pedí tú pediste él, ella, Ud. pidió nosotros(as) pedimos *vosotros(as) pedisteis* ellos, ellas, Uds. pidieron

D. Verbos irregulares

INFINITIVO	**andar** *to walk*	**dar** *to give*	**decir** *to tell*
PRESENTE PROGRESIVO	estar andando	estar dando	estar diciendo
PRESENTE	yo ando tú andas él, ella, Ud. anda nosotros(as) andamos *vosotros(as) andáis* ellos, ellas, Uds. andan	yo doy tú das él, ella, Ud. da nosotros(as) damos *vosotros(as) dais* ellos, ellas, Uds. dan	yo digo tú dices él, ella, Ud. dice nosotros(as) decimos *vosotros(as) decís* ellos, ellas, Uds. dicen
PRETÉRITO	yo anduve tú anduviste él, ella, Ud. anduvo nosotros(as) anduvimos *vosotros(as) anduvisteis* ellos, ellas, Uds. anduvieron	yo di tú diste él, ella, Ud. dio nosotros(as) dimos *vosotros(as) disteis* ellos, ellas, Uds. dieron	yo dije tú dijiste él, ella, Ud. dijo nosotros(as) dijimos *vosotros(as) dijisteis* ellos, ellas, Uds. dijeron

[1] Verbos similares: *morir, sugerir*
[2] Verbos similares: *jugar*
[3] Verbos similares: *freír, repetir, seguir, servir*

Verbos irregulares

INFINITIVO	**empezar** *to begin*	**estar** *to be*	**hacer** *to do*
PRESENTE PROGRESIVO	estar empezando		estar haciendo
PRESENTE	yo empiezo tú empiezas él, ella, Ud. empieza nosotros(as) empezamos *vosotros(as) empezáis* ellos, ellas, Uds. empiezan	yo estoy tú estás él, ella, Ud. está nosotros(as) estamos *vosotros(as) estáis* ellos, ellas, Uds. están	yo hago tú haces él, ella, Ud. hace nosotros(as) hacemos *vosotros(as) hacéis* ellos, ellas, Uds. hacen
PRETÉRITO	yo empecé tú empezaste él, ella, Ud. empezó nosotros(as) empezamos *vosotros(as) empezasteis* ellos, ellas, Uds. empezaron	yo estuve tú estuviste él, ella, Ud. estuvo nosotros(as) estuvimos *vosotros(as) estuvisteis* ellos, ellas, Uds. estuvieron	yo hice tú hiciste él, ella, Ud. hizo nosotros(as) hicimos *vosotros(as) hicisteis* ellos, ellas, Uds. hicieron
INFINITIVO	**ir** *to go*	**poder** *to be able*	**poner** *to put*
PRESENTE PROGRESIVO	estar yendo	estar pudiendo	estar poniendo
PRESENTE	yo voy tú vas él, ella, Ud. va nosotros(as) vamos *vosotros(as) vais* ellos, ellas, Uds. van	yo puedo tú puedes él, ella, Ud. puede nosotros(as) podemos *vosotros(as) podéis* ellos, ellas, Uds. pueden	yo pongo tú pones él, ella, Ud. pone nosotros(as) ponemos *vosotros(as) ponéis* ellos, ellas, Uds. ponen
PRETÉRITO	yo fui tú fuiste él, ella, Ud. fue nosotros(as) fuimos *vosotros(as) fuisteis* ellos, ellas, Uds. fueron	yo pude tú pudiste él, ella, Ud. pudo nosotros(as) pudimos *vosotros(as) pudisteis* ellos, ellas, Uds. pudieron	yo puse tú pusiste él, ella, Ud. puso nosotros(as) pusimos *vosotros(as) pusisteis* ellos, ellas, Uds. pusieron

Verbos irregulares

INFINITIVO	**querer** *to want*	**saber** *to know*	**ser** *to be*
PRESENTE PROGRESIVO	estar queriendo	estar sabiendo	estar siendo
PRESENTE	yo quiero tú quieres él, ella, Ud. quiere nosotros(as) queremos *vosotros(as) queréis* ellos, ellas, Uds. quieren	yo sé tú sabes él, ella, Ud. sabe nosotros(as) sabemos *vosotros(as) sabéis* ellos, ellas, Uds. saben	yo soy tú eres él, ella, Ud. es nosotros(as) somos *vosotros(as) sois* ellos, ellas, Uds. son
PRETÉRITO	yo quise tú quisiste él, ella, Ud. quiso nosotros(as) quisimos *vosotros(as) quisisteis* ellos, ellas, Uds. quisieron	yo supe tú supiste él, ella, Ud. supo nosotros(as) supimos *vosotros(as) supisteis* ellos, ellas, Uds. supieron	yo fui tú fuiste él, ella, Ud. fue nosotros(as) fuimos *vosotros(as) fuisteis* ellos, ellas, Uds. fueron

INFINITIVO	**tener** *to have*	**traer** *to bring*	**venir** *to come*
PRESENTE PROGRESIVO	estar teniendo	estar trayendo	estar viniendo
PRESENTE	yo tengo tú tienes él, ella, Ud. tiene nosotros(as) tenemos *vosotros(as) tenéis* ellos, ellas, Uds. tienen	yo traigo tú traes él, ella, Ud. trae nosotros(as) traemos *vosotros(as) traéis* ellos, ellas, Uds. traen	yo vengo tú vienes él, ella, Ud. viene nosotros(as) venimos *vosotros(as) venís* ellos, ellas, Uds. vienen
PRETÉRITO	yo tuve tú tuviste él, ella, Ud. tuvo nosotros(as) tuvimos *vosotros(as) tuvisteis* ellos, ellas, Uds. tuvieron	yo traje tú trajiste él, ella, Ud. trajo nosotros(as) trajimos *vosotros(as) trajisteis* ellos, ellas, Uds. trajeron	yo vine tú viniste él, ella, Ud. vino nosotros(as) vinimos *vosotros(as) vinisteis* ellos, ellas, Uds. vinieron

E. Verbos reflexivos

INFINITIVO	**lavarse** *to wash oneself*		
PRESENTE PROGRESIVO	estar lavándose		
PRESENTE	yo me lavo tú te lavas él, ella, Ud. se lava nosotros(as) nos lavamos *vosotros(as) os laváis* ellos, ellas, Uds. se lavan		
PRETÉRITO	yo me lavé tú te lavaste él, ella, Ud. se lavó nosotros(as) nos lavamos *vosotros(as) os lavasteis* ellos, ellas, Uds. se lavaron		

F. Verbos reflexivos con cambio radical

INFINITIVO	**acostarse (o>ue)** *to go to bed*	**despertarse (e>ie)** *to wake up*	**dormirse (o>ue, u)** *to fall asleep*
PRESENTE PROGRESIVO	estar acostándose	estar despertándose	estar durmiéndose

PRESENTE	yo me acuesto
	tú te acuestas
	él, ella, Ud. se acuesta
	nosotros(as) nos acostamos
	vosotros(as) os acostáis
	ellos, ellas, Uds. se
	  acuestan
		yo me despierto
		tú te despiertas
		él, ella, Ud. se despierta
		nosotros(as) nos
		  despertamos
		vosotros(as) os despertáis
		ellos, ellas, Uds. se
		  despiertan
			yo me duermo
			tú te duermes
			él, ella, Ud. se duerme
			nosotros(as) nos dormimos
			vosotros(as) os dormís
			ellos, ellas, Uds. se
			  duermen

PRETÉRITO	yo me acosté
	tú te acostaste
	él, ella, Ud. se acostó
	nosotros(as) nos acostamos
	vosotros(as) os acostasteis
	ellos, ellas, Uds. se
	  acostaron
		yo me desperté
		tú te despertaste
		él, ella, Ud. se despertó
		nosotros(as) nos
		  despertamos
		vosotros(as) os despertasteis
		ellos, ellas, Uds. se
		  despertaron
			yo me dormí
			tú te dormiste
			él, ella, Ud. se durmió
			nosotros(as) nos dormimos
			vosotros(as) os dormisteis
			ellos, ellas, Uds. se
			  durmieron

Verbos reflexivos con cambio radical

INFINITIVO	divertirse (e>ie, i) *to enjoy oneself*	sentarse *to sit down*	vestirse (e>i, i) *to dress oneself*
PRESENTE PROGRESIVO	estar divirtiéndose	estar sentándose	estar vistiéndose
PRESENTE	yo me divierto tú te diviertes él, ella, Ud. se divierte nosotros(as) nos divertimos *vosotros(as) os divertís* ellos, ellas, Uds. se divierten	yo me siento tú te sientas él, ella, Ud. se sienta nosotros(as) nos sentamos *vosotros(as) os sentáis* ellos, ellas, Uds. se sientan	yo me visto tú te vistes él, ella, Ud. se viste nosotros(as) nos vestimos *vosotros(as) os vestís* ellos, ellas, Uds. se visten
PRETÉRITO	yo me divertí tú te divertiste él, ella, Ud. se divirtió nosotros(as) nos divertimos *vosotros(as) os divertisteis* ellos, ellas, Uds. se divirtieron	yo me senté tú te sentaste él, ella, Ud. se sentó nosotros(as) nos sentamos *vosotros(as) os sentasteis* ellos, ellas, Uds. se sentaron	yo me vestí tú te vestiste él, ella, Ud. se vistió nosotros(as) nos vestimos *vosotros(as) os vestistéis* ellos, ellas, Uds. se vistieron

VOCABULARIO
ESPAÑOL-INGLÉS

The Vocabulario español-inglés contains all productive and receptive vocabulary from the text.

The reference numbers following each productive entry indicate the chapter and vocabulary section in which the word is introduced. For example **3.2** means that the word first appeared in *Capítulo 3, Palabras 2*. **BV** refers to the introductory *Bienvenidos* lesson.

Words without a chapter reference indicate receptive vocabulary (not taught in the *Palabras* sections).

A

abordar to get on, board, **8.1**
   el pase de abordar boarding pass, **8.1**
abotonar to button
la abreviatura abbreviation
el abrigo overcoat, **13.1**
   abril April, **BV**
   abrir to open, **8.2**
la abuela grandmother, **6.1**
el abuelo grandfather, **6.1**
los abuelos grandparents, **6.1**
   abundante abundant
   aburrido(a) boring, **1.1**
   aburrir to bore, **13**
el abuso abuse
la academia academy
   académico(a) academic
   acampar to camp, **16.2**
el aceite oil, **15.2**
   aceptar accept
   acompañar to accompany
   acostarse (ue) to go to bed, **16.1**
la actividad activity
el actor actor, **12.2**
la actriz actress, **12.2**
la actualidad present time
   actualmente at present
   acuático(a) aquatic, **11.1**
   acudir to go; to attend
el acueducto aqueduct
   acusar to accuse
   adecuado(a) adequate
la adicción addiction
   adiós good-bye, **BV**
la adivinanza riddle, puzzle
   adivinar to guess
el/la adolescente adolescent
   ¿adónde? (to) where?, **4**
   adoptar to adopt
la aduana customs, **8.2**
   aeróbico aerobic, **10.2**
el aeropuerto airport, **8.1**
   afeitarse to shave, **16.1**
   la crema de afeitar shaving cream, **16.2**
las afueras outskirts, **5.1**
el/la agente agent, **8.1**
la aglomeración agglomeration
   agonizante dying
   agosto August (m.), **BV**
   agotador(a) exhausting
   agradable pleasant

la agricultura agriculture
el agua (f.) water
   el agua de colonia cologne
   el agua mineral mineral water
   ahora now
   aislado(a) isolated
   al (a + el) to the
   al aire libre outdoors, **9.2**
la alberca swimming pool, **11.2**
el albergue juvenil youth hostel, **16.2**
el alcohol alcohol
el alcoholismo alchoholism
   alegre happy
   alemán (alemana) German
la alergia allergy, **10.2**
el alga seaweed
el álgebra algebra, **2.2**
   algo something, **9.1**
   alguien somebody, **13**
   algún, alguno(a) some, any
la alimentación food
   alimentar to feed
   alimentario nourishing
el almacén department store
la almeja clam
el almuerzo lunch, **5.2**
   alquilar to rent, **11.1**
   alrededor de around, **6.2**
la alteración alteration
   alto(a) tall, **1.1**; high
la altura height
el/la alumno(a) student, **1.1**
   allá there
   allí there
   amable kind, **2.1**
   amarillo(a) yellow, **13.2**
   amazónico(a) Amazon, Amazonian
la ameba amoeba
la América del Sur South America, **8.1**
   americano(a) American, **1.2**
el/la amigo(a) friend, **1.1**
   amplio(a) large, roomy
   analizar to analyze
   anaranjado(a) orange, **13.2**
el/la anatomista anatomist
el análisis analysis
   ancho(a) wide, **13.2**
la anchura width
   andar to walk
el andén railway platform, **14.1**
   andino(a) Andean

el animal animal
   anoche last night, **11.2**
   anónimo(a) anonymous
el anorak anorak, **9.1**
   antártico(a) antarctic
   anteayer the day before yesterday, **11.2**
los anteojos de (para el) sol sunglasses, **11.1**
   antes before
   antiguo(a) ancient
   antipático(a) unpleasant (person), **1.1**
la antropología anthropology
el/la antropólogo(a) anthropologist
el anuncio advertisement, announcement
el año year, **11.2**
   el año pasado last year, **11.2**
   este año this year, **11.2**
   hace muchos años it's been many years
   aparecer (zc) to appear
el apartamento apartment, **5.1**
   aparte apart
el apellido last name
   aplaudir to applaude, **12.2**
el aplauso applause
el apodo nickname
   aprender to learn, **5.2**
el aprendizaje learning
   apretar to pinch, **13.2**
   me aprieta it pinches me, **13.2**
   aprobado(a) passing
   aproximadamente approximately
los apuntes notes, **3.2**
   aquel, aquella that, **9.2**
   aquí here
el/la árbitro(a) referee, **7.1**
el árbol tree, **6.2**
   el árbol genealógico family tree
el área (f.) area
la arena sand, **11.1**
   argentino(a) Argentinian, **2.1**
la aritmética arithmetic, **2.2**
   armar una tienda to put up a tent, **16.2**
el aro hoop, **7.2**
el arroz rice, **15.2**
el arte (f.) art, **2.2**
   las bellas artes fine arts
el artefacto artifact
el artículo article

el **artículo de tocador**
toiletry
el/la **artista** artist, **12.2**
artístico(a) artistic, **12**
la **ascendencia** ancestry
el **ascensor** elevator, **5.1**
así thus
el **asiento** seat, **8.1**
el **número del asiento** seat
number, **8.1**
la **asignatura** subject, **2.2**
el/la **asistente(a) de vuelo** flight
attendant, **8.2**
asistir to attend, to assist, **5.2**
el **asombro** amazement
el **asunto** subject
atacar to attack
el **aterrizaje** landing
aterrizar to land, **8.2**
Atlántico: Océano Atlántico
Atlantic Ocean
el/la **atleta** athelete
atractivo(a) attractive, **1.2**
atrapar to catch, **7.2**
atravesar to cross
aun even
aunque although
austral southern
el **autobús** bus, **3.1**
perder el autobús to miss
the bus, **12.1**
el **automóvil** car
el/la **autor(a)** author, **12.2**
avanzado(a) advanced
la **avenida** avenue, **5.1**
el/la **aventurero** adventurer
la **avioneta** small airplane
el **avión** airplane, **8.1**
en avión by plane, **8**
el **aviso** warning
ayer yesterday, **11.1**
ayer por la mañana
yesterday morning, **11.2**
ayer por la tarde yesterday
afternoon, **11.2**
la **ayuda** help
ayudar to help
azul blue, **13.2**
azul marino navy blue

B

la **bacteria** bacterium
bailar to dance, **4.2**

el **baile** dance
bajar to go down, **9.1**
bajar(se) del tren to get off the
train, **14.2**
bajo below, **9.1**
bajo cero below zero, **9.1**
bajo(a) short (person), **1.1**; low
el **balcón** balcony, **6.2**
el **balneario** beach resort, **11.1**
el **baloncesto** basketball, **7.2**
el **balón** ball, **7.1**
la **ballena** whale
el **banco** bank, **BV**; bench
la **banda** (music) band
el/la **bañador(a)** bather, **11.1**
bañarse to go for a swim, **16.2**
baño: el traje de baño bathing
suit, **11.1**
barato(a) cheap, **13.1**
el **barquito** small boat, **11.1**
la **barra** bar, **16.2**
el **barrio** neighborhood
basar to base
basarse to be based
la **báscula** scale, **8.1**
la **base** base, **7.2**
básico(a) basic
el **básquetbol** basketball, **7.2**
bastante enough, **1.1**
el **bastón** pole, **9.1**; driver (golf),
11.2
la **batalla** battle
el **bate** bat, **7.2**
el/la **bateador(a)** batter, **7.2**
batear to hit (sports), **7.2**
el **bautizo** baptism
beber to drink, **5.2**
el **béisbol** baseball, **7.2**
belga Belgian
la **belleza** beauty
bello(a) beautiful
la **biblioteca** library, **4.1**
la **bicicleta** bicycle, **6.2**
bien fine, well, **BV**
bien cocido (hecho) well
done (cooked), **15.2**
el **biftec** beefsteak, **15.2**
bilingüe bilingual
la **bilis** bile
el **billete** ticket, **8.1**
el billete de ida y vuelta
roundtrip ticket, **14.1**
el billete sencillo one-way
ticket, **14.1**
la **biología** biology, **2.2**

el/la **biólogo(a)** biologist
blanco(a) white, **13.2**
el **bloc** writing pad, **3.2**
bloquear to block, **7.1**
el **blue jean** blue jeans, **13.1**
la **blusa** blouse, **13.1**
la blusa de cuello sin
espalda halter, **13**
el **blusón** smock, **13.1**
la **boca** mouth, **10.2**
el **bocadillo** sandwich, **5.2**
la **boda** wedding
la **bola** ball, **11.2**
la **boletería** ticket office, **9.1**
el **boleto** ticket, **8.1**
el **bolígrafo** ballpoint pen, **BV**
bonito(a) pretty, **6.2**
borde: al borde de on the
brink of
el **bosque** forest, **16.2**
la **bota** boot, **9.1**
la **botánica** botany
la **botella** bottle
el **botiquín** medical kit, **16.2**
el **botón** button, **13.2**
brasileño(a) Brazilian
el **brazo** arm
brillar to shine, **11.1**
brincar to jump
británico(a) British
bronceador(a) tanning, **11.1**
bucear to skindive, **11.1**
el **buceo** skindiving, **11.1**
bueno(a) good, **1.2**
buenas noches good
evening, good night, **BV**
buenas tardes good
afternoon, **BV**
buenos días good morning,
BV
el **burro** donkey
el **bus** bus, **3.1**
la **busca** search
buscar to look for
la **butaca** orchestra seat, **12.1**

C

la **cabeza** head, **7.1**
el dolor de cabeza headache,
10.1
cabotaje: de cabotaje domestic,
8
cada each

la **cadena** chain
el **café** coffee, **5.2**; café
la **cafetería** cafeteria
la **caja** cashbox, **13.1**
los **calcetines** socks, **13.1**
la **calculadora** calculator, **BV**
el **calendario** calendar
la **calificación** grading, **3.2**
la **calistenia** calisthenics
el **calor** heat, **11.1**
    hace calor it's hot, **11.1**
la **caloría** calorie, **10.2**
la **calle** street, **5.1**
la **callejuela** side street; alley
la **cama** bed, **10.1**
la **cámara: de cámara** court, royal
el **camarón** shrimp
    cambiar to change, exchange
el **cambio** change
    caminar to walk
la **caminata** hike, **16.2**
    dar una caminata to take a
    hike, **16.2**
la **camisa** shirt, **13.1**
    la camisa de deporte sports
    shirt
la **camiseta** undershirt, **13.1**
el **campamento** camp, **16.2**
la **campaña** campaign
el **campeonato** championship
el **camping** camping, **16.2**
    ir de camping to go
    camping, **16.2**
el **campo** country, **5.1**; field, **7.1**
    el campo de fútbol football
    field, **7.1**
el **canal** channel
el **canasto** basket, **7.2**
el **cáncer** cancer
la **canción** song
la **cancha** court (sports), **7.2**
    la cancha de esquí ski path,
    9
    la cancha de tenis tennis
    court, **11.2**
    cansado(a) tired, **10.1**
el/la **cantante** singer
    cantar to sing, **4.2**
la **cantidad** quantity
la **cantimplora** canteen, **16.2**
la **cantina** lunchroom
el **cañón** canyon
la **capital** capital
    capturar to capture
la **cara** face, **16.1**

el **carácter** character
la **característica** characteristic
el **carbohidrato** carbohydrate,
    10.2
el **Caribe** Caribbean
la **carne** meat, **5.2**
    la carne de res beef
    carnívoro(a) carnivorous
    caro(a) expensive, **13.1**
la **carpa** tent, **16.2**
la **carretera** highway
el **carrito** cart
el **carro** car, **3.1**
la **carta** letter, **5.2**
la **casa** house, **4.1**
    a casa home, **4.2**
    la casa de huéspedes guest
    house
    la casa particular private
    house
    casi almost
    casi crudo rare (cooked),
    15.2
el **casino** casino
el **caso** case
el **castigo** punishment
    castizo(a) real, legitimate,
    genuine
el **catarro** cold (medical), **10.1**
el **catálogo** catalogue
el/la **cátcher** catcher, **7.2**
la **catedral** cathedral
la **categoría** category
    católico(a) Catholic
la **causa** cause
    a causa de because of
    causar to cause
    cautivo(a) captured
    cazar to hunt
la **cebolla** onion
la **celebración** celebration
    celebrar to celebrate
la **célula** cell
la **cena** dinner, **5.2**
    cenar to dine
el **centígrado** centigrade, **9.1**
el **centro** center
    el centro comercial
    shopping center, **4.1**
    Centroamérica Central
    America
    cepillarse to brush, **16.1**
el **cepillo** brush, **16.2**
    cerca de near
las **cercanías** outskirts

la **ceremonia** ceremony
    cero zero
el **cesto** basket, **7.2**
el **ciclomotor** motorbike, **6.2**
el **cielo** sky, **11.1**
    cien(to) one hundred, **BV**
la **ciencia** science, **2.2**
    la ciencia política political
    science
    las ciencias naturales
    natural sciences
    las ciencias sociales social
    sciences, **2.2**
el/la **científico(a)** scientist
    científico(a) scientific
    cinco five, **BV**
    cincuenta fifty, **BV**
el **cine** movie theater, **12.1**
    cinematográfico(a)
    cinematographic
la **cinta** tape, **4.1**
el **cinturón** belt, **13.1**
la **circulación** circulation
la **cirugía** surgery
el/la **cirujano(a)** surgeon
la **ciudad** city, **5.1**
el/la **ciudadano(a)** citizen
la **civilización** civilization
el **círculo** circle
    claro of course
la **clase** class, **2.1**
    la clase media middle class
    clásico(a) classic, **4**
el/la **cliente** customer, **5.2**
el **clima** climate
    climático(a) climatic
la **clínica** clinic, **10.2**
    cocido(a) cooked, **15.2**
    bien cocido (hecho) well
    done (cooked), **15.2**
la **cocina** cooking; kitchen, **4.1**
el/la **cocinero(a)** cook, **15.1**
el **cóctel** cocktail
el **coche** car, **3.1**; train car, **14.2**
el **coche-cama** sleeping car, **14.2**
el **coche-comedor** dining car,
    14.2
    coeducacional coeducational
la **cola** line (of people), **12.1**
la **colección** collection
el **colegio** school, **1.1**
la **colina** hill, **16.2**
    colombiano(a) Colombian, **1**
el **color** color, **13.2**
    de color crema, vino, café,

oliva, marrón, turquesa
cream, wine, coffee, olive,
brown, turquoise colored,
13.2
el/la **comandante** captain, **8.2**
combinar to combine
la **comedia** comedy
el **comedor** dining room, **5.1**
el **comentario** commentary
comenzar (ie) to begin, **7**
comer to eat, **5.2**
la **comida** meal, **5.2**
la comida rápida fast food
como as, like
¿cómo? what?; how?, **1.1**
¿Cómo estás? How are you?
la **compañía** company
la **comparación** comparison
comparar to compare
el **compartimiento** compartment,
14.2
la **competencia** competition
competir to compete
completamente completely
el **comportamiento** behavior;
comportment
comprar to buy, **5.2**
compras: de compras
shopping, **13.1**
comprender to understand, **5.2**
el **comprimido** pill, **10.2**
el **compuesto** compound
la **computadora** computer, **BV**
común common
comunicar to communicate
la **comunidad** community
con with
con retraso late, **14.2**
con una demora late, **14.2**
el **concierto** concert, **12.2**
el **concurso** contest
el **condominio** condominium
conducir to drive
la **conducta** conduct
el/la **conductor(a)** driver
la **conexión** connection
confrontar to confront
conocer to know (a person), **9.1**
la **conquista** conquest
conservar to conserve
considerar to consider
la **construcción** construction
construir to build, construct
la **consulta del médico** doctor's
office, **10.2**

el **consultorio del médico**
doctor's office, **10.2**
el/la **consumidor(a)** consumer
contemporáneo(a)
contemporary
contener to contain
contento(a) happy, **10.1**
contestar to answer
el **continente** continent
continuar to continue
contra against
contraer to contract
contrario(a) opposite, **7**
lo contrario the opposite
la **contribución** contribution
el **control** inspection, **8.1**
el control de seguridad
security inspection, **8.1**
el control de pasaportes
passport inspection, **8.1**
controlado(a) controlled
el **convento** convent
la **conversación** conversation
convertir to convert
la **copa** cup
la Copa mundial World Cup
el/la **copiloto** copilot, **8.2**
el **corazón** heart
la **corbata** necktie, **13.1**
corregir to correct
correr to run, **7.2**
corto(a) short, **13.2**
la **cosa** thing
los **cosméticos** cosmetics
la **costa** coast
costar to cost, **13.1**
la **costumbre** custom
creer to believe
la **crema** cream, **11.1**
la crema bronceadora
suntan cream, **11.1**
la crema de afeitar shaving
cream, **16.2**
la crema protectora sun
protection cream, **11.1**
la **cremallera** zipper, **13.2**
criar to raise
cristalino(a) crystalline
crudo(a) raw, **15.2**
casi crudo rare (cooked),
15.2
cruel cruel
cruzar to cross
el **cuaderno** notebook, **BV**

cuadrado(a) square
el **cuadrante** quadrant
el **cuadro** painting, picture, **12.2**
cuadros: a cuadros plaid, **13.2**
¿cuál? what?, which?, **BV**
¿Cuál es la fecha de hoy?
What is today's date?, **BV**
cualquier any
cuando when
¿cuándo? when?, **3.1**
¿cuánto(a)? how much?, **BV**
¿Cuánto cuesta? How much
does it cost?, **13.1**
¿Cuánto es? How much is it?,
BV
cuarenta forty, **BV**
cuarto(a) fourth, **5.1**
el **cuarto** room, **5.1**; quart
el cuarto de baño bathroom,
5.1
el cuarto de dormir
bedroom, **5.1**
cuatro four, **BV**
cubano(a) Cuban
cubierto(a) covered, **9.2**
cubrir to cover
la **cuchara** spoon, **15.1**
la **cucharita** teaspoon, **15.1**
la **cuchilla** blade, **9.2**
el **cuchillo** knife, **15.1**
la **cuenta** bill, **12.2**
el **cuentagotas** eyedropper
el **cuerpo** body
la **cuesta** slope, **9.1**
cuidado be careful
cuidar to take care of
cultivar to grow
la **cultura** culture
el **cumpleaños** birthday, **6.2**
cumplir to be (so many years)
old
curar to cure
curioso(a) curious
el **curso** course, **2.1**

CH

la **chabola** shack
el **champú** shampoo, **16.2**
chao good-bye, **BV**
la **chaqueta** jacket, **13.1**
el/la **chico(a)** boy (girl)
el **chimpancé** chimpanzee
chino(a) Chinese

la **choza** shack
el **churro** a type of doughnut

D

dar to give, 4.2
  dar prisa to rush, hurry
  dar (presentar) una película
    to show a movie, 12
  dar una caminata to take a
    hike, 16.2
el **dátil** date (fruit)
el **dato** fact
de of, from, for, 1.1
  de equipo team, 7
  de jazz jazz, 4
  de nada you're welcome, BV
  de rock rock, 4
  de vez en cuando now and
    then
deber to owe; + infinitive
  should, ought
debido a due to
decidir to decide
decimal decimal
décimo(a) tenth, 5.1
decir to say, 9
la **definición** definition
dejar to leave (something
  behind), 12.2
del (de + el) from the, of the
delante de in front of
delicioso(a) delicious, 15.2
demasiado too, too much, 13.2
la **demografía** demography
la **demora** delay, 14.2
  con una demora late, 14.2
denso(a) thick
dentro de in; inside
depender to depend
el/la **dependiente** salesperson, 13.1
el **deporte** sport, 2.2
deportivo(a) related to sports
depredador(a) plunderer
la **derecha** right, 5.1
  a la derecha to the right, 5.1
derrotar to defeat
desaparecer (zc) to disappear
desaprobado(a) failing
desayunarse to eat breakfast,
  16.1
el **desayuno** breakfast, 5.2
descender to descend
el/la **descendiente** descendent

describir to describe
el **descubrimiento** discovery
descubrir to discover
desde from, since
desembarcar to disembark, 8
desgraciadamente
  unfortunately
el **desierto** desert
el **desodorante** deodorant, 16.2
despachar to wait on or help
  customers, 10.2
despegar to take off (airplane),
  8.2
despertarse (ie) to wake up,
  16.1
después de after, 4.1
el **destino** destination, 8.1
la **detalle** detail
determinar to determine
devolver (ue) to return, 7.2
el **día** day
la **diagnosis** diagnosis, 10.2
diario(a) daily; diary
dibujar to sketch
diciembre December, BV
el **diente** tooth, 16.1
la **dieta** diet, 10.2
diez ten, BV
la **diferencia** difference
diferente different
difícil difficult, 2.1
dinámico(a) dynamic
el **dinero** money
la **dirección** address
el **directivo** board of directors,
  management
el/la **director(a)** conductor, 12.2;
  director
la **disciplina** instruction, 2.2
el **disco** record, 4.1
la **discoteca** discotheque
la **disección** dissection
el/la **diseñador(a)** designer
diseñar to design
disfrutar to enjoy
la **distancia** distance
distinto(a) distinct
el **distrito** district
la **diversión** amusement
divertido(a) fun, 1.1
divertirse (ie, i) to enjoy
  oneself, 16.2
dividir to divide
el **divorcio** divorce
doblado(a) dubbed

doler to hurt, ache, 10.2
  me duele it hurts, aches, 10
el **dolor** ache, pain, 10.1
  el dolor de cabeza headache,
    10.1
  el dolor de garganta sore
    throat, 10.1
dominante dominant
el **domingo** Sunday, BV
dominicano(a) Dominican
el **dominio** power
¿dónde? where?, 1.2
dormir (ue, u) to sleep, 7
  dormirse (ue, u) to fall
    asleep, 16.1
el **dormitorio** bedroom, 5.1
dos two, BV
la **dosis** dose, 10.2
dramáticamente dramatically
dramático(a) dramatic
driblar con to dribble, 7.2
la **droga** drug, 10.2
la **drogadicción** drug addiction
la **droguería** drug store
la **ducha** shower, 16.2
  tomar una ducha to take a
    shower, 16.2
la **duda** doubt
  no hay duda there is no
    doubt
durante during, 4.2

E

echar to throw
  echar una siesta to take a
    nap, 11.1
la **economía** economy
  la economía doméstica
    home economics, 2.2
económico(a) economical
ecuatorial equatorial
ecuatoriano(a) Ecuadorean
la **Edad Media** Middle Ages
el **edificio** building, 5.1
educacional educational
la **educación** education
  la educación cívica civic
    education, 2.2
  la educación física physical
    education, 2.2
educar to educate
el **efecto** effect
el **ejemplo** example

por ejemplo for example
ejercer to practice (a profession)
el ejercicio exercise, 10.2
   el ejercicio aeróbico aerobic exercise, 10.2
   el ejercicio físico physical exercise, 10.2
el the (m. sing.), 1.1
él he, 1.1
el elefante elephant
elegante elegant
el elemento element
ella she, her, 1.2
ellos(as) they, them
el emblema emblem
el/la emigrante emigrant
la emisión deportiva sports broadcast, 5.2
la emoción emotion; excitement
empatado(a) tied, 7
empezar (ie) to begin, 7.1
emplear to employ
la empresa business; company
en in, 1.1
   en avión by plane, 8
   en este momento at this moment, 8.1
   en todas partes everywhere
encantar to delight, 13
encestar to put in a basket, 7.2
encontrar to find
la energía energy
enero January, BV
enfadar to annoy, anger, 13
la enfermedad sickness
el/la enfermero(a) nurse, 10.2
el/la enfermo(a) sick person, 10.1
enfermo(a) sick, 10.1
enlazar to join, connect
enojar to annoy, anger, 13
enorme enormous
la ensalada salad, 5.2
enseguida at once, immediately, 16
la enseñanza teaching
enseñar to teach, 3.2
entero(a) whole
el entierro burial
la entrada entrance, 6.2; admission ticket, 7.2
entrar to enter, 3.1
   entrar en escena to come on the stage, 12.2
entre between, among

el entremés appetizer
la entrevista interview
épico(a) epic
el época epoch
el equilibrio equilibrium
el equipaje baggage, luggage, 8.1
   el equipaje de mano hand baggage, 8.1
   el reclamo de equipaje baggage claim, 8.2
el equipo team, 7.1; equipment
equivalente equivalent
eres you (sing. fam.) are
es he/she/it is, 1.1
la escalera stairway, 5.1
los escalofríos chills, 10.1
escandinavo(a) Scandinavian
escapar to escape
el escaparate shop window, 13.1
la escena scene; stage, 12.2
   entrar en escena to come on the stage, 12.2
escoger to choose
escolar of or pertaining to school, 3.1
escribir to write, 5.2
escrito(a) written
escuchar to listen, 4.1
la escuela school, 1.1
   la escuela intermedia intermediate school
   la escuela primaria elementary school
   la escuela secundaria high school, 1.1
   la escuela superior advanced school
   la escuela vocacional vocational school
el/la escultor(a) sculptor, 12.2
la escultura sculpture
eso that, 3.1
   a eso de about, 3.1
España Spain
español(a) Spanish, 2.2
la especialidad specialty
el/la especialista specialist
especialmente especially
específico(a) specific
espectacular spectacular
el espectáculo show, performance, 12.2
el/la espectador(a) spectator, 7
el espejo mirror, 16.1
esperar to wait for, 14

la espinaca spinach
la esposa wife, 6.1
el esposo husband, 6.1
el esquí ski, 9.1
el esquí skiing, 9.1
   el esquí alpino Alpine skiing, 9.1
   el esquí acuático water skiing, 11.1
   el esquí de descenso downhill skiing, 9.1
   el esquí de fondo distance skiing, 9.1
   el esquí nórdico Nordic skiing, 9.1
el/la esquiador(a) skier, 9.1
esquiar to ski, 9.1
establecer to establish
la estación season, 9.1; station, 12.1
   la estación de ferrocarril train station, 14.1
el estadio stadium, 7.1
el estado state
   el estado libre asociado commonwealth
los Estados Unidos United States
estadounidense from the United States
están they/you (pl. form.) are, 4.1
estar to be, 4.1
   estar enfermo(a) to be sick
   estar en onda to be in vogue
estás you (sing. fam.) are
estatal of the state
la estatua statue, 12.2
el este east
este(a) this
el estilo style
el estómago stomach, 10.1
   el dolor de estómago stomachache, 10.1
estornudar to sneeze, 10.1
estoy I am
estrecho(a) tight, 13.2
la estrella star
la estructura structure
el/la estudiante student
estudiar to study, 3.2
el estudio study
estupendo(a) terrific
la etnicidad ethnicity
el eucalipto eucalyptus tree
la Europa Europe

europeo(a) European
la **evaluación** evaluation
exacto(a) exact
el **examen** examination, **3.2**
examinar to examine, **10.2**
la **excepción** exception
el **exceso** excess
exclusivamente exclusively
la **excursión** excursion
existir to exist
exótico(a) exotic
el **experimento** experiment
experto(a) expert, **9.1**
explicar to explain
el/la **explorador(a)** explorer
exponer to explain, expound
la **exposición** exhibition, **12.2**
la **expresión** expression
extender to extend
extranjero(a) foreign
extraordinario(a) extraordinary
extremo(a) extreme

F

fabuloso(a) fabulous
fácil easy, **2.1**
facturar to check (luggage), **8.1**
facultativo(a) optional
la **falda** skirt, **13.1**
falso(a) false
la **falta** lack
faltar to lack
la **fama** fame
la **familia** family, **5.1**
familiar of the family
famoso(a) famous
fanfarrón(a) boasting, **9.1**
fantástico(a) fantastic, **1.2**
el/la **farmacéutico(a)** pharmacist, **10.2**
la **farmacia** pharmacy, **10.2**
fascinante fascinating
febrero February, **BV**
la **fecha** date, **BV**
   ¿Cuál es la fecha de hoy? What is today's date?, **BV**
el **fenómeno** phenomenum
la **feria** fair
el **ferrocarril** railway, railroad
festejar to celebrate
la **fibra** fiber, **10.2**
la **fiebre** fever, **10.1**
la **fiesta** party, **4.2**

la **figura** figure
la **fila** row, **8**
el **film(e)** film, **12.1**
el **fin** end
   el fin de semana weekend
   en fin finally
el **final** end
el **fiordo** fiord
la **física** physics, **2.2**
el/la **físico** physicist
físico(a) physical, **10.2**
la **fisiología** physiology
flamenco(a) Flemish
la **flexibilidad** flexibility
la **flor** flower, **6.2**
la **formación** formation
formal formal
formar to form, make
la **formulación** formation
el **formulario** form
la **foto** photo
francés (francesa) French, **2.2**
la **frecuencia** frecuence
   con frecuencia frequently
frecuentar to frequent
frecuentemente frequently
freír (i, i) to fry, **15.1**
frente a facing, opposite
fresco(a) fresh, cool
   hace fresco it's cool
el **frijol** bean, **15.2**
el **frío** cold (weather), **9.1**
   hace frío it's cold, **9.1**
frito(a) fried
la **frontera** frontier
la **fruta** fruit, **15.2**
fuerte strong
la **función** function
funcionar to function
el/la **fundador(a)** founder
fundir to found
el **fútbol** football, **7.1**
   el campo de fútbol football field, **7.1**

G

la **gabardina** raincoat, **13.1**
las **gafas** glasses, **9.1**
el **galón** gallon
gallego(a) Galician
la **gamba** shrimp (Spain)
el **ganado** cattle
el/la **ganador(a)** winner

ganar to win, **7.1**; to earn
la **ganga** bargain
el **garaje** garage, **6.2**
la **garganta** throat, **10.1**
   el dolor de garganta sore throat, **10.1**
   gas: con gas carbonated
la **gaseosa** soft drink, soda, **5.2**
la **gasolinera** gas station
el **gato** cat, **6.1**
la **generación** generation
el **general** general
generalizar to generalize
la **gente** people
la **geografía** geography, **2.2**
geográfico(a) geographic
la **geometría** geometry, **2.2**
el **género** kind, sort, type
gigantesco(a) gigantic, huge
el **gimnasio** gymnasium
el **glaciar** glacier
el **gol** goal, **7.1**
el **golf** golf, **11.2**
   el campo de golf golf course, **11.2**
   el juego de golf golf game, **11.2**
   la bolsa de golf golf bag, **11.2**
golpear to hit, **11.2**
la **goma** eraser, **BV**
el **gorro** cap, **9.1**
gozar to enjoy
gracias thank you, **BV**
el **grado** grade; degree, **9.1**
gran, grande big, **2.1**
   Las Grandes Ligas Major League
grave serious, grave
el **green** green (golf), **11.2**
griego(a) Greek
la **gripe** influenza, cold, **10.1**
gris grey, **13.2**
gritar to shout
el **grupo** group
el **guante** glove, **7.2**
guardar cama to stay in bed, **10.1**
la **guerra** war
la **guitarra** guitar, **4.2**
gustar to like, **13.1**

H

haber to have (auxiliary verb)
la **habichuela** bean, **15.2**
la **habitación** room, **5.1**
el/la **habitante** inhabitant
hablar to speak, **3.1**
hace: hace calor it's hot, **11.1**
  hace frío it's cold, **9.1**
  hace mucho tiempo a long
    time ago
  hace muchos años it's been
    many years
hacer to do; to make, **8.1**
  hacer el viaje to make the
    trip, **8.1**
  hacer juego con to go with,
    13.2
  hacer la maleta to pack the
    suitcase, **8**
hacia toward
el **hallazgo** finding
la **hamaca** hammock, **11.1**
la **hambre** hunger, **15.1**
  tener hambre to be hungry,
    15.1
la **hamburguesa** hamburger
hasta until, **BV**
  hasta la vista see you later,
    BV
  hasta luego see you later, **BV**
  hasta mañana see you
    tomorrow, **BV**
  hasta pronto see you soon,
    BV
hay there is, there are, **5.1**
  hay sol it's sunny, **11.1**
el **helado** ice cream, **5.2**
el **hemisferio** hemisphere
herbívoro(a) herbivorous
el/la **herbolario(a)** herbalist
heredar to inherit
el/la **hermanastro(a)** stepbrother
    (stepsister)
el/la **hermano(a)** brother (sister),
    2.1
el/la **héroe** hero
la **hibridación** hybridization
el **hielo** ice, **9.2**
la **hierba** herb
el/la **hijastro(a)** stepson
    (stepdaughter)
el/la **hijo(a)** son (daughter), **6.1**
los **hijos** children (sons and
    daughters), **6.1**

el **hipopótamo** hippopotamus
hispánico(a) Hispanic
hispano(a) Hispanic
la **historia** history, **2.2**; story
el/la **historiador(a)** historian
histórico(a) historic
el **hit** hit (sports), **7.2**
la **hoja** sheet, **BV**; blade, **9.2**
  la hoja de papel sheet of
    paper, **BV**
hola hello, **BV**
el **hombre** man
el **hombro** shoulder
honesto(a) honest, **1.2**
el **honor** honor
la **hora** hour; time
el **horario** schedule, **14.1**
el **hornillo** portable stove, **16.2**
el **hospital** hospital, **10.2**
el **hotel** hotel
hoy today, **11.2**
  hoy en día nowadays
  ¿Cuál es la fecha de hoy?
    What is today's date?, **BV**
el **hoyo** hole, **11.2**
el **huevo** egg, **15.2**
  los huevos duros hardboiled
    eggs
  los huevos pasados por agua
    poached eggs
el/la **humanista** humanist
humano(a) human
humilde humble
el **humor** mood, **10**; fluid
  de buen humor in a good
    mood, **10**
  de mal humor in a bad
    mood, **10**
el **huso horario** time zone

I

la **idea** idea
idéntico(a) identical
la **identidad** identity
identificar to identify
el **idioma** language
el/la **ídolo(a)** idol
la **iglesia** church
igual equal
el **imperio** empire
la **importancia** importance
importante important
imposible impossible

impresionado(a) impressed
impresionante amazing,
  impressive
incluso including
increíble incredible
independiente independent
indígena native
individual individual, **7**
el/la **individuo** individual
la **industria** industry
industrializado(a)
  industrialized
el/la **infante(a)** infant
inferior inferior; lower
el **infierno** hell
la **influencia** influence
la **información** information
informal informal
informar to inform
el **informe** report
el **inglés** English, **2.2**
inhóspito(a) inhospitable
inmenso(a) immense
el/la **inquilino(a)** tenant
inspeccionar to inspect, **8.2**
inspirar to inspire
instalarse to establish oneself
la **institución** institution
el **instituto** institute
las **instrucciones** instructions, **5.2**
el **instrumento** instrument
insuficiente incompetent
el **insulto** insult
íntegro(a) integral
inteligente intelligent, **2.1**
intercambio exchange
interesante interesting, **2.1**
el **interés** interest
interesar to interest, **13.1**
internacional international
el/la **intérprete** interpreter
interrogativo(a) interrogative
la **investigación** investigation
el **invierno** winter, **9.1**
la **invitación** invitation, **5.2**
invitar to invite, **4.2**
ir to go, **4.1**
  ir a... to go to, **6**
  ir de camping to go
    camping, **16.2**
la **isla** island
el **istmo** isthmus
italiano(a) Italian, **2.2**
la **izquierda** left, **5.1**
  a la izquierda to the left, **5.1**

J

el **jabón** soap, **16.2**
el **jamón** ham, **15.2**
japonés (japonesa) Japanese
el/la **jardinero(a)** outfielder (sports), **7.2**
el **jardín** garden, **6.2**
el/la **jefe(a)** leader, chief
el **jersey** sweater, **13.1**
el **jonrón** home run, **7.2**
el/la **joven** young person
joven young, **6.1**
las **joyas** jewelry
el **juego** game
el **jueves** Thursday, **BV**
el/la **jugador(a)** player, **7.1**
jugar (ue) to play, **7.1**
el **jugo** juice
julio July, **BV**
la **jungla** jungle
junio June, **BV**
juntos(as) together
el **juramento** oath

K

el **kilogramo** kilogram
el **kilómetro** kilometer

L

la the (f. sing.), **1.1**
el **laboratorio** laboratory
el **lago** lake
la **lana** wool
la **langosta** lobster
la **lanza** spear
el/la **lanzador(a)** pitcher, **7.2**
lanzar to throw, **7.1**
el **lápiz** pencil, **5.2**
largo(a) long, **13.2**
largo: a lo largo de along the
las the (f. pl.)
la **lástima** pity
la **lata** can
el **latín** Latin, **2.2**
la **Latinoamérica** Latin America
latinoamericano(a) Latin American
la **latitud** latitude
lavarse to wash oneself, **16.1**
le (pron.) him, her, you (form.)

la **lección** lesson, **3.2**
la **lectura** reading
la **leche** milk, **5.2**
el **lechón** suckling pig
la **lechuga** lettuce, **15.2**
leer to read, **5.2**
la **legumbre** vegetable, **15.2**
lejano(a) distant
la **lengua** language, **2.2**
la lengua materna mother tongue
les (pron.) them, you (form.)
levantarse to get up, **16.1**
la **ley** law
la **leyenda** legend
la **libra** pound
libre free, **14.2**
la **libreta** notebook, **3.2**
el **libro** book, **BV**
el **liceo** primary school in México, but high school in most places
ligero(a) light
el **límite** limit, boundary
la **limonada** lemonade, **BV**
limpio(a) clean
la **línea** line
la **línea aérea** airline, **8.1**
la **linfa** lymph
la **linterna** lantern, **16.2**
la **liquidación** sale
el **líquido** liquid
la **litera** berth, **14.2**
la **literatura** literature
el **litro** liter
el **lobo de mar** sea lion
la **localidad** seat (in theater), **12.1**
la **longitud** longitude
los the (m. pl.)
la **lucha** fight
luchar to fight
luego then
el **lugar** place
lujo: de lujo deluxe
el **lunes** Monday, **BV**
la **luz** light

LL

llamarse to be called, named, **16.1**
la **llegada** arrival, **8.1**
el tablero de llegadas y salidas arrival and departure board, **8.1**

llegar to arrive, **3.1**
llevar to carry, **3.2**; to wear

M

la **madera** wood
la **madre** mother, **6.1**
el/la **madrileño(a)** native of Madrid
la **madrina** godmother
maestro(a) teacher, master
magnífico(a) magnificent
el **maíz** corn
la **maleta** suitcase, **8.1**
hacer la maleta to pack the suitcase, **8**
el/la **maletero(a)** trunk, **8.1**
malo(a) bad, **1**
la **mamá** mom, **5.2**
manejar to drive
manera way, manner, **1.1**
de ninguna manera by no means, **1.1**
la **manga** sleeve, **13.2**
el **mango** handle, **11.2**
la **manía** mania
la **mano** hand, **7.1**
el equipaje de mano hand baggage, **8.1**
la **mansión** mansion
el **mantel** tablecloth, **15.1**
mantener maintain
el **mantenimiento** maintenance
la **mañana** morning
esta mañana this morning, **11.2**
mañana tomorrow
el **mapa** map
el **mar** sea, **11.1**
marcar to score (sports), **7.1**
el **marido** husband, **6.1**
el **marisco** shellfish, **15.2**
el **martes** Tuesday, **BV**
marzo March, **BV**
más more
la **masa** mass
matar to kill
las **matemáticas** mathematics, **2.2**
la **materia** material, **2.2**
materno(a) maternal
el **matrimonio** wedding; marriage
el/la **maya** Maya, Mayan
mayo May, **BV**
mayor great, greater, greatest
la **mayoría** majority

mayormente principally, mainly

me (to, for) me

la **media** sock, stocking, 13.1

media: y media half past the hour

la **medianoche** midnight, 2

el **medicamento** medication, 10.2

la **medicina** medicine, 10

el/la **médico(a)** doctor, 10.2

la **medida** measurement

medieval medieval

el **medio** mean, way

medio(a) middle

la clase media middle class

medio: a término medio medium (cooked), 15.2

el **mediodía** midday, noon, 2

medir to measure

el **mejillón** mussel

menos less

menos de less than

mental mental

el **menú** menu, 12.2

el **mercado** market

el **meridiano** meridian

la **merienda** snack, 4.1

la **mermelada** marmalade

el **mes** month

la **mesa** table, 12.2

el/la **mesero(a)** waiter (waitress), 12.2

meter to put in, 7.1

métrico(a) metric

el **metro** meter; subway, 12.1

mexicano(a) Mexican, 1.1

mezclar to mix

mi my

el **microscopio** microscope

microscópico(a) microscopic

el/la **miembro(a)** member

mientras while

el **miércoles** Wednesday, BV

la **migración** migration

mil (one) thousand, BV

la **milla** mile

el **millón (de)** million

el/la **millonario(a)** millonaire

el **minuto** minute

mirar to look at, 3.2

mirarse to look at oneself, 16.1

mismo(a) same

mixto(a) mixed

la **mochila** bookbag, knapsack, BV

la **moda** style

de moda in style

el **modelo** model

moderno(a) modern

modesto(a) modest

el/la **modisto(a)** designer (clothes)

molestar to bother, 13

el **momento** moment

en este momento at this moment, 8.1

el **monopatín** skateboard

la **montaña** mountain, 9.1

montañoso(a) mountainous

moreno(a) dark, 1.1

morir (ue, u) to die, 15

el **mostrador** counter, 8.1

mostrar to show

el **motor** motor

la **motricidad** motor function

el/la **mozo(a)** porter, 14.1

la **muchacha** girl, BV

el **muchacho** boy, BV

mucho(a) a lot; many, 5

mucho gusto nice to meet you, BV

la **mujer** woman, 6.1

múltiple multiple

mundial worldwide

la Copa mundial World Cup

la Serie mundial World Series

el **mundo** world

el **mural** mural, 12.2

el **museo** museum, 12.2

la **música** music, 2.2

musical musical, 12.2

el/la **músico** musician, 12.2

muy very, 1.1

N

nacer to be born

el **nacimiento** birth

nacional national

la **nacionalidad** nationality, 1

nada nothing, 13.1

nadar to swim, 11.1

nadie no one, nobody, 13

los **narcóticos** narcotics

natural natural

la **naturaleza** nature

el/la **naturalista** naturalist

la **navaja** razor, 16.1

necesario(a) necessary

necesitar to need

negro(a) black, 13.2

nervioso(a) nervous, 10.1

la **nevada** snowfall, 9.1

nevar (ie) to snow, 9.1

Nieva. It is snowing., 9

ni... ni neither... nor

ni yo tampoco me neither, 13

nicaragüense Nicaraguan

el/la **nieto(a)** grandchild, 6.1

los **nietos** grandchildren, 6.1

la **nieve** snow, 9.1

ninguno(a) not any, none, 1.1

de ninguna manera by no means, 1.1

el **nivel** level

el nivel del mar sea level

no no

No hay de qué. You're welcome. BV

el **noble** noble

nocturno(a) nocturnal

la **noche** night

esta noche tonight, 11.2

el **nombre** name

el **norte** north

norteamericano(a) North American

nos us (pron.)

nosotros(as) we, 2.2

la **nota** grade, 3.2

notable outstanding

las **noticias** news, 5.2

la **novela** novel, 5.2

noveno(a) ninth, 5.1

noventa ninty, BV

noviembre November, BV

el/la **novio(a)** boyfriend (girlfriend); fiancé(e)

la **nube** cloud, 11.1

nublado(a) cloudy, 11.1

está nublado it's cloudy, 11.1

nuestro(a) our

nueve nine, BV

nuevo(a) new, 6.2

el **número** number, 8.1

el número del vuelo flight number, 8.1

el número del asiento seat number, 8.1

nunca never, 13.1

la **nutrición** nutrition

O

o or
el **objetivo** objective
el **objeto** object
obligar to force
obligatorio(a) obligatory
la **obra** work, 12.2
obrar to work
observar to observe
obvio(a) obvious
occidental western
el **océano** ocean
    el **Océano Atlántico** Atlantic
      Ocean
    el **Océano Pacífico** Pacific
      Ocean
octavo(a) eighth, 5.1
octubre October, BV
ocupado(a) occupied, 14.2
ocupar to occupy
ochenta eighty, BV
ocho eight, BV
la **oferta** offer
ofrecer to offer
oír to hear
la **ola** wave, 11.1
la **oliva** olive
omnívoro(a) omnivorous
la **onza** ounce
la **opción** option
la **opereta** operetta
opinar to think
la **oración** sentence
el **orangután** orangutan
orgánico(a) organic
el **organismo** organism
oriental eastern
el **origen** origin
original original
originario(a) originating;
    native, descendant
la **orilla** bank (of a river), 16.2
el **oro** gold
la **orquesta** orchestra, 12.2
el **otoño** autumn, 7.1
otro(a) other, 2.2
el **out** out (sports), 7.2
la **ovación** ovation
ovalado(a) oval
la **oveja** sheep
oye listen

P

el **padre** father, 6.1
los **padres** parents, 6.1
el **padrino** godfather
los **padrinos** godparents
pagar to pay, 13.1
el **pago** pay
el **país** country
el **paisaje** countryside
la **palabra** word
el **palacio** palace
la **palmera** palm tree
el **palo** club, 11.2
el **pan** bread, 15.2
    el **pan tostado** toast
panameño(a) Panamanian
el **panqueque** pancake
los **pantalones** pants, 13.1
    el **pantalón corto** shorts
    el **traje pantalón** pantsuit
la **pantalla** screen, 8.1
el **papá** dad, 5.2
la **papa** potato, 5.2
    las **papas fritas** french fries
el **papel** paper, BV
    la **hoja de papel** sheet of
      paper, BV
    el **papel higiénico** toilet
      paper, 16.2
para for; to
la **parada** stop, 14.2
el **paramecio** paramecium
parar to stop, 7.1
el **parasol** parasol, 11.1
parecer to seem
la **pareja** couple
el/la **pariente** relative
el **parque** park, 6.2
la **parte** part
particular private; particular, 5.1
el **partido** game, 7.1
el **pasado** past
el/la **pasajero(a)** passenger, 8.1
el **pasaporte** passport, 8.1
    el **control de pasaportes**
      passport inspection, 8.1
pasar to pass, 7.2; to happen
el **pasatiempo** pastime, hobby
el **pase de abordar** boarding
    pass, 8.1
el **paseo** stroll, walk
el **pasillo** corridor, 14.2
la **pasta dentífrica** toothpaste,
    16.2

la **pastelería** pastry shop
la **pastilla** pill, 10.2; bar (of soap),
    16.2
el/la **pastor** shepherd
    el **pastor vasco** Basque
      shepherd
la **patata** potato
paterno(a) paternal
el **patín** skate, 9.2
el **patinadero** skating rink, 9.2
el/la **patinador(a)** skater, 9.2
el **patinaje** skating, 9.2
    el **patinaje artístico** figure
      skating, 9.2
    el **patinaje sobre hielo** ice-
      skating, 9.2
    el **patinaje sobre ruedas**
      roller skating, 9.2
    la **pista de patinaje** skating
      rink, 9.2
patinar to skate, 9
el **patio** patio, courtyard
la **patología** pathology
la **patria** homeland, native land
patrón (patrona) patron,
    patron saint
el **pecho** chest, 10.2
pedir (i, i) to ask for, 15.1
peinarse to comb one's hair,
    16.1
el **peine** comb, 16.2
la **película** movie, film, 5.2
    dar (presentar) una película
      to show a movie, 12
el **peligro** danger
el **pelo** hair, 16.1
la **pelota** ball, 7.2
la **península** peninsula
pensar to think
la **pensión** boarding house, 16.2
pequeño(a) small, 2.1
la **percepción** perception
perder (ie) to lose, 7.1
    perder el autobús to miss
      the bus, 12.1
perdón excuse me
el **peregrinaje** pilgrimage
el **perfume** perfume
la **perfumería** perfume shop
el **periódico** newspaper, 5.2
perjudicial harmful
permanente permanent
permitir to permit
pero but

el **perro** dog, **6.1**
la **persona** person
  personal personal
el **pescado** fish, **15.2**
el/la **pescador(a)** fisherman/woman
  pescar to fish
el **peso** weight
el/la **pianista** pianist
el **piano** piano, **4.2**
el **pico** peak
el/la **pícher** pitcher, **7.2**
el **pie** foot, **3.1**
    a pie on foot, **3.1**
la **piel** skin
la **píldora** pill, **10.2**
el/la **piloto** pilot, **8.2**
la **pimienta** pepper, **15.1**
el **pinar** pine grove
el **pino** pine tree
la **pinta** pint
  pintar to paint
el/la **pintor(a)** painter
  pintoresco(a) picturesque
la **pintura** painting
la **piscina** swimming pool, **11.2**
el **piso** floor, **5.1**
la **pista** trail, **9.1**
    la pista de patinaje skating
      rink, **9.2**
la **pizarra** chalkboard, **BV**
el **pizarrón** chalkboard, **3.2**
el **plan** plan
la **plancha de vela** sailboard, **11.1**
la **planta** floor; plant, **6.2**
    la planta baja ground floor,
      5.1
  plástico(a) plastic
la **plata** silver
el **plátano** plantain
el **platillo** base, **7.2**; saucer, **15.1**
el **platino** platinum
el **plato** plate, dish, **15.1**
la **playa** beach, **11.1**
  playero(a) of the beach, **11.1**
    la toalla playera beach
      towel, **11.1**
  plegable folding, **11.1**
la **población** population
  pobre poor
  poco(a) little, small (amount),
    5.2
  poder (ue) to be able, **7.1**
el **poder extranjero** foreign power
el **poema** poem
  polar polar

político(a) political
los **políticos (parientes)** in-laws, **6**
el **pollo** chicken, **15.2**
el **poncho** poncho, cape
  poner to put, **8.1**
    ponerse to put on, **16.1**
    poner la mesa to set the
      table
  popular popular, **2.1**
la **popularidad** popularity
  poquito más a little more
  por about, for, by
    por consiguiente
      consequently
    por ejemplo for example
    por encima over, **7.2**
    por eso therefore
    por favor please, **BV**
    por lo menos at least
  ¿por qué? why?
  porque because
la **portería** goal, **7.1**
el/la **portero(a)** goalkeeper, **7.1**
  posible possible
la **postre** dessert, **5.2**
  practicar to practice
el **precepto** precept
el **precio** price, **13.1**
  precioso(a) precious, beautiful,
    6.2
la **preferencia** preference
  preferir (ie, i) to prefer, **7**
el **prefijo** prefix
  preguntar to ask
el **premio** prize
la **prenda** garment, article of
    clothing
la **preparación** preparation
  preparar to prepare, **4.1**
  presentar to present, **12**
    presentar (dar) una película
      to show a movie, **12**
el **presente** present
el/la **presidente(a)** president
  primario(a) primary
la **primavera** spring, **7.2**
  primer, primero(a) first, **BV**
el/la **primo(a)** cousin, **6.1**
  principal main
  principiante beginning, **9.1**
  principio: al principio in the
    beginning
la **prisa** haste, hurry
  dar prisa to rush, hurry
  privado(a) private, **5.1**

  probable probable
  probar to try; to taste
el **problema** problem
el **proceso** process
  producir to produce
el **producto** product
el/la **productor(a)** producer
la **profesión** profession
  profesional professional
el/la **profesor(a)** teacher, **2.1**
  profundo(a) profound
el **programa** program
el/la **propietario(a)** owner
la **propina** tip, **12.2**
  propio(a) one's own
  protector(a) protective,
    protecting, **11.1**
la **proteína** protein, **10.2**
  protestante Protestant
  próximo(a) next, **14.2**
la **prueba** test
  publicado(a) published
el **público** public; audience, **12.2**
  público(a) public
el **pueblo** town, **5.1**; people
el **puente** bridge
el **puerco** pork
la **puerta** gate, **8.1**
    la puerta de salida departure
      gate, **8.1**
el **puerto** port
  puertorriqueño(a) Puerto
    Rican, **2**
  pues well
la **pulgada** inch
  pulmonar pulmonary
el **punto** dot, **3.1**
    en punto on the dot, **3.1**

Q

  que that
  qué what; how, **BV**
    ¿Qué es? What is it?, **BV**
    ¿Qué tal? How are you?, **BV**
    ¿Qué hora es? What time is
      it?, **2**
    ¿Qué tiempo hace? What's
      the weather like?, **9.1**
  quedarse to stay, remain, **13.2**
    quedar empatado(a) to end
      up tied (sports), **7.1**
    me queda bien it looks good
      on me, **13.2**

querer (ie) to want, 7
  querer decir to mean
el queso cheese, 15.2
  ¿quién? who?, BV
    ¿Quién es? Who is it?, BV
la química chemistry, 2.2
el/la químico chemist
la quinceañera young woman's
    fifteenth birthday
  quinto(a) fifth, 5.1
el quiosco newstand, 14.1
  quizás perhaps

R

la rama branch
  rápidamente quickly
  rápido fast, 9.1
la raqueta raquet, 11.2
el rasgo feature
  rayas: a rayas striped, 13.2
el rayo ray
la razón reason
  razonable reasonable
  realizar to carry out, put into
    effect
  realmente really; actually
la rebaja reduction
la rebanada slice
el/la receptor(a) catcher (sports), 7.2
la receta prescription, 10.2
  recetar to prescribe, 10
  recibir to receive, 6
  reciente recent
  reclamar to claim, 8.2
el reclamo de equipaje baggage
    claim, 8.2
  recoger to pick up, collect, 8.2
la recomendación
    recommendation
  recomendar to recommend
  recordar to remember
el recorrido distance traveled, trip
la red net, 7.2
  redondo(a) round
  reducido(a) reduced
  referir to refer
  reflejar to reflect
  refrán proverb
el refresco soft drink, 4.1
el refugio refuge
el regalo gift, 6.2
el régimen regimen
la región region

regresar to return
el regreso return
  regular regular
  reinar to reign
la relación relationship
  relativamente relatively
  religioso(a) religious
  rellenar to fill
  remontar to go back (to some
    date in time)
  repetir (i, i) to repeat, 15
la representación performance,
    12.2
  representar to represent
la reproducción reproduction
la república republic
  requerir to require
la reserva reserve
  reservado(a) reserved, 14.2
  residencial residential
  resolver to resolve
el restaurante restaurant, 12.2
el resultado result
  resultar to result
el retraso delay, 14.2
  con retraso late, 14.2
  revisar to inspect, 8
el/la revisor(a) (train) conductor,
    14.2
la revista magazine, 5.2
  revolucionario(a) revolutionary
  revueltos scrambled (eggs)
el rey king
  rico(a) rich; tasty, 15.2
  riguroso(a) rigorous
el río river, 16.2
  robar to steal, 7.2
  rodar to roll
  rojo(a) red, 13.2
el rollo roll (of paper), 16.2
  romántico(a) romantic
la ropa clothes, 8.2
  rubio(a) blond(e), 1.1
la rueda wheel, roller, 9.2
el ruido noise
la ruina ruin

S

el sábado Saturday, BV
  saber to know how, 9.1
  sacar to get, receive, 3.2
el sacerdote priest
el saco jacket, 13.1

el saco de dormir sleeping bag,
    16.2
la sal salt, 15.1
la sala living room, 4.1
  la sala de clase classroom,
    3.1
  la sala de espera waiting
    room, 14.1
el saldo balance, total
la salida departure, 8.1
  la puerta de salida departure
    gate, 8.1
  el tablero de llegadas y
    salidas arrival and
    departure board, 8.1
  salir to leave, 8.1; to go out
el salón de clase classroom, 3.1
  saltar de to jump out
la salud health
  saludable healthy
las sandalias sandals, 13.1
el sándwich sandwich, 5.2
la sangre blood
el/la santo(a) saint, saint's day
la sección de no fumar
    nonsmoking section, 8.1
el sector section
  secundario(a) secondary, 1.1
  la escuela secundaria high
    school, 1.1
  secuoya sequoia
la sed thirst, 15.1
  tener sed to be thirsty, 15.1
el segmento segment
  segregar to segregate
  seguida: en seguida at once,
    immediately
  seguir (i, i) to follow, 15
  segundo second, 5.1
la seguridad security, 8.1
  el control de seguridad
    security inspection, 8.1
  según according to
  seis six, BV
la selva rainforest
la semana week, 11.2
  la semana pasada last week,
    11.2
el semestre semester
el/la senador(a) senator
  sencillo(a) simple, 14.1
la sensación sensation
  sentarse (ie) to sit down, 16.1
  Me sienta bien. It fits me
    well. 13.1

el **señor** Mr., sir, **BV**
la **señora** Mrs., ma'am, **BV**
la **señorita** Miss, **BV**
separado(a) separated
septiembre September, **BV**
el **ser** being
ser to be, **1**
la **serie** series
la Serie mundial World Series
serio(a) serious, **1.2**
el **servicio** service
la **servilleta** napkin, **15.1**
servir (i, i) to serve, **15.1**
sesenta sixty, **BV**
la **sesión** session; sitting, **12.1**
setenta seventy, **BV**
severo(a) severe
sexto(a) sixth, **5.1**
séptimo(a) seventh, **5.1**
si if
sí yes
el **SIDA** AIDS
siempre always, **5.2**
la **sierra** mountain range
la **siesta** nap, **11.1**
echar (tomar) una siesta to take a nap, **11.1**
siete seven, **BV**
el **siglo** century
significar to mean
siguiente following
la **silla** chair, **BV**
la silla plegable folding chair, **11.1**
simple simple
simplemente simply
sin without
sin embargo nevertheless
sin escala nonstop
la **sinagoga** synagogue
sincero(a) sincere, **1.2**
el **síntoma** symptom, **10.2**
el **sistema** system
el sistema nervioso nervous system
la **situación** situation
el **slálom** slalom, **9.1**
sobre above, over; about
sobre todo especially, above all
sobresaliente outstanding
sobrevolar to fly over
la **sobrina** niece, **6.1**
el **sobrino** nephew, **6.1**

los **sobrinos** niece(s) and nephew(s), **6.1**
social social
la **sociedad** society
sociología sociology, **2.2**
el/la **sociólogo(a)** sociologist
sofisticado(a) sophisticated
el **sol** sun, **11.1**
hay sol it's sunny, **11.1**
tomar el sol to sunbathe, **11.1**
solamente only
el/la **soldado** soldier
soler to tend to, to be accustomed
solo(a) alone
sólo only
el **sombrero** hat, **13.1**
la **sombrilla** umbrella, **11.1**
somos we are, **2.2**
son they/you (pl. form.) are, **2.1**
la **sopa** soup, **5.2**
soportar to support
sorprender to surprise, **13**
soy I am, **1.2**
su his, her, your (form.), their
la **subcultura** subculture
subir to go up, **5.1**
subir a to get on, to board, **8.1**
subscribir to subscribe
subsistir to continue to exist
la **substancia** substance
subterráneo(a) underground, **12**
el **subtítulo** subtitle
los **suburbios** suburbs, **5.1**
sucesivo(a) successive
sudamericano(a) South American
el **suelo** ground, **7**
el **sueño** dream
la **suerte** luck
el **suéter** sweater, **13.1**
sufrir to suffer
la **superficie** surface
superior superior; higher
el **supermercado** supermarket
el **sur** south
el **suroeste** southwest
suspenso(a) failing
la **sustancia** substance

T

el **T shirt** T shirt, **13.1**
la **tabla hawaiiana** surfboard
el **tablero** scoreboard, **7.2**; board, **8.1**
el tablero de llegadas y salidas arrival and departure board, **8.1**
el tablero indicador scoreboard, **7.1**
el **tacón** heel, **13.2**
tal such
el **talco** talcum powder
el **talento** talent
el **talón** luggage claims ticket, **8.1**
la **talla** size, **13.1**
el **tamaño** size, **13.1**
también also, too, **1.1**
tampoco neither, either
ni yo tampoco me neither, **13**
tan so
el **tanto** point (score), **7.1**
la **taquilla** ticket office, **12.1**
la **tarde** afternoon
esta tarde this afternoon, **11.2**
tarde late, **8.1**
la **tarifa** fare, rate
la **tarjeta** card, **5.2**
la tarjeta de crédito credit card, **13.1**
la tarjeta de embarque boarding card, **8.1**
la tarjeta postal postcard, **5.2**
el **taxi** taxi, **8.1**
la **taza** cup, **15.1**
te you (fam. pron.)
el **té** tea
teatral theatrical, **12.2**
el **teatro** theater, **12.2**
la **técnica** technique
técnico(a) technical
el **teléfono** telephone, **4.1**
por teléfono on the phone, **4.1**
la **telenovela** soap opera, **5.2**
el **telesilla** chair lift, **9.1**
el **telesquí** ski lift, **9.1**
la **televisión** television, **4.1**
el **televisor** television (set)
el **telón** curtain, **12.2**
el **tema** theme

la **temperatura** temperature, **9.1**
la **tempestad** storm
el **templo** temple
el **tenedor** fork, **15.1**
  tener to have, **6.1**
    tener... años to be... years
      old, **6.1**
    tener hambre to be hungry,
      15.1
    tener que to have to, **6**
    tener sed to be thirsty, **15.1**
los **tenis** tennis shoes, **13.1**
el **tenis** tennis, **11.2**
  la cancha de tenis tennis
    court, **11.2**
  el juego de tenis tennis
    game, **11.2**
la **teoría** theory
  tercer(o) third, **5.1**
  terminar to end
el **término** term, word
la **terraza** terrace
el **territorio** territory
la **tía** aunt, **6.1**
el **tiempo** time, **7.1**; weather
  a tiempo on time, **8.1**
  a tiempo completo full time
  a tiempo parcial part time
  al mismo tiempo at the same
    time
  hace mucho tiempo a long
    time ago
la **tienda** store, **4.1**
  armar una tienda to put up
    a tent, **16.2**
  la tienda de campaña tent,
    16.2
  la tienda de departamento
    department store
  la tienda de ropa para
    caballeros (señores)
    men's clothing store, **13.1**
  la tienda de ropa para
    damas (señoras) women's
    clothing store, **13.1**
la **tierra** land
  la Tierra Santa Holy Land
el **tigre** tiger
  tímido(a) timid, shy, **1.2**
  tinto(a) red
el **tío** uncle, **6.1**
los **tíos** aunt(s) and uncle(s), **6.1**
  típicamente typically
  típico(a) typical
el **tipo** type

tirar to throw, **7.1**
titulado(a) entitled
el **título** degree
la **tiza** chalk, **BV**
la **toalla playera** beach towel,
  11.1
tocar to play (an instrument),
  4.2; to touch, **7**
el **tocino** bacon
todavía yet, still
todo everything
todo(a) every, all, **4.2**
  en todas partes everywhere
  sobre todo especially
  todo el mundo everybody
tomar to take, **3.2**; to drink, **4.1**
  tomar el sol to sunbathe,
    11.1
  tomar una ducha to take a
    shower, **16.2**
la **tonelada** ton
el **toro** bull
  tórrido(a) torrid
la **torta** cake
la **tortilla** tortilla, **15.2**
torturar to torture
la **tos** cough, **10.1**
toser to cough, **10.1**
tostadito(a) tanned
el **tostón** fried plantain slice
totalmente totally
trabajar to work, **4.1**
el **trabajo** work, job
  el trabajo a tiempo parcial
    part-time work
la **tradición** tradition
tradicional traditional
la **traducción** translation
traer to bring, **8**
el **tráfico** traffic
el **traje** suit, **13.1**
  el traje de baño bathing suit,
    11.1
  el traje pantalón pantsuit
transbordar to transfer, **14.2**
transmitir to transmit
el **transporte** transportation, **12**
el **tratado** treatise
el **tratamiento** treatment
tratar to deal with
  tratar de to be about
treinta thirty, **BV**
el **tren** train, **14.1**
  el tren de vía estrecha
    narrow gauge train

  subir al tren to get on the
    train, **14.2**
  tres three, **BV**
la **trigonometría** trigonometry,
  2.2
la **tripulación** crew, **8.2**
  triste sad, **10.1**
  triunfante triumphant
  triunfar to win, triumph
la **trompeta** trumpet, **4.2**
el **tronco** trunk
  tropical tropical
el **truco** trick, device
  tu your (sing. fam.)
  tú you (sing. fam.)
el **tubo** tube, **16.2**
la **turbulencia** turbulence
  turbulento(a) turbulent
el/la **turista** tourist, **12.2**

U

  u or (used instead of **o** before
    words beginning with **o** or
    ho)
  Uds., ustedes you (pl. form.),
    2.2
  último(a) last
  un(a) a, an, **BV**
  único(a) only
la **unidad** unit
el **uniforme** uniform
  unir to unite
la **universidad** university
  uno(a) one, **BV**
  uruguayo(a) Uruguayan
  usar to use
el **uso** use

V

  va he/she/it goes
las **vacaciones** vacation
el **vacío** vacuum
el **vagón** train car, **14.1**
  valiente brave, valient
el **valor** value
el **valle** valley
  vamos we go, we are going
  van they/you (pl. form.) go, **4.1**
la **variación** variation
  variar to vary
la **variedad** variety

varios(as) several

vas you (sing. fam.) go, you are going

el vaso (drinking) glass, 5.2

veces: a veces sometimes, 5.2

la vegetación vegetation

el vegetal vegetable, 15.2

el/la vegetariano(a) vegetarian

veinte twenty, BV

vencer to overcome, conquer

vender to sell, 5.2

venezolano(a) Venezuelan

venir to come

venta: en venta for sale

la ventanilla ticket window, 9.1

ver to see, to watch, 5.2

el verano summer

el verbo verb

la verdad truth, 1.1

¿no es verdad? isn't it true?, 1.1

¿verdad? right?, 1.1

verde green, 13.2

la verdura vegetable, 15.2

verificar to check

versátil versatile

la versión version

el vestido dress, 13.1

el vestido de boda wedding dress

vestirse (i, i) to get dressed, 16.1

la vez time

de vez en cuando now and then

en vez de instead of

la vía track, 14.1

viajar to travel

el viaje trip, 8.1

hacer el viaje to make the trip, 8.1

la víbora snake

la victoria victory

victorioso(a) victorious

la vida life

viejo(a) old, 6.1

el viento wind, 11.1

hace viento it's windy, 11.1

el viernes Friday, BV

el vino wine

el violín violin, 4.2

la vista view, 6.2

la vitamina vitamin, 10.2

la vitrina shop window, 13.1

la vivienda housing

vivir to live, 5.1

vivo(a) live

el vocabulario vocabulary

volar (ue) to fly

volcán volcano

el vólibol volleyball, 7.2

volver (ue) to go back, 7.1

volver a to do again, 7.1

vosotros(as) you (pl. fam.)

voy I go, I am going

el vuelo flight, 8.1

el/la asistente(a) de vuelo flight attendant, 8.2

el número del vuelo flight number, 8.1

vuestro(a) your (pl. fam.)

Y

y and, 1.2

ya already

el yate yacht

yo I, 1.2

Z

la zanahoria carrot

las zapatillas de baloncesto tennis shoes

los zapatos shoes, 13.1

el zíper zipper, 13.2

la zona district, zone

la zona postal postal zone

la zoología zoology

el zumo de naranja orange juice

VOCABULARIO
INGLÉS-ESPAÑOL

The *Vocabulario inglés-español* contains all productive vocabulary from the text.

The reference numbers following each entry indicate the chapter and vocabulary section in which the word is introduced. For example **2.2** means that the word first appeared actively in *Capítulo 2, Palabras 2*. Boldface numbers without a *Palabras* reference indicate vocabulary introduced in the grammar section of the given chapter. **BV** refers to the introductory *Bienvenidos* lesson.

A

a, an un(a), BV
to **ache** doler, 10.2
    it hurts, aches me duele, 10
actor el actor, 12.2
actress la actriz, 12.2
admission ticket la entrada, 7.2
aerobic aeróbico(a), 10.2
after después de, 4.1
afternoon la tarde
    good afternoon buenas tardes, BV
    this afternoon esta tarde, 11.2
agent el/la agente, 8.1
airline la línea aérea, 8.1
airplane el avión, 8.1
airport el aeropuerto, 8.1
algebra el álgebra, 2.2
allergy la alergia, 10.2
also también, 1.1
always siempre, 5.2
am soy, 1.2
American americano(a), 1.2
and y, 1.2
to **anger** enojar, enfadar, 13
to **annoy** enojar, enfadar, 13
anorak el anorak, 9.1
apartment el apartamento, 5.1
to **applaude** aplaudir, 12.2
April abril (m.), BV
aquatic acuático(a), 11.1
are son, 2.1; están, 4.1
Argentinian argentino(a), 2.1
arithmetic la aritmética, 2.2
around alrededor de, 6.2
arrival la llegada, 8.1
    arrival and departure board el tablero de llegadas y salidas, 8.1
to **arrive** llegar, 3.1
art el arte, 2.2
artist el/la artista, 12.2
artistic artístico(a), 12
to **ask for** pedir (i, i), 15.1
to **assist** asistir, 5.2
    at once enseguida, 16.1
to **attend** asistir, 5.2
    attractive atractivo(a), 1.2
audience el público, 12.2
August agosto (m.), BV
aunt la tía, 6.1
aunt(s) and uncle(s) los tíos, 6.1
author el/la autor(a), 12.2

autumn el otoño, 7.1
avenue la avenida, 5.1

B

backpack la mochila, 14.1
bad malo(a), 1
baggage el equipaje, 8.1
    baggage claim el reclamo de equipaje, 8.2
    hand baggage el equipaje de mano, 8.1
balcony el balcón, 6.2
ball el balón, 7.1; la pelota, 7.2; la bola, 11.2
ballpoint pen el bolígrafo, BV
bank (of a river) la orilla, 16.2
bank el banco, BV
bar la barra, 16.2
base el base, el platillo, 7.2
baseball el béisbol, 7.2
basket el cesto, el canasto, 7.2
basketball el baloncesto, el básquetbol, 7.2
bat el bate, 7.2
bather el/la bañador(a), 11.1
bathing suit el traje de baño, 11.1
bathroom el cuarto de baño, 5.1
batter el/la bateador(a) 7.2
to **be able** poder (ue), 7.1
to **be called** llamarse, 16.1
to **be named** llamarse, 16.1
to **be** ser, 1; estar, 4.1
    to be... years old tener... años, 6.1
    to be hungry tener hambre, 15.1
    to be thirsty tener sed, 15.1
    to be tied (sports) quedar empatado(a), 7.1
beach la playa, 11.1
beach resort el balneario, 11.1
beach towel la toalla playera, 11.1
beach, of the playero(a), 11.1
bean el frijol, la habichuela, 15.2
beautiful precioso(a), 6.2
bed la cama, 10.1
bedroom el cuarto de dormir, el dormitorio, 5.1
beefsteak el biftec, 15.2
to **begin** empezar (ie), comenzar (ie), 7.1
beginner el/la principiante, 9.1

below bajo, 9.1
    below zero bajo cero, 9.1
belt el cinturón, 13.1
berth la litera, 14.2
bicycle la bicicleta, 6.2
big grande, 2.1
bill la cuenta, 12.2
biology la biología, 2.2
birthday el cumpleaños, 6.2
black negro(a), 13.2
blade la cuchilla, la hoja, 9.2
to **block** bloquear, 7.1
blond(e) rubio(a), 1.1
blouse la blusa, 13.1
blue azul, 13.2
blue jeans el blue jean, 13.1
to **board** abordar, subir a, 8.1
board el tablero, 8.1
    arrival and departure board el tablero de llegadas y salidas, 8.1
boarding house la pensión, 16.2
boarding pass la tarjeta de embarque, el pase de abordar, 8.1
boasting fanfarrón (fanfarrona), 9.1
boat el barco
    small boat el barquito, 11.1
book el libro, BV
bookbag la mochila, BV
boot la bota, 9.1
to **bore** aburrir, 13
boring aburrido(a), 1.1
to **bother** molestar, 13
boy el muchacho, BV
bread el pan, 15.2
breakfast el desayuno, 5.2
to **bring** traer, 8
brother el hermano, 2.1
to **brush** cepillarse, 16.1
brush el cepillo, 16.2
building el edificio, 5.1
bus el autobús, el bus, 3.1
button el botón, 13.2
to **buy** comprar, 5.2

C

calculator la calculadora, BV
calorie la caloría, 10.2
to **camp** acampar, 16.2
    camp el campamento, 16.2
camping el camping, 16.2

to go camping ir de camping, 16.2

canteen la cantimplora, 16.2

cap el gorro, 9.1

captain el/la comandante, 8.2

car el coche, el carro, 3.1; (train) el vagón, 14.1; el coche, 14.2

carbohydrate el carbohidrato, 10.2

card la tarjeta, 13.1

    credit card la tarjeta de crédito, 13.1

to carry llevar, 3.2

cashbox la caja, 13.1

cat el/la gato(a), 6.1

to catch atrapar, 7.2

catcher el/la cátcher, 7.2

centigrade el centígrado, 9.1

chair la silla, BV

    folding chair la silla plegable, 11.1

chair lift el telesilla, 9.1

chalk la tiza, BV

chalkboard la pizarra, BV; el pizarrón, 3.2

cheap barato(a), 13.1

to check (luggage) facturar, 8.1

cheese el queso, 15.2

chemistry la química, 2.2

chest el pecho, 10.2

chicken el pollo, 15.2

children los hijos, 6.1

chills los escalofríos, 10.1

city la ciudad, 5.1

civic education la educación cívica, 2.2

to claim reclamar, 8.2

class la clase, 2.1

classic clásico(a), 4

classroom la sala de clase, el salón de clase, 3.1

clinic la clínica, 10.2

clothes la ropa, 8.2

cloud la nube, 11.1

cloudy nublado(a), 11.1

    it's cloudy está nublado, 11.1

club el palo, 11.2

coffee el café, 5.2

cold (medical) el catarro, la gripe, 10.1

cold (weather) el frío, 9.1

    It's cold. Hace frío., 9.1

to collect recoger, 8.2

Colombian colombiano(a), 1

color el color, 13.2

cream, wine, coffee, olive, maroon, turquoise colored de color crema, vino, café, oliva, marrón, turquesa, 13.2

comb el peine, 16.2

to comb one's hair peinarse, 16.1

to come on the stage entrar en escena, 12.2

compartment el compartimiento, 14.2

computer la computadora, BV

concert el concierto, 12.2

conductor el/la director(a), 12.2; (train) el/la revisor(a), 14.2

cook el/la cocinero(a), 15.1

copilot el/la copiloto, 8.2

corridor el pasillo, 14.2

to cost costar, 13.1

cough la tos, 10.1

to cough toser, 10.1

counter el mostrador, 8.1

country el campo, 5.1

course el curso, 2.1

court (sports) la cancha, 7.2

    tennis court la cancha de tenis, 11.2

cousin el/la primo(a), 6.1

covered cubierto(a), 9.2

crew la tripulación, 8.2

cup la taza, 15.1

curtain el telón, 12.2

customer el/la cliente, 5.2

customs la aduana, 8.2

D

dad el papá, 5.2

to dance bailar, 4.2

dark moreno(a), 1.1

date la fecha, BV

daughter la hija, 6.1

day el día

    the day before yesterday anteayer, 11.2

December diciembre (m.), BV

degree el grado, 9.1

delay el retraso, la demora, 14.2

delicious delicioso(a), 15.2

to delight encantar, 13

deodorant el desodorante, 16.2

departure la salida, 8.1

    arrival and departure board el tablero de llegadas y salidas, 8.1

departure gate la puerta de salida, 8.1

dessert el postre, 5.2

destination el destino, 8.1

diagnosis la diagnosis, 10.2

to die morir (ue, u), 15

diet la dieta, 10.2

difficult difícil, 2.1

dining car el coche-comedor, 14.2

dining room el comedor, 5.1

dinner la cena, 5.2

to disembark desembarcar, 8

to do again volver a, 7.1

doctor el/la médico(a), 10.2

doctor's office la consulta del médico, el consultorio del médico, 10.2

dog el perro, 6.1

domestic economy la economía doméstica, 2.2

dose la dosis, 10.2

dot punto, 3.1

    on the dot en punto, 3.1

dress el vestido, 13.1

to dribble driblar con, 7.2

to drink tomar, 4.1; beber, 5.2

driver (golf) el bastón, 11.2

drug la droga, 10.2

during durante, 4.2

E

easy fácil, 2.1

to eat breakfast desayunarse, 16.1

to eat comer, 5.2

egg el huevo, 15.2

eight ocho, BV

eighth octavo, 5.1

eighty ochenta, BV

elevator el ascensor, 5.1

English el inglés, 2.2

to enjoy oneself divertirse (ie, i), 16.2

enough bastante, 1.1

to enter entrar, 3.1

entrance la entrada, 6.2

eraser la goma, BV

evening la noche

    good evening buenas noches, BV

everyone todos, 4.2

examination el examen, 3.2

to examine examinar, 10.2

exercise el ejercicio, 10.2

aerobic exercise el ejercicio aeróbico, **10.2**
   physical exercise el ejercicio físico, **10.2**
exhibition la exposición, **12.2**
expensive caro(a), **13.1**
expert experto(a), **9.1**

F

face la cara, **16.1**
to **fall asleep** dormirse (ue, u), **16.1**
family la familia, **5.1**
fantastic fantástico(a), **1.2**
fast rápido, **9.1**
father el padre, **6.1**
February febrero (m.), **BV**
fever la fiebre, **10.1**
fiber la fibra, **10.2**
field el campo, **7.1**
   football field el campo de fútbol, **7.1**
fifth quinto(a), **5.1**
fifty cincuenta, **BV**
film la película, el film(e), **12.1**
fine bien, **BV**
first primer, primero(a), **BV**
fish el pescado, **15.2**
to **fit** sentar bien a, **13.1**
   It fits me. Me sienta bien. **13.1**
five cinco, **BV**
flight el vuelo, **8.1**
   flight attendant el/la asistente(a) de vuelo, **8.2**
   flight number el número del vuelo, **8.1**
floor el piso, **5.1**
flower la flor, **6.2**
folding plegable, **11.1**
   folding chair la silla plegable, **11.1**
to **follow** seguir (i, i), **15**
foot el pie, **3.1**
   on foot a pie, **3.1**
football el fútbol, **7.1**
   football field el campo de fútbol, **7.1**
for de, **1.1**
forest el bosque, **16.2**
fork el tenedor, **15.1**
forty cuarenta, **BV**
four cuatro, **BV**
fourth cuarto(a), **5.1**
free libre, **14.2**

French francés (francesa), **2.2**
Friday el viernes, **BV**
friend el/la amigo(a), **1.1**
from de, **1.1**
fruit la fruta, **15.2**
to **fry** freír (i, i), **15.1**
fun divertido(a), **1.1**

G

game el partido, **7.1**; el juego, **11.2**
   tennis game el juego de tenis, **11.2**
garage el garaje, **6.2**
garden el jardín, **6.2**
gate la puerta, **8.1**
   departure gate la puerta de salida, **8.1**
geography la geografía, **2.2**
geometry la geometría, **2.2**
to **get dressed** vestirse (i, i), **16.1**
to **get off the train** bajar(se) del tren, **14.2**
to **get on** subir a, **8.1**
   to get on the train subir al tren, **14.2**
to **get** sacar, **3.2**
to **get up** levantarse, **16.1**
   gift el regalo, **6.2**
   girl la muchacha, **BV**
to **give** dar, **4.2**
   glass (drinking) el vaso, **5.2**
   glasses (eye) las gafas, **9.1**
   glove el guante, **7.2**
to **go back** volver (ue), **7.1**
to **go down** bajar, **9.1**
to **go for a swim** bañarse, **16.2**
to **go** ir, **4.1**
   they go van, **4.1**
   to go camping ir de camping, **16.2**
   to go to... ir a..., **6**
to **go to bed** acostarse (ue), **16.1**
to **go up** subir, **5.1**
to **go with** hacer juego con, **13.2**
   goal el gol, la portería, **7.1**
   goalkeeper el/la portero(a), **7.1**
   golf el golf, **11.2**
   golf course el campo de golf, **11.2**
   golf game el juego de golf, **11.2**
   golf bag la bolsa de golf, **11.2**

good bueno(a), **1.2**
   good evening, good night buenas noches, **BV**
   good afternoon buenas tardes, **BV**
   good morning buenos días, **BV**
good-bye adiós, chao, **BV**
grade la nota, **3.2**
grading la calificación, **3.2**
grandchild el/la nieto(a), **6.1**
grandfather el abuelo, **6.1**
grandmother la abuela, **6.1**
grandparents los abuelos, **6.1**
green (golf) el green, **11.2**
green verde, **13.2**
grey gris, **13.2**
ground el suelo, **7**
ground floor la planta baja, **5.1**
guitar la guitarra, **4.2**

H

hair el pelo, **16.1**
ham el jamón, **15.2**
hammock la hamaca, **11.1**
hand la mano, **7.1**
handle el mango, **11.2**
happy contento(a), **10.1**
hat el sombrero, **13.1**
to **have** tener, **6.1**
   to have to tener que, **6**
he él, **1.1**
head la cabeza, **7.1**
headache el dolor de cabeza, **10.1**
heat el calor, **11.1**
heel el tacón, **13.2**
hello hola, **BV**
hike la caminata, **16.2**
   to take a hike dar una caminata, **16.2**
hill la colina, **16.2**
history la historia, **2.2**
to **hit** golpear, **11.2**
to **hit (sports)** batear, **7.2**
   hit (sports) el hit, **7.2**
hole el hoyo, **11.2**
home casa, **4.2**
   at home en casa, **4.2**
home run el jonrón, **7.2**
honest honesto(a), **1.2**
hoop el aro, **7.2**
hospital el hospital, **10.2**
hot: it's hot hace calor, **11.1**

house la casa, 4.1
How much? ¿Cuánto(a)?, BV
  How much does it cost?
    ¿Cuánto cuesta?, 13.1
  How much is it? ¿Cuánto es?,
    BV
how? ¿qué?, BV; ¿cómo?, 1.1
  how are you? ¿qué tal?, BV
hunger el hambre, 15.1
  to be hungry tener hambre,
    15.1
to **hurt** doler, 10.2
  it hurts, aches me duele, 10
husband el marido, el esposo, 6.1

I

I yo, 1.2
ice el hielo, 9.2
ice cream el helado, 5.2
ice-skating el patinaje sobre
  hielo, 9.2
immediately enseguida, 16
in en, 1.1
individual el individual, 7
influenza la gripe, 10.1
to **inspect** revisar, 8; inspeccionar,
  8.2
inspection el control, 8.1
  passport inspection el control
    de pasaportes, 8.1
  security inspection el control
    de seguridad, 8.1
instruction la disciplina, 2.2
instructions las instrucciones,
  5.2
intelligent inteligente, 2.1
to **interest** interesar, 13.1
  interesting interesante, 2.1
  invitation la invitación, 5.2
to **invite** invitar, 4.2
is es, 1.1
It looks good on me. Me queda
  bien. 13.2
Italian italiano(a), 2.2

J

jacket la chaqueta, el saco, 13.1
January enero (m.), BV
jazz de jazz, 4
July julio (m.), BV
June junio (m.), BV

K

kind amable, 2.1
kitchen la cocina, 4.1
knapsack la mochila, BV
knife el cuchillo, 15.1
to **know (a person)** conocer, 9.1
to **know how** saber, 9.1

L

to **land** aterrizar, 8.2
language la lengua, 2.2
lantern la linterna, 16.2
late tarde, 8.1; con retraso, con
  una demora, 14.2
Latin el latín, 2.2
to **learn** aprender, 5.2
to **leave (something behind)** dejar,
  12.2
to **leave** salir, 8.1
  left la izquierda, 5.1
    to the left a la izquierda, 5.1
  lemonade la limonada, BV
  lesson la lección, 3.2
  letter la carta, 5.2
  lettuce la lechuga, 15.2
  library la biblioteca, 4.1
to **like** gustar, 13.1
line (of people) la cola, 12.1
to **listen** escuchar, 4.1
  little poco(a), 5.2
to **live** vivir, 5.1
  living room la sala, 4.1
  long largo(a), 13.2
to **look at** mirar, 3.2
  to look at oneself mirarse,
    16.1
to **lose** perder (ie), 7.1
  luggage el equipaje, 14.1
  lunch el almuerzo, 5.2

M

ma'am la señora, BV
magazine la revista, 5.2
to **make** hacer, 8.1
  to make the trip hacer el viaje,
    8.1
manner la manera, 1.1
many muchos(as), 5
March marzo (m.), BV
material la materia, 2.2

mathematics las matemáticas, 2.2
May mayo (m.), BV
meal la comida, 5.2
means: by no means de ninguna
  manera, 1.1
meat la carne, 5.2
medical kit el botiquín, 16.2
medication el medicamento, 10.2
medicine la medicina, 10
medium a término medio, 15.2
menu el menú, 12.2
Mexican mexicano(a), 1.1
midday el mediodía, 2
midnight la medianoche, 2
milk la leche, 5.2
mirror el espejo, 16.1
Miss la señorita, BV
to **miss the bus** perder el autobús,
    12.1
mom la mamá, 5.2
moment momento, 8.1
  at this moment en este
    momento, 8.1
Monday el lunes, BV
mood humor, 10
  in a good mood de buen
    humor, 10
  in a bad mood de mal humor,
    10
morning la mañana
  good morning buenos días, BV
  this morning esta mañana,
    11.2
mother la madre, 6.1
motorbike el ciclomotor, 6.2
mountain la montaña, 9.1
mouth la boca, 10.2
movie la película, 5.2
  to show a movie dar
    (presentar) una película, 12
movie theater el cine, 12.1
Mr. el señor, BV
Mrs. la señora, BV
mural el mural, 12.2
museum el museo, 12.2
music la música, 2.2
musical musical, 12.2
musician el/la músico, 12.2

N

nap la siesta, 11.1
  to take a nap echar (tomar)
    una siesta, 11.1

napkin la servilleta, **15.1**
narrow estrecho(a), **13.2**
nationality la nacionalidad, **1**
necktie la corbata, **13.1**
neither: me neither ni yo tampoco, **13**
nephew el sobrino, **6.1**
nervous nervioso(a), **10.1**
net la red, **7.2**
never nunca, **13.1**
new nuevo(a), **6.2**
news las noticias, **5.2**
newspaper el periódico, **5.2**
newstand el quiosco, **14.1**
next próximo(a), **14.2**
nice to meet you mucho gusto, **BV**
niece la sobrina, **6.1**
niece(s) and nephew(s) los sobrinos, **6.1**
night la noche
  good night buenas noches, **BV**
  last night anoche, **11.2**
nine nueve, **BV**
ninety noventa, **BV**
ninth noveno, **5.1**
no one, nobody nadie, **13**
noncarbonated soft drink el refresco, **4.1**
none ninguno(a), **1.1**
nonsmoking section la sección de no fumar, **8.1**
noon el mediodía, **2**
not any ninguno(a), **1.1**
  by no means de ninguna manera, **1.1**
notebook el cuaderno, **BV**; la libreta, **3.2**
notes los apuntes, **3.2**
nothing nada, **13.1**
novel la novela, **5.2**
November noviembre (m.), **BV**
number el número, **8.1**
  flight number el número del vuelo, **8.1**
  seat number el número del asiento, **8.1**
nurse el/la enfermero(a), **10.2**

O

occupied ocupado(a), **14.2**
October octubre (m.), **BV**
of de, **1.1**

oil el aceite, **15.2**
old viejo(a), **6.1**
one hundred cien/to, **BV**
one uno, **BV**
to **open** abrir, **8.2**
opposite contrario(a), **7**
orange anaranjado(a), **13.2**
orchestra la orquesta, **12.2**
orchestra seat la butaca, **12.1**
other otro(a), **2.2**
out (sports) el out, **7.2**
outdoors al aire libre, **9.2**
outfielder (sports) el/la jardinero(a), **7.2**
outskirts las afueras, **5.1**
over por encima, **7.2**
overcoat el abrigo, **13.1**

P

to **pack the suitcase** hacer la maleta, **8**
painting el cuadro, **12.2**
pants los pantalones, **13.1**
paper el papel, **BV**
  sheet of paper la hoja de papel, **BV**
parasol el parasol, **11.1**
parents los padres, **6.1**
park el parque, **6.2**
party la fiesta, **4.2**
to **pass** pasar, **7.2**
passenger el/la pasajero(a), **8.1**
passport el pasaporte, **8.1**
  passport inspection el control de pasaportes, **8.1**
patient el/la enfermo(a), **10.1**
to **pay** pagar, **13.1**
pencil el lápiz, **5.2**
pepper la pimienta, **15.1**
performance la representación, el espectáculo, **12.2**
pharmacist el/la farmacéutico(a), **10.2**
pharmacy la farmacia, **10.2**
physical físico(a), **10.2**
  physical education la educación física, **2.2**
physics la física, **2.2**
piano el piano, **4.2**
to **pick up** recoger, **8.2**
picture el cuadro, **12.2**
pill la pastilla, la píldora, el comprimido, **10.2**

pilot el/la piloto, **8.2**
to **pinch** apretar, **13.2**
  it pinches me me aprieta, **13.2**
pitcher el/la pícher, el/la lanzador(a), **7.2**
plaid a cuadros, **13.2**
plane el avión, **8**
  by plane en avión, **8**
plant la planta, **6.2**
plate el plato, **15.1**
to **play (an instrument)** tocar, **4.2**
to **play** jugar (ue), **7.1**
player el/la jugador(a), **7.1**
please por favor, **BV**
point (score) el tanto, **7.1**
pole el bastón, **9.1**
popular popular, **2.1**
portable stove el hornillo, **16.2**
porter el/la maletero(a), **8.1**; el/la mozo(a), **14.1**
postcard la tarjeta postal, **5.2**
potato la papa, **5.2**
precious precioso(a), **6.2**
to **prefer** preferir (ie, i), **7**
to **prepare** preparar, **4.1**
to **prescribe** recetar, **10**
prescription la receta, **10.2**
to **present** presentar, **12**
pretty bonito(a), **6.2**
price el precio, **13.1**
private particular, privado(a), **5.1**
protective protector(a), **11.1**
protein la proteína, **10.2**
public el público, **12.2**
Puerto Rican puertorriqueño(a), **2**
to **put** poner, **8.1**
to **put in** meter, **7.1**
to **put in a basket** encestar, **7.2**
to **put on** ponerse, **16.1**
to **put up a tent** armar una tienda, **16.2**

R

railway platform el andén, **14.1**
railway track la vía, **14.1**
to **rain** llover, **11.1**
  it rains llueve, **11.1**
raincoat la gabardina, **13.1**
raquet la raqueta, **11.2**
rare casi crudo, **15.2**
raw crudo(a), **15.2**
razor la navaja, **16.1**
to **read** leer, **5.2**

to **receive** sacar, **3.2**; recibir, **6**
receiver el/la receptor(a), **7.2**
record el disco, **4.1**
red rojo(a), **13.2**
referee el/la árbitro(a), **7.1**
to **remain** quedarse, **13.2**
to **rent** alquilar, **11.1**
to **repeat** repetir (i, i), **15**
reserved reservado(a), **14.2**
restaurant el restaurante, **12.2**
to **return** devolver (ue), **7.2**
rice el arroz, **15.2**
right la derecha, **5.1**
to the **right** a la derecha, **5.1**
Right? ¿Verdad?, **1.1**
river el río, **16.2**
rock (music) de rock, **4**
roll (of paper) el rollo, **16.2**
roller la rueda, **9.2**
room el cuarto, la habitación, **5.1**
waiting room la sala de espera, **14.1**
row la fila, **8**
to **run** correr, **7.2**

S

sad triste, **10.1**
sailboard la plancha de vela, **11.1**
salad la ensalada, **5.2**
salesperson el/la dependiente, **13.1**
salt la sal, **15.1**
sand la arena, **11.1**
sandals las sandalias, **13.1**
sandwich el sándwich, el bocadillo, **5.2**
Saturday el sábado, **BV**
saucer el platillo, **15.1**
to **say** decir, **9**
scale la báscula, **8.1**
schedule el horario, **14.1**
school el colegio, la escuela, **1.1**
high school la escuela secundaria, **1.1**
school (pertaining to) escolar, **3.1**
science la ciencia, **2.2**
scooter el monopatín, **9**
to **score (sports)** marcar, **7.1**
scoreboard el tablero indicador, **7.1**
screen la pantalla, **8.1**
sculptor el/la escultor(a), **12.2**

sea el mar, **11.1**
season la estación, **9.1**
seat (in theater) la localidad, **12.1**
seat el asiento, **8.1**
seat number el número del asiento, **8.1**
second segundo, **5.1**
secondary secundario(a), **1.1**
security la seguridad, **8.1**
security inspection el control de seguridad, **8.1**
to **see** ver, **5.2**
to **sell** vender, **5.2**
September septiembre (m.), **BV**
serious serio(a), **1.2**
to **serve** servir (i, i), **15.1**
session la sesión, **12.1**
seven siete, **BV**
seventh séptimo(a), **5.1**
seventy setenta, **BV**
shampoo el champú, **16.2**
to **shave** afeitarse, **16.1**
shaving cream la crema de afeitar, **16.2**
she ella, **1.2**
sheet la hoja, **BV**
sheet of paper la hoja de papel, **BV**
shellfish el marisco, **15.2**
to **shine** brillar, **11.1**
shirt la camisa, **13.1**
shoes los zapatos, **13.1**
shop window el escaparate, la vitrina, **13.1**
shopping de compras, **13.1**
shopping center el centro comercial, **4.1**
short (person) bajo(a), **1.1**; **(length)** corto(a), **13.2**
show el espectáculo, **12.2**
to **show a movie** dar (presentar) una película, **12**
shower la ducha, **16.2**
to take a **shower** tomar una ducha, **16.2**
shy tímido(a), **1.2**
sick enfermo(a), **10.1**
sick person el/la enfermo(a), **10.1**
simple sencillo(a), **14.1**
sincere sincero(a), **1.2**
to **sing** cantar, **4.2**
sir el señor, **BV**
sister la hermana, **2.1**

to **sit down** sentarse (ie), **16.1**
sitting (in theater) la sesión, **12.1**
six seis, **BV**
sixth sexto(a), **5.1**
sixty sesenta, **BV**
size el tamaño, la talla, **13.1**
skate el patín, **9.2**
to **skate** patinar, **9**
skater el/la patinador(a), **9.2**
skating el patinaje, **9.2**
figure skating el patinaje artístico, **9.2**
roller skating el patinaje sobre ruedas, **9.2**
skating rink el patinadero, la pista de patinaje, **9.2**
ski el esquí, **9.1**
to **ski** esquiar, **9.1**
ski lift el telesquí, **9.1**
ski path la cancha de esquí, **9**
skier el/la esquiador(a), **9.1**
skiing el esquí, **9.1**
Alpine skiing el esquí alpino, **9.1**
distance skiing el esquí de fondo, **9.1**
downhill skiing el esquí de descenso, **9.1**
Nordic skiing el esquí nórdico, **9.1**
to **skindive** bucear, **11.1**
skindiving el buceo, **11.1**
skirt la falda, **13.1**
sky el cielo, **11.1**
slalom el slálom, **9.1**
to **sleep** dormir (ue, u), **7**
sleeping bag el saco de dormir, **16.2**
sleeping car el coche-cama, **14.2**
sleeve la manga, **13.2**
slope la cuesta, **9.1**
small pequeño(a), **2.1**; **(amount)** poco(a), **5.2**
smock el blusón, **13.1**
snack la merienda, **4.1**
to **sneeze** estornudar, **10.1**
snow la nieve, **9.1**
to **snow** nevar (ie), **9.1**
It's snowing. Nieva., **9**
snowfall la nevada, **9.1**
soap el jabón, **16.2**
soap opera la telenovela, **5.2**
social science las ciencias sociales, **2.2**

sociology la sociología, 2.2
socks los calcetines, 13.1
soda la gaseosa, 5.2
soft drink la gaseosa, 5.2
somebody alguien, 13
something algo, 9.1
sometimes a veces, 5.2
son el hijo, 6.1
sore throat el dolor de garganta, 10.1
soup la sopa, 5.2
South America la América del Sur, 8.1
Spanish español(a), 2.2
to speak hablar, 3.1
spectator el/la espectador(a), 7
spoon la cuchara, 15.1
sport el deporte, 2.2
sports broadcast la emisión deportiva, 5.2
spring la primavera, 7.2
stadium el estadio, 7.1
stage la escena, 12.2
    to come on the stage entrar en escena, 12.2
stairway la escalera, 5.1
station la estación, 12.1
    train station la estación de ferrocarril, 14.1
statue la estatua, 12.2
to stay quedarse, 13.2
to stay in bed guardar cama, 10.1
to steal robar, 7.2
stockings las medias, 13.1
stomach el estómago, 10.1
    stomachache el dolor de estómago, 10.1
stop la parada, 14.2
to stop parar, 7.1
store la tienda, 4.1
    men's clothing store la tienda de ropa para caballeros (señores), 13.1
    women's clothing store la tienda de ropa para damas (señoras), 13.1
street la calle, 5.1
striped a rayas, 13.2
student el/la alumno(a), 1.1
to study estudiar, 3.2
subject la asignatura, 2.2
suburbs los suburbios, 5.1
subway el metro, 12.1
suit el traje, 13.1
suitcase la maleta, 8.1

to pack the suitcase hacer la maleta, 8
sun el sol, 11.1
    it's sunny hay sol, 11.1
    sun protection cream la crema protectora, 11.1
to sunbathe tomar el sol, 11.1
Sunday el domingo, BV
sunglasses los anteojos de (para el) sol, 11.1
suntan cream la crema bronceadora, 11.1
to surprise sorprender, 13
sweater el suéter, el jersey, 13.1
to swim nadar, 11.1
swimming pool la piscina, la alberca, 11.2
symptom el síntoma, 10.2

T

T shirt el T shirt, 13.1
table la mesa, 12.2
tablecloth el mantel, 15.1
tablet la pastilla, 16.2
to take tomar, 3.2
to take a hike dar una caminata, 16.2
to take a nap echar (tomar) una siesta, 11.1
to take a shower tomar una ducha, 16.2
to take off (airplane) despegar, 8.2
tall alto(a), 1.1
tanning bronceador(a), 11.1
tape la cinta, 4.1
tasty rico(a), 15.2
taxi el taxi, 8.1
to teach enseñar, 3.2
teacher el/la profesor(a), 2.1
team el equipo; (adj.) de equipo, 7.1
teaspoon la cucharita, 15.1
telephone el teléfono, 4.1
    on the phone por teléfono, 4.1
television la televisión, 4.1
temperature la temperatura, 9.1
ten diez, BV
tennis el tenis, 11.2
    tennis court la cancha de tenis, 11.2
    tennis game el juego de tenis, 11.2
tennis shoes los tenis, 13.1

tent la tienda de campaña, la carpa, 16.2
tenth décimo(a), 5.1
thank you gracias, BV
that eso, 3.1; aquel, aquella, 9.2
    about a eso de, 3.1
the el, la, 1.1
theater el teatro, 12.2
theatrical teatral, 12.2
there is/are hay, 5.1
third tercer(o)(a), 5.1
thirst la sed, 15.1
    to be thirsty tener sed, 15.1
thirty treinta, BV
thousand one, BV
three tres, BV
throat la garganta, 10.2
    sore throat el dolor de garganta, 10.1
to throw tirar, lanzar, 7.1; echar
Thursday el jueves, BV
ticket el boleto, el billete 8.1
    one-way ticket el billete sencillo, 14.1
    roundtrip ticket el billete de ida y vuelta, 14.1
    ticket office la boletería, 9.1; la taquilla, 12.1
    ticket window la ventanilla, 9.1
tied empatado(a), 7
time tiempo, 7.1
    on time a tiempo, 14.2
    At what time? ¿A qué hora?, 2
timid tímido(a), 1.2
tip la propina, 12.2
tired cansado(a), 10.1
today hoy, 11.2
toilet paper el papel higiénico, 16.2
tonight esta noche, 11.2
too, also también, 1.1
too, too much demasiado, 13.2
tooth el diente, 16.1
toothpaste la pasta dentífrica, 16.2
tortilla la tortilla, 15.2
to touch tocar, 7
tourist el/la turista, 12.2
towel la toalla, 11.1
    beach towel la toalla playera, 11.1
town el pueblo, 5.1
trail la pista, 9.1
train el tren, 14.1

train station la estación del ferrocarril, **14.1**
to **transfer** transbordar, **14.2**
transportation el transporte, **12**
tree el árbol, **6.2**
trigonometry la trigonometría, **2.2**
trip el viaje, **8.1**
  to make the trip hacer el viaje, **8.1**
trumpet la trompeta, **4.2**
truth la verdad, **1.1**
  Isn't it true? ¿No es verdad?, **1.1**
tube el tubo, **16.2**
Tuesday el martes, **BV**
twenty veinte, **BV**
two dos, **BV**

U

umbrella la sombrilla, **11.1**
uncle el tío, **6.1**
underground subterráneo(a), **12**
undershirt la camiseta, **13.1**
to **understand** comprender, **5.2**
unpleasant antipático(a), **1.1**
until hasta, **BV**
  see you later hasta la vista, hasta luego, **BV**
  see you tomorrow hasta mañana, **BV**
  see you soon hasta pronto, **BV**

V

vegetable la legumbre, la verdura, el vegetal, **15.2**
very muy, **1.1**
view la vista, **6.2**
violin el violín, **4.2**

vitamin la vitamina, **10.2**
volleyball vólibol, **7.2**

W

to **wait for** esperar, **14**
to **wait on or help customers** despachar, **10.2**
waiter el mesero, **12.2**
waitress la mesera, **12.2**
to **wake up** despertarse (ie), **16.1**
to **want** querer (ie), **7**
to **wash oneself** lavarse, **16.1**
to **watch** ver, **5.2**
water skiing el esquí acuático, **11.1**
wave la ola, **11.1**
way la manera, **1.1**
we nosotros(as), **2.2**
we are somos, **2.2**
Wednesday el miércoles, **BV**
week la semana, **11.2**
  last week la semana pasada, **11.2**
  this week esta semana, **11.2**
well bien, **BV**
well done bien cocido (hecho), **15.2**
what? ¿cuál?, ¿qué?, **BV**; ¿cómo?, **1.1**
  What is it? ¿Qué es?, **BV**
  What is today's date? ¿Cuál es la fecha de hoy?, **BV**
  What time is it? ¿Qué hora es?, **2**
  What's the weather like? ¿Qué tiempo hace?, **9.1**
wheel la rueda, **9.2**
when? ¿cuándo?, **3.1**
where? ¿dónde?, **1.2**; ¿adónde?, **4**
which? ¿cuál?, **BV**
white blanco(a), **13.2**

who? ¿quién?, **BV**
  who is it? ¿quién es?, **BV**
wide ancho(a), **13.2**
wife la esposa, **6.1**
to **win** ganar, **7.1**
wind el viento, **11.1**
  it's windy hace viento, **11.1**
winter el invierno, **9.1**
woman la mujer, **6.1**
work la obra, **12.2**
to **work** trabajar, **4.1**
to **write** escribir, **5.2**
writing pad el bloc, **3.2**

Y

year el año, **11.2**
  last year el año pasado, **11.2**
  this year este año, **11.2**
yellow amarillo(a), **13.2**
yesterday ayer, **11.1**
  the day before yesterday anteayer, **11.2**
  yesterday afternoon ayer por la tarde, **11.2**
  yesterday morning ayer por la mañana, **11.2**
you Uds., ustedes (pl. form.), **2.2**
you are son (pl. form.), **2.1**; están (pl. form.), **4.1**
you go van (pl. form.), **4.1**
you're welcome de nada, no hay de qué, **BV**
young joven, **6.1**
youth hostel el albergue juvenil, **16.2**

Z

zipper la cremallera, el zíper, **13.2**

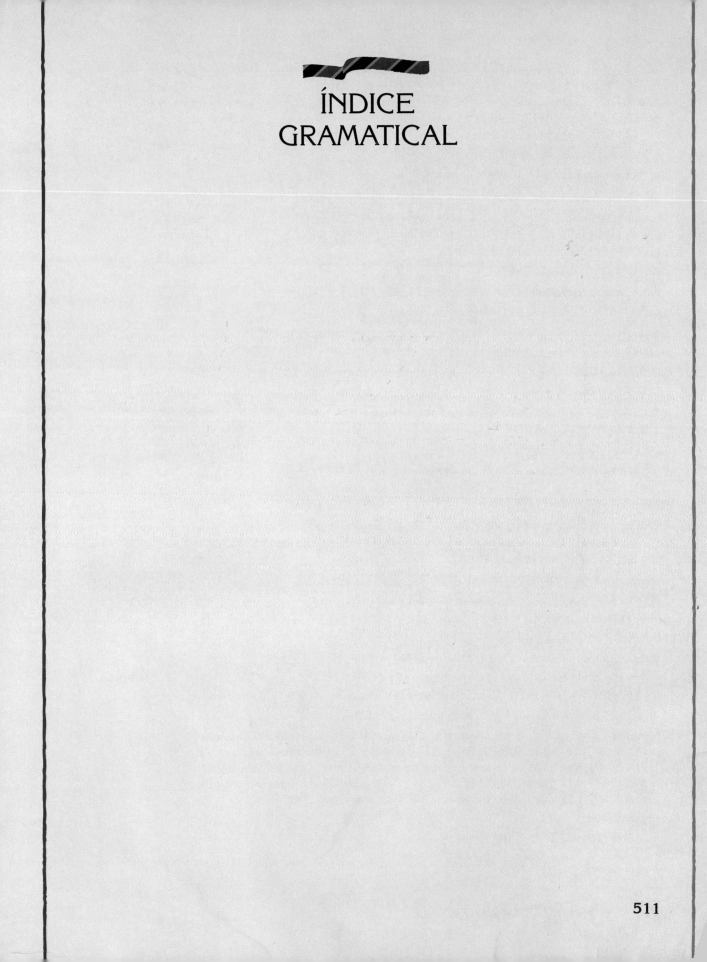

ÍNDICE
GRAMATICAL

Photography

Front Cover: Dallas & John Heaton/Westlight
A.G.E. Fotostock/Westlight: 315B; Anup & Manojshah/Animals Animals: 120; AP/Wide World Photos: 83T, 125T, 199, 285, 289B, 306, 341B, 379, 383, 465; Apesteguy, Francis/Gamma Liaison: 97L; Art Resource, NY: 455T (Prado Museum, Madrid, Spain); Barrey, Bruno/Magnum Photos: 223; Bertsch, W./Bruce Coleman: 56; The Bettmann Archive: 83MR, 83B, 125B, 236, 237T, 289T, 468; Bilow, Nathan/Allsport USA: 345; Blank, James/Bruce Coleman: 315T; Budnik, Dan/Woodfin Camp: 461; California State Railroad Museum: 403B; Camp, Woodfin: 311; Carle, Eric/Bruce Coleman: 16R, 299TL; Cohen, Stuart/Comstock: xiiT, 162, 167B, 312R, 316, 388, 405, 424M; Comstock: 167T, 281, 380; Corvetto, Mario/Comstock: 454L; Dekovic, Gene: v, 2TL, 9B, 28T, 28BR, 97T, 119, 174–175, 203, 204–205, 217T, 220, 309, 422T; Delgado, Luis: viT, viB, xiiiT, xiv–1, 2BR, 4L, 5B, 8, 27R, 28BL, 38–39, 42, 59B, 59M, 75, 85T, 88–89, 111T, 156, 186, 194, 219, 258T, 380, 389, 450, 428–429, 448T, 455L; Downie, Dana/Photo 20-20: 354B, 355T; Ebeling, John L./Bruce Coleman: 237BR; Edmanson, J.G./International Stock: 147; Enze, Francisco/Bruce Coleman: 356B; Erwitt, Elliott/Magnum Photos: 83L; Faris, Randy/Westlight: 60, 341TL, 342L; Fischer, Curt: viM, viiB, xM, xB, xi, xiiM, xiiB, xiiiB, 3, 6, 9T, 12–13, 23L, 26, 37B, 46, 53, 60–61, 62, 64–65, 74B, 78B, 84–85, 86, 92B, 101, 113, 117, 118, 126–127, 142, 146L, 152–153, 163, 168T, 201T, 213, 215B, 217B, 258B, 268–269, 283, 292, 293, 298, 302, 320–321, 338, 352–353, 353, 354T, 358–359, 362, 363, 374T, 374B, 380–381, 384–385, 398, 401, 408–409, 413, 416, 422B, 424L, 426, 428B, 432–433, 436, 440, 441, 448B, 454–455, 454R, 458, 467, 470–471; Fogden, M.P.L./Bruce Coleman: 122B; Foster, Lee/Bruce Coleman: 303; FPG International: 171; Frazier, David R.: viiT, 106, 108, 130, 144L, 212, 312L, 318/343T; Frerck, Robert/Odyssey Productions: ixB, 18, 30, 135, 246, 264T, 373; Frerck, Robert/Woodfin Camp: 85B, 177, 232, 264T, 453B; Giraudon/Art Resource, NY: 30 (Museo Bolivariano, Caracas, Venezuela), 124B (Prado Museum, Madrid, Spain), 240B (Prado Museum, Madrid, Spain), 337 (National Museum, Madrid, Spain); Gonzales, J.L./courtesy, the Spanish Tourist Office: 260; Gottschalk, Manfred/Westlight: 121BL, 239TR; Gscheidle, Gerhard: 150B; Gunnar, Keith/Bruce Coleman: 247, 266; Heaton, Dallas & John/Westlight: 47, 123B, 123M, 308, 316–317, 331, 340L, 355M, 406; In Focus Int'l/Image Bank: 310B; Inman, Nicholas: 43B, 48, 59T; Isy-Schwart, Cyril/Image Bank: 380T; King, Barry/Gamma Liaison: 341M; Koner, Marvin/Comstock: 380B; Langoné, Peter/International Stock: 263M; Larrain, Sergio/Magnum Photos: 239M; Leah, David/Allsport USA: 196, 200–201, 201B, 234; Lepp, George D./Comstock: 239TL; Lozada, Claudia: 291T; Luongo, Laura/Gamma Liaison: 97R; Madison, David/Bruce Coleman: 250; Mahieu, Ted/Photo 20-20: 357T; Martson, Sven/Comstock: 32, 68, 185; McBrady, Stephen: 92, 105, 111B, 404–405; McCain, Edward: 92T, 105, 111B; McDonnell, Kevin/Photo 20-20: 121T; Meiselas, Susan/Magnum Photos: 17L; Menzel, Peter: 22, 71, 110–111, 140, 148–149, 148T, 148M, 148B, 150T, 175, 224, 227, 290–291, 343B, 352, 356M, 378, 428T, 429, 462, 466; Messerschmidt, Joachim/Westlight: 450R; Muller, Kal/Woodfin Camp: 144R; Nichols, Michael/Magnum Photos: 239B; O'Rear, Chuck/Westlight: 122T; Philip, Charles/Westlight: 238, 264B; Pieuchot, Jean-Pierre/Image Bank: 112; Rogers, Martin: viiiB, 231; Rose, George/Gamma Liaison: 341TR; Ross, Bill/Westlight: 20L; Ryan, David/Photo 20-20: 121M, 424R; Sallaz, William R./Duomo: 255; Sanuvo, Carlos/Bruce Coleman: 81; Sauer, Jennifer: viiiT, ixT, xT, 2TR, 2BL, 2BM, 4R, 5T, 10, 16L, 17R, 20R, 21, 23R, 24, 33B, 34, 35B, 35T, 37T, 43T, 51, 54, 72, 74T, 77, 78T, 80, 87, 100, 104, 116, 134, 137, 146R, 148–149, 151, 159, 160, 161, 164, 166, 168B, 172, 174, 178–179, 187, 188, 202, 218, 237BL, 237BR, 272, 276, 284, 291B, 299TR, 299BL, 299BR, 310T, 334, 339, 349, 351, 369, 376, 394, 420, 421, 431, 437, 445, 446, 447, 463; Scala/Art Resource, NY: 124T (Prado Museum, Madrid Spain), 240T (Prado Museum, Madrid Spain), 241 (Prado Museum, Madrid Spain), 400T, 404 (House of El Greco, Toledo, Spain); Sheldon, Janice/Photo 20-20: 225M, 225T, 262B, 264–265; courtesy, the Spanish Tourist Office: 455B; Spurr, Joy/Bruce Coleman: 82; Steele, Allen/Allsport USA: 294–295; Stephenson, Mark/Westlight: 400B; Symes, Budd/Allsport USA: 304; Syms, Kevin/Frazier Photolibrary: 253; Thomas Jefferson University, University Archives and Special Collections, Scott Memorial Library, Philadelphia, Pennsylvania: 289M; Vandystadt/Allsport USA: 242–243, 257; Vautier, Mireille/Woodfin Camp: 35M, 378; Viva, Osvaldo/Westlight: 263T; Ward, Bob/International Stock: 263B; Watts, Ron/Westlight: 27L; Welsh, Kevin/Surfer Magazine: 314; Westlight: 265, 355B; Wheeler, Nik/Westlight: 342–343, 453T; Zuckerman, Jim/Westlight: 34–35, 121BR, 225B, 226–227, 400M.

Special thanks to the following for their assistance in photography arrangements: The Prado Museum, Madrid, Spain; RENFE.

Illustration

Accardo, Anthony: 44–45; Broad, David: 29, 55, 79, 105, 143, 169, 195, 221, 259, 285, 311, 335, 375, 399, 423, 449; Clarke, Bradley: 300–301; Dyan, Don: 410–411; Gregory, Lane: 32, 49, 132–133, 206–207, 248–249, 360–361, 366; Henderson, Meryl: 66–67, 244–245; Keiffer, Christa: 414–415, 439–440; Kowalski, Mike: 5, 27, 157–158, 332, 390–391; Magnuson, Diana: 69–70, 296–297, 371; Mc Creary, Jane: 10, 139, 419; Miller, Lyle: 40–41, 128–129, 180–181, 274–275; Miyamoto, Masami: 192, 464; Muir, Mike: 469; Nicolson, Norman: 325–326, 364–365, 392; Raymond, Larry: 12, 444; Sanfilippo, Margaret: 76, 90–91, 94–95, 99, 270–271; Siculan, Dan: 333, 386–387; Spellman, Susan: 18–19, 50, 183–184, 210–211, 279, 434–435, 442; Thewlis, Diana: 14–15, 25, 154–155, 322–323, 330; Torrisi, Gary: 7, 62, 103; Undercuffler, Gary: 216.

Realia

Realia courtesy of the following: Aldaba Ediciones, S.A.: 9; ABC: 458; Ammex Asociados, S.A.: 54; Banamex: 412; Baqueira/Beret: 251; Caminos del Aire: 282; Camper: 373; Casa Vogue-España: 159; Diario 16: 284; Distrimatas Telstar SL: 441; Domino's Pizza: 427; don balón: 182, 305; Editorial Eres: 381; Editorial Vicens-Vives®: 254; ℗1987 Electrosonora Manufacturas Saavedra, S.A.: 334; El Sol: 346; El Tallarín Gordo: 329; Elle: 141; Emaus Films, S.A.: 339; Empresa Nacional de Ferrocarriles del Perú: 402; Fondo Mixto de Promoción Turística de Acapulco: 314; Gentilito: 280; Hombre: Deportes, Foto: Mario Algaze: 190; Iberia Airlines: 219; La Fina: 413; LAN: 226; Marie Claire: 93; Más: 109, 458; Mc Mahon, Jim/Maker, Mike: 267; Mexicana: 208, 228; Mi Casa: 233; Ministerio de Salud, Chile: 288; Museo Arqueológico Nacional de México: 327; Museo Diocesano: 327; Museo Frida Kahlo: 328; Navacerrada: 260; Nestlé: 273; Opticas Moneda Rotter: 257; Panam: 370; Pescador, Martín: 264; Posa Films: 324; Pasatiempos Gallo, S.A.: 191; Procter & Gamble: 443; RENFE: 388, 389, 393, 395, 405, 407; Restaurante Casa Fabas: 417; Restaurante El Arrabal: 425; Restaurante El Tablón: 417; Restaurante Los Remos: 418; Ricamato: 256; ℗ RMM Records & Video Corp.: 96; Roca: 161; Roche: 283; Salud Total: 273; Saludable: 291; ℗ 1992 SBK Records, a division of EMI Records Group N.A.: 96; Secretaría General de Turismo-Turespaña: 31; ©1993 Sony Music Entertainment Inc.:96; Starlux: 138; Surf: 307, 313; Tabacín: 278; Teatro María Guerrero Ministerio de Cultura: 348; TeEn: 467; Traveling Santiago: 347; Tú: 55; TV y novelas: 109; Univisión: 368; Valle Nevado: 259; Vanidades: 108, 130, 136, 372; Venca: 367; Viasa: 226; Vogue España: 277; Vogue México: 377; Zuma Sol: 457.

Fabric designs: Guatemalan—contemporary fabric: 56; Mexican—Los Colores Museum, Corrales, New Mexico: 106; Peruvian—private collection: 30; Spanish—Musée National des Tissus, Lyon, France: 82.

Maps

Eureka Cartography, Berkeley, CA.

T = top M = middle B = bottom L = left R = right